जितनी मिट्टी उतना सोना

जितनी मिट्टी उतना सोना

अशोक पाण्डे

हिन्द युग्म

ISBN : 978-93-92820-21-2

प्रकाशक:
हिंद युग्म
सी-31, सेक्टर-20, नोएडा (उ.प्र.)-201301
फ़ोन- +91-120-4374046

मुद्रक : थॉमसन प्रेस
संपादन : चन्द्रा मेहता
प्रूफ़ : गिरीश लोहनी
आवरण फ़ोटो : धीराज सिंह गर्ब्याल
लेखक की फ़ोटो : आदित्य पाठक
कला-निर्देशन : विजेन्द्र एस विज

पहला संस्करण : नवंबर 2022
तीसरा संस्करण : मई 2025
मूल्य : ₹249

Jitni Miiti Utna Sona
A travelogue by *Ashok Pande*

Published By
Hind Yugm
C-31, Sector-20, Noida (UP)-201301
Phone : +91-120-4374046
Email : sampadak@hindyugm.com
Website : www.hindyugm.com

First Edition: Nov 2022
Third Edition: May 2025
Price: ₹249

सबीने और हमारी बेटी डाफ़्ने सुनंदा के लिए

पूर्वकथ्य

सन 1994 से 2003 के नौ सालों के दरम्यान उत्तराखंड के सुदूर हिमालयी क्षेत्र में स्थित तिब्बती सीमा से लगी व्याँस, चौंदास, दारमा और जोहार घाटियों के गाँवों में कुल मिलाकर तक़रीबन चार साल बिता कर मैंने और मेरी ऑस्ट्रियाई साथी और मानवशास्त्री डॉक्टर सबीने लीडर ने इन घाटियों में रहने वाली महान शौका अथवा रं जनजाति की परंपराओं और लोकगाथाओं पर शोधकार्य किया था।

धारचूला एक छोटा-सा पहाड़ी क़स्बा है और एक बेहद पुरानी, बेहद संपन्न सभ्यता का मुख्यद्वार भी। यहाँ से 18 किलोमीटर आगे तवाघाट नाम की जगह पर कालीगंगा और धौलीगंगा नदियों का संगम होता है। काली नदी के साथ-साथ चढ़ते जाएँ तो व्याँस घाटी पड़ती है और धौली के साथ-साथ दारमा घाटी। इन दो के बीच एक तीसरी घाटी है जिसे चौंदास कहा जाता है। इन तीन घाटियों में रहने वाले लोग अपने आप को रं कहते हैं। यह अलग बात है कि उनके तिब्बती नाक-नक़्श देखकर डेढ़ सौ बरस पहले उस इलाक़े से गुज़र रहे किसी अँग्रेज़ अफ़सर ने उन्हें अपने काग़ज़ात में भोटिया के नाम से दर्ज कर दिया। तब से यही ग़लत नाम चल निकला। लेकिन ये लोग ख़ुद को रं कहते हैं और अपने श्रम, बुद्धिमत्ता और साहस के बल पर अकल्पनीय विपरीत प्राकृतिक परिस्थितियों में सदियों से बसर करते आए हैं। उनकी बोली में रं शब्द का अर्थ होता है बाँह यानी बल।

1950 के दशक में तिब्बत पर चीन के क़ब्ज़े से पहले ये लोग व्यापार करने हर साल वहाँ जाया करते थे। यह सैकड़ों साल पुरानी परंपरा थी जिसने उन्हें आर्थिक रूप से बहुत संपन्न बनाया। भारत से चीनी, कपड़ा, मसाले वग़ैरह ले

जाया जाता और वहाँ से सुहागा, जड़ी-बूटियाँ, ऊन और नमक जैसी चीज़ें लाई जातीं। गर्मियों का समय ही व्यापार के लिए मुफ़ीद होता था क्योंकि हिमालय की विकट और दुर्गम ऊँचाइयों वाले उनके गाँवों में बर्फ़ीले नवंबर के बाद रह सकना असंभव हो जाता। इस उद्देश्य से हर रं गाँव ने धारचूला और उसके आस-पास की निचली बस्तियों में अपने शीतकालीन खेड़े बना रखे थे। गर्मियों भर पुरुष तिब्बत की तकलाकोट मंडी में व्यापार किया करते जबकि महिलाएँ घरों में रहतीं, खेती करतीं, गलीचे बुनतीं और गीतों-कहानियों का निर्माण करतीं।

तिब्बत से लौटने के बाद वहाँ से लाई गईं जिन्सों के वितरण की ज़िम्मेदारी भी इन्हीं व्यापारियों की होती थी। सबसे पहले वे अपनी लाई चीज़ों को जौलजीबी और बागेश्वर जैसी जगहों पर लगने वाले बड़े व्यापारिक मेलों में बिक्री के लिए प्रस्तुत करते थे। इसके बाद चलता था गाँव-गाँव, नगर-नगर पैदल घूमने का सिलसिला। कभी-कभार ये यात्राएँ राज्यों और देशों की सीमाओं के पार तक होती थीं। इन व्यापारियों के सुदूर कालिम्पोंग-कलकत्ता से लेकर कर्नाटक-तमिलनाडु तक पहुँचने के अभिलेख मिलते हैं।

कुमाऊँ का शायद ही कोई ऐसा घर होगा जहाँ कोई भोटिया क़ालीन या कंबल न हो। ऐसा भी शायद ही कोई घर हो जिसके बड़े-बूढ़ों के पास किसी भोटिया व्यापारी के हर साल अपने घोड़ों-बकरियों के साथ आने की स्मृति न हो। उनके रेवड़ की घंटियों की टनटनाहट को मीलों दूर से सुन लिया जाता था और लोग उत्सुकता से उनके आगमन की प्रतीक्षा किया करते थे कि देखें इस साल क्या नई चीज़ देखने को मिलने वाली है।

एक सभ्यता के रूप में रं समुदाय अपने आस-पास के बाक़ी संसार से मीलों आगे रहा है। महिलाओं और विपन्न लोगों के प्रति सामाजिक दायित्व के जिन स्तरों को रं[1] समाज सैकड़ों बरस पहले छू चुका था उन तक पहुँचने के लिए दुनिया भर की सरकारें और एनजीओ फ़क़त योजनाएँ बनाया करते हैं। वहाँ ग्रामीण बैंकिंग की सदियों पुरानी अनूठी परंपरा है जिसके बारे में आपको आगे बताया जाएगा। इसके अलावा इस सभ्यता के पास भरपूर सांस्कृतिक संपन्नता की एक धरोहर है जिसकी रक्षा स्वयं हिमालय ने की है।

---

1. रं शब्द का उच्चारण: रं का उचित उच्चारण होता है 'रङ' होगा न कि 'रंग' – 'र' और उसके बाद क-वर्ग का पंचमाक्षर 'ङ'

जीवन और परिस्थितियों ने बदलना ही था। वही उनका धर्म है। तिब्बत का व्यापार समाप्त हो जाने के दस-बारह साल इन लोगों ने इस उम्मीद पर काटे कि देर-सबेर वह फिर से चालू हो जाएगा। उम्मीद ख़त्म हो रही थी। हौसला भी। फिर यूँ हुआ कि उन्हीं के समाज के कुछ सचेत लोगों के प्रयास से उन्हें सरकारी नौकरियों में आरक्षण दिए जाने के लिए चुन लिया गया। एक तत्पर और साहसी क़ौम ऐसे में जो करती है, उसने वही किया। पढ़ाई के महत्त्व को समझा और आज देश के कोने-कोने में तमाम बड़े सरकारी ओहदों तक इन घाटियों के जन पहुँच चुके हैं।

इस सफ़रनामे में हम धारचूला से चलकर कुमाऊँ-गढ़वाल का सबसे ऊँचा दर्रा सिन-ला पार कर व्याँस घाटी पहुँचते हैं। यात्रा का समय जुलाई-अक्टूबर 1996 का है।

क्रम

दूसरों के आँगन में चले बिना अपने घर नहीं पहुँचा जा सकता।

–एक रं कहावत

धारचूला से दर वाया सोबला

इनर लाइन परमिट, कैमरा परमिट और बाक़ी सारे ज़रूरी काग़ज़ात से अंततः लैस होकर हम धारचूला से एक जीप किराए पर लेते हैं। जीप हमें तवाघाट तक लेकर जाएगी और अगर सड़क ठीक हुई तो उससे थोड़ा और आगे तक। तवाघाट में धौलीगंगा और कालीगंगा नदियों का संगम होता है। दारमा और व्याँस घाटियाँ क्रमशः इन दोनों नदियों के साथ-साथ बनने वाली उपत्यकाओं में अवस्थित हैं। एक तीसरी घाटी भी है– चौंदास, जो इन दोनों के बीच में है।

भारत-नेपाल और भारत-तिब्बत सीमा की पहचान करने वाली इन घाटियों में रं (शौका) लोग रहते हैं जिन्हें अज्ञानवश भोटिया कहा जाता रहा है। शौका सभ्यता किसी भी मानवशास्त्री के लिए सोने की खान जैसी है। इसके अलावा ये रं या शौका लोग दुनिया में कहीं भी पाए जाने वाले सबसे विनम्र और सुसंस्कृत लोगों में गिने जा सकते हैं। 1962 के चीन युद्ध से पहले इस रास्ते से होने वाले भारत-तिब्बत व्यापार पर इन लोगों का एकाधिकार था।

हमारे लिए यह एक अध्ययन यात्रा होने के अलावा चार-एक महीने का लंबा ट्रैक है जिसके दौरान हम इस रहस्यमय सभ्यता की दिलचस्प तफ़सीलों को खोजने के साथ-साथ शानदार पर्वतों की संगत में लंबा समय बिताने का इरादा रखते हैं। हमने पहले दारमा घाटी की चढ़ाई करने का फ़ैसला किया है।

तवाघाट के रास्ते में असंख्य जगहों पर भूस्खलन हुआ है। कहीं-कहीं तो रास्ता बहुत डरावना है और हम अपने बहादुर जीप-ड्राइवर द्वारा किए जा रहे ख़तरनाक सनसनीख़ेज़ स्टंट में सहायकों की भूमिका निभाने को विवश हैं। सँकरी और ज़्यादातर असमतल सड़क काली नदी के साथ चल रही है जिसका बहाव किसी भीषण दहाड़ जैसा है।

तवाघाट पहुँचकर सुकून मिलता है। 19 किलोमीटर की यात्रा करने में हमें तक़रीबन दो घंटे लग गए। हालाँकि सड़क सोबला तक जाती है लेकिन हमें बताया जाता है कि जीप और आगे नहीं जा सकती। दरअसल संघर्ष भरी इस जीप-यात्रा के बाद हम पैदल चलने को तरजीह देंगे।

अगस्त का पहला सप्ताह है– बारिश का मौसम अपने चरम पर पहुँचा हुआ है और हम जानते हैं कि अपनी यात्रा ख़त्म होते-न-होते हम अपनी आत्माओं तक भीग चुके होंगे।

सबीने और मैंने अपने-अपने बैकपैक लाद रखे हैं जबकि पिछले साल का हमारा वफ़ादार पोर्टर दोस्त जयसिंह बिष्ट हमारे सामान का बड़ा हिस्सा लिए चल रहा है। हमारा आज का गंतव्य है सोबला गाँव जहाँ हम पीडब्लूडी के डाकबंगले में रुक सकते हैं।

ग्यारह बजे का सूरज चमकीला और चुभनभरा है– मुझे अपने पूरे बदन पर पसीना बहता महसूस हो रहा है। मैं अपनी हल्की सलेटी जैकेट उतारकर कमर के गिर्द बाँध लेता हूँ। मैं एक अटपटा दिखने वाला, चमकीले पीले-काले रंग का बैकपैक लादे हूँ। टीशर्ट लाल रंग की है, जीन्स नीली और कैप हरे रंग की है।

सबीने मेरे पीछे चल रही है और हँसती हुए मुझे बताती है कि मैं किसी लैटिन अमेरिकी तोते जैसा नज़र आ रहा हूँ।

हमें मोटर-मार्ग पर अभी 18 किलोमीटर और चलना है और मुझे अभी से असुविधा होने लगी है। मैं घिसटता जाता हूँ। सड़क की हालत बहुत ख़राब है। कहीं-कहीं पर उसकी चौड़ाई के पूरे-पूरे हिस्से बारिश बहा कर ले गई है। जहाँ-तहाँ हमारी मुलाक़ात उदास दिखने वाले उखड़े पेड़ों से होती है जो मृत योद्धाओं की तरह सपाट लेटे हुए हैं।

तीन युवा लड़के हमारे साथ-साथ चल रहे हैं। कभी वे तेज़-तेज़ चलते हुए हमसे आगे निकल जाते हैं और पलटकर उत्सुकता से हमारी तरफ़ देखते रहते हैं या फिर जानबूझकर अपनी रफ़्तार कम कर लेते हैं ताकि हम उनसे आगे निकल जाएँ। यह दुबारा होता है। फिर तिबारा। ज़ाहिर है मेरी आकर्षक सहयात्री उनके ध्यान का विषय बनी हुई है। यह झुंझलाने वाली हरकत है लेकिन सबीने कंधे उचकाकर इसकी अनदेखी कर देती है। यह सब देर तक नहीं चलता क्योंकि क़रीब दो घंटे चलने के बाद वे थक गए दीखते हैं। जल्दी ही तीनों लड़के निगाहों

से ओझल काफ़ी पीछे छूट गए हैं।

धौलीगंगा का बहाव आक्रामक और शोरभरा है– वह भयाक्रांत कर देने वाले क्रोध के साथ बह रही लगती है। बड़े-बड़े पत्थर उसके बहाव में यूँ बह रहे हैं जैसे कि वे गत्ते के बने हुए हों। नदी के उस तरफ़ की पहाड़ियाँ बेहद हरी हैं। मेरे भीतर फ़ेदेरिको गार्सिया लोर्का गूँजने लगता है– 'वेर्दे, के ते कीयेरो वेर्दे, वेर्दे' (हरे, हरे, कितना प्यार करता हूँ तुझे ओ हरे)। इस हरे लैंडस्केप के सौंदर्य को बिगाड़ते बहुत सारे पीले-भूरे भूस्खलन भी हैं।

एक अकेला ट्रक सड़क पर छूटा हुआ है। हो सकता है अगले दो या तीन महीनों हमें कोई दूसरी गाड़ी देखने को न मिले। हम एक पुल को पार करते हैं जो सड़क को नारायण आश्रम से जोड़ता है। 1936 में यहाँ भ्रमण पर आए नारायण स्वामी ने इस आश्रम का निर्माण किया था। पिछले कुछ वर्षों में यह स्थान चौंदास घाटी और उसके आस-पास के इलाक़े में सामाजिक और आध्यात्मिक कार्यों के महत्त्वपूर्ण केंद्र के रूप में उभरा है।

दूर स्लेटी, नीले और भूरे पहाड़ों पर निगाह ठहरती है। बहुत जल्दी हम वहाँ होंगे। इस बात के अहसास भर ने हम दोनों को उत्साह से भर दिया है और अब हम ख़ुशी-ख़ुशी चल रहे हैं– बतियाते, लतीफ़े छेड़ते, कभी-कभी सिगरेट फूँकने को ठहरते हुए।

हम कनच्योती, खेत, छिरकिला और ऐसी ही छोटी-मोटी जगहों से होते हुए चार बजे सोबला पहुँचते हैं। सोबला एक अँधेरी और उदास कर देने वाली बस्ती है जहाँ हर जगह घोड़ों की लीद की बास पसरी हुई है। एकाध बड़े-बड़े टिन शेड हैं। उनके आगे दुखी दिखाई दे रहे अनेक घोड़े खड़े हुए हैं। चाय की दो-तीन दुकानें भी हैं। हमें बाद में बताया जाता है कि ये टिन शेड दरअसल गोदाम हैं जहाँ पूरी दारमा घाटी के लिए सरकारी राशन का भंडारण किया जाता है।

हम थकान से चूर हैं। हम एक युवा शौका महिला द्वारा चलाई जा रही दुकान पर चाय का ऑर्डर देते हैं। महिला को देखकर लगता है कि गोद में सिमटा उसका 2-3 साल का बच्चा उसे काम करने में ख़ासी बाधा पैदा करता होगा। दो छोटी-छोटी आँखें उत्सुकता से हमें देखने लगती हैं। इस वजह से माता को अस्थाई निजात मिलती है और वह चाय बनाना शुरू करती है। बच्चा बहुत प्यारा है। सबीने अपने बैग से एक लाल गुब्बारा निकालकर फुलाती है। इस

प्रक्रिया से सम्मोहित होकर बच्चा हमारे नज़दीक आता है। सबीने गुब्बारा बच्चे को थमा देती है जो एक प्रसन्न चीख़ निकालता है और सहज भाव से गुब्बारे को अपनी नाक से चिपका लेता है जो बह रही है और जिस पर हर तरह की धूल लिथड़ी हुई है– ठोस भी, द्रव भी और लसलसी भी।

अब पहली बार माता हममें दिलचस्पी लेना शुरू करती है। उसकी बनाई बेहद मीठी और स्वादहीन चाय सुड़कते हुए मैं आस-पास पीडब्लूडी डाकबंगले को खोजने की कोशिश करता हूँ जो हमारी रात का ठिकाना होने वाला है। चूँकि वह आस-पास नज़र नहीं आता मैं उसकी बाबत उस महिला से पूछता हूँ। वह सपाट शब्दों में मुझे जवाब देती है कि पिछले साल की बाढ़ उस डाकबंगले को अट्ठाइस दूसरे मकानों के साथ बहा ले गई थी। सो कोई डाकबंगला नहीं।

"रहने की और कोई जगह भी नहीं है यहाँ।"– वह आगे बताती है।

"लेकिन आप कहाँ रहती हैं?" मुझे अपनी आवाज़ में अभी से हताशा सुनाई दे रही है।

"वो वहाँ!" वह उन गोदामों में से एक की तरफ़ इशारा करती है। "अपने परिवार और बकरियों के साथ।"

बूँदाबाँदी शुरू हो गई है। मुझे समझ में कुछ नहीं आ रहा और मैं ऐसे ही लीद से ढकी धरती पर निगाहें गड़ाए हूँ। चारों तरफ़ से बदबूदार भाप ने उठना शुरू कर दिया है। जयसिंह छाया में खड़ा हुआ किसी चीज़ को अपने दाँतों से कुतरता हुआ अगले आदेश की प्रतीक्षा कर रहा है। मैं एक और सिगरेट जला लेता हूँ जिसे हम ख़ामोशी के साथ शेयर करते हैं।

तीनों लड़के भी अब सोबला पहुँच गए हैं। उनकी थकान और झेंप स्पष्ट दिख रही है। वे भी उसी चाय की दुकान में आ गए हैं और हमें वार्तालाप में घसीट लेते हैं। उनकी राय है कि हमें दर गाँव तक जाना चाहिए जो कि तल्ला (निचले) दारमा का पहला गाँव है। वे कहते हैं कि दर बहुत दूर नहीं है और दूर दीख रहे एक सफ़ेद-नीले धब्बे की तरफ़ इशारा करते हैं जो सामने की पहाड़ी पर बने हुए कुछ घर हो सकते हैं और बहुत कम दूर से कहीं ज़्यादा की चीज़ लग रहे हैं।

18 किलोमीटर चल चुकने के बाद– वह भी अपनी यात्रा के पहले ही दिन– हम पूरी तरह टूटे हुए हैं। लेकिन कुछ हो नहीं सकता। पाँच से ऊपर बज

गया है और असुविधाजनक बूँदाबाँदी लगातार जारी है।

दर की चढ़ाई बेहद ऊँची है और कहीं-कहीं तो रास्ता भी नहीं है। हम ऊँची घास और झाड़ियों के बीच से होकर गुज़रते हैं और क़रीब साढ़े सात पर दर गाँव पहुँचते हैं। अँधेरा है और सारा गाँव ख़ाली है। बारिश की टपटप लगातार चलती रही है। भाग्यवश हमारे पास धारचूला के हमारे मित्र हरीश रौतेला का दिया हुआ एक सिफ़ारिशी ख़त है जो किन्हीं आनसिंह दरियाल के नाम लिखा गया है। वे हमें एक भीड़भरी चाय की दुकान पर मिलते हैं। क़रीब सत्तर साल के हैं और उनके चेहरे पर विनम्र बुज़ुर्गाना भाव है। हम उन्हें चिट्ठी थमाते हैं जिसे एक-दूसरे आदमी द्वारा ऊँची आवाज़ में पढ़कर सुनाया जाता है ताकि हर कोई सुन ले: 'परम आदरणीय चाचाजी...'

दर से स्येला गाँव

आनसिंह दरियाल जी के अलावा हर कोई हम पर सवालों की झड़ी लगा देता है। अभी हमसे किसी ने भी भीतर आने को नहीं कहा है। अच्छा लगता यदि हमें हाथ-मुँह धोने और थोड़ी देर लेटने की फ़ुर्सत मिल सकती। मैं धैर्यपूर्वक सारे सवालों के उत्तर देता हूँ। सबीने विएना से आई हुई मानवशास्त्र की शोधार्थी है और मैं उसके साथ दुभाषिया बनकर आया हूँ। मैं दर के निवासियों को अपने और व्याँस-चौंदास घाटियों की अपनी पिछली यात्राओं के बारे में बतलाता हूँ।

अचानक मितभाषी दरियाल साहब हस्तक्षेप करते हैं और फ़रमान सुनाते हैं कि हम आज रात उनके घर रहेंगे। एक आदमी को तुरंत व्यवस्था बनाने के लिए रवाना कर दिया जाता है और हमारे लिए चाय ऑर्डर की जाती है। इस पूरे दरम्यान कंधों पर बोझा लादे जयसिंह बेचैन बाहर खड़ा है। हमारी ही तरह इस घाटी में वह भी पहली ही बार सफ़र कर रहा है। अब जब सब कुछ तय हो चुका है वह सामान्य हो जाता है और अपनी पीठ ख़ाली करता है।

कुछ ही मिनटों में हर किसी का व्यवहार बेहद दोस्ताना हो गया है। लोग बहुत ख़ुशमिज़ाज हैं और अपनी बोली रं-ल्वू में हमारे बारे में बातचीत कर रहे हैं। उनके हाव-भाव से ज़ाहिर हो रहा है कि विएना से दर पहुँच गई इस बहादुर औरत के लिए उनके मन में ख़ासा सम्मान है।

दरियाल जी के घर पर हमारे साथ वैसा ही व्यवहार होता है जैसा सरकारों में वीआईपी लोगों के साथ होता है। उनके दोनों बेटे आस-पास के स्कूलों में अध्यापक हैं। खाने के बाद वे हमारे साथ क़रीब दो घंटों तक बैठे रहते हैं और अपने जीवन से तमाम क़िस्से सुनाते रहते हैं। चाय की दुकान में ख़ामोश बैठा हुआ यह शख़्स कैसा ग़ज़ब का क़िस्सागो निकला!

सोने के लिए हमें परिवार के सबसे बेहतरीन गलीचे उपलब्ध कराए गए हैं। उनमें कुछ पुराने पिस्सुओं का आवास है और वे हम अतिक्रमणकारियों

को कुछ देर परेशान करते हैं लेकिन हमारी आँख जल्दी लग जाती है। रात भर बारिश होती रहती है।

हमारे आगमन की ख़बर दूर-दराज़ तक पहुँच गई है। अगली सुबह मिलने वालों की एक बड़ी फ़ौज से हमारा सामना होता है। चूँकि यह गाँव शौका सभ्यता का प्रवेशद्वार है हम भी उनसे अपने शोध से जुड़े तमाम सवाल पूछ लेते हैं। बारह बजे तक हम आगे की यात्रा के लिए तैयार हैं। हमें बड़ी गर्मजोशी के साथ विदा किया जाता है।

दर गाँव से आगे का पुराना रास्ता पिछले साल की बारिशों में तबाह हो चुका है और हम उस पर नहीं जा सकते। स्येला गाँव तक जाने वाला दूसरा रास्ता बहुत सँकरा और कीचड़ से भरपूर है। स्येला गाँव से ही वास्तविक दारमा की शुरुआत होती है। हमारी यात्रा धौलीगंगा के साथ-साथ चल रही है जिसका बहाव अब भी हिंसक है। रास्ते में बौंगलिंग गाँव पड़ता है। ऊपरी दारमा के अनेक गाँवों के रहनेवाले काफ़ी अरसा पहले इस गाँव में आ बसे थे। हम ख़ामोशी से आगे बढ़ रहे हैं। यह ख़ामोशी कभी दूर तो कभी पास आ जाने वाली नदी के शोर से ही भंग होती है। मार्ग रपटीला है लेकिन हमारे चारों तरफ़ बेहद ख़ूबसूरत हरा परिवेश है। हम छह बजे स्येला पहुँच जाते हैं। 10 किलोमीटर के आसान ट्रेक से हमें ज़रा भी थकान नहीं लग रही। यहाँ भी बरसातों ने गाँव जाने वाले पुल को बर्बाद कर दिया है और हम उसे देखने वहाँ नहीं जा सकते। नदी के उस तरफ़ गाँव दिखाई दे रहा है।

मकानों के छोटे-छोटे समूहों वाले रं या शौकाओं के गाँव बहुत ख़ूबसूरती से बनाए गए होते हैं। बेहतरीन डिज़ाइन और शानदार काष्ठकला हरेक घर की पहचान होती है। गाँव का सुंदर दृश्य आकर्षित कर रहा है। डूब रहे सूरज की किरणों का आख़िरी सोना स्लेट की छतों पर चमक रहा है। हम नदी के इस तरफ़ से केवल दर्शक ही बने रह सकते हैं।

पुराने समय में स्येला गाँव से व्याँस घाटी जाने को स्येला ग्लेशियर से होकर एक रास्ता हुआ करता था लेकिन अब इस ख़तरनाक और वीरान पड़ गए मार्ग से जाने की हिम्मत कोई नहीं करता। दारमा घाटी से व्याँस घाटी को जाने वाला वर्तमान रास्ता आपको सिन-ला दर्रे की चढ़ाई तक ले जाता है जिसकी ऊँचाई तक़रीबन 20,000 फीट है जहाँ से नीचे उतरकर आप छोटा कैलाश और

जौलिंगकौंग पहुँचते हैं।

स्येला गाँव से लगी धौलीगंगा नदी का पाट ख़ासा चौड़ा है और उसका बहाव अपेक्षाकृत बहुत शांत है। स्येला गाँव जिस चट्टान पर टिका हुआ है उसका आकार सचमुच विशाल है।

हमें अपने नाम-पते भारत-तिब्बत सीमा पुलिस (आईटीबीपी) की चौकी पर दर्ज कराने हैं। यह सुरक्षा सेना इस क्षेत्र में हमारी यात्रा पर निगाह रखेगी। इस बार फिर से हमारे पास किन्हीं गुरुसिंह सैलाल जी के नाम एक सिफ़ारिशी चिट्ठी है। गुरु सिंह सैलाल नदी के इस तरफ़ एक होटल चलाते हैं– जिसे सम्मानजनक शब्दों में रेस्तराँ-कम-लॉज कहा जा सकता है। वे तुरंत अपना सबसे बेहतरीन सूइट हमारे लिए तैयार कर देते हैं। उनकी दुकान में समय और धुएँ से काली पड़ चुकी लकड़ी की बेंच पर बैठे हम चाय सुड़क रहे हैं जबकि वे आवश्यक हड़बड़ी के साथ उक्त सूइट के आठ-दस चक्कर लगा आते हैं। अंततः वे अगरबत्ती के पैकेट और टेल्कम पाउडर के डिब्बे से साथ भीतर जाते हैं।

बाहर ठंड है लेकिन इस अँधेरे, छोटे कमरे के भीतर हमारे पास अपने स्लीपिंग बैग्स की गर्मी है। बुज़ुर्ग सैलाल जी हमारे साथ देर तक बैठे रहते हैं और अपने गाँव और उसकी पुरातन परंपराओं की बाबत हमें अनेक कथाएँ सुनाते हैं।

स्येला गाँव के दो तरफ़ ऊँचे पहाड़ हैं जिसकी वजह से वहाँ पर्याप्त धूप नहीं आ पाती। मिथक है कि इस समस्या से निजात पाने के लिए यहाँ के निवासियों ने तय किया कि पूर्व दिशा में पड़ने वाले पहाड़ को रात के समय काट डाला जाए ताकि सूर्य की किरणों के लिए रास्ता बनाया जा सके। इस कार्य के लिए देवताओं का आह्वान भी किया गया जिन्होंने आदेश दिया कि यह कार्य भोर की पहली किरण के आगमन से पहले ही संपन्न कर लेना होगा। जैसा कि नियति में लिखा था यह कार्य संपन्न न हो सका। नतीजतन स्येला गाँव जिस पहाड़ पर बसा है वह थोड़ा-सा टेढ़ा नज़र आता है। ग्रामीणों द्वारा की गई मेहनत के निशान के तौर उसके ठीक नीचे नदी के तट पर बिखरे असंख्य पत्थरों पर दिखाई देते हैं जिन्हें देखकर लगता है मानो वे छैनी-हथौड़ी से काटे गए हों।

गुरुसिंह सैलाल हमें स्येला गाँव के ऊपर स्थित मंदम बुग्याल के चौड़े घास के मैदानों और वहाँ उगने वाली अनेक जड़ी-बूटियों के बारे में भी बताते हैं।

अगली सुबह हम उनसे आग्रह करते हैं कि वे हमें अपना फ़ोटो खींचने दें। वे हाँ कहते हैं लेकिन तैयारी करने के बाद। स्थानीय जन और आईटीबीपी के जवान मौके पर इकट्ठा हो गए हैं। गुरुसिंह जी अपनी सबसे अच्छी पोशाक धारण करते हैं और अपना प्रागैतिहासिक चश्मा निकालते हैं। ना, अभी पूरा नहीं हुआ। वे भीतर जाकर अपना छाता खोज लाते हैं। और फ़ोटो खिंचाने की मुद्रा में अपनी दुकान के बाहर उत्साह के साथ खड़े हो जाते हैं। सुबह बहुत चमकीली है। उतने ही चमकीले वे भी हैं।

दारमा घाटी के भीतर–
नंगलिंग और बालिंग

आज नंगलिंग गाँव पहुँचना है। इस दफ़ा कोई सिफ़ारिशी चिट्ठी नहीं है हमारे पास। रास्ता आज भी बेहद रपटीला और कीचड़ से भरपूर है। उसके बारे में कुछ ख़ास कहने को नहीं बनता अलबत्ता नीले, लाल और पीले की तमाम रंगतों में खिले हुए फूलों का मौसमी ग़लीचा लगातार हमारे साथ-साथ चलता रहता है। चढ़ाई बहुत मद्धम और आसान है और कुल आठ किलोमीटर चलने के बाद हम नंगलिंग पहुँच जाते हैं। दोपहर के दो बजे।

ऐसा लगता नहीं गाँव में बहुत से लोग रह रहे हैं। हम गाँव के शुरू में सड़क पर बनी चाय की इकलौती छोटी-सी दुकान के बाहर बैठ जाते हैं। भीतर कुछ आदमी ताश खेल रहे हैं और हमारा आगमन उनकी तन्मयता को बस थोड़ी ही देर को भंग करता है। मैं युवा दुकानदार से रात को सोने के ठिकाने के बारे में पूछता हूँ। वह तुरंत हामी भरता है और जयसिंह की मदद से हमारे सामान को अपनी दुकान की दूसरी मंज़िल पर रखने की व्यवस्था करने में जुट जाता है। दूसरी मंज़िल का इकलौता कमरा संभवत: उसका गोदाम है।

हम चाय और बिस्कुट का भोग लगाते हैं और गाँव से ऊपर की दिशा में दो-तीन किलोमीटर बालिंग गाँव की तरफ़ टहल आते हैं। सबसे नज़दीकी पहाड़ बेहद विशाल और छुए जाने लायक दूरी पर है। नीचे से आती धौलीगंगा की सुदूर दहाड़ सुनाई दे रही है। हमें कुछ बेहद ख़ूबसूरत पर्वत-श्रृंखलाएँ भी नज़र आती हैं। हालाँकि बादलों के कारण हिमालय अब भी नज़र नहीं आ रहे। हो सकता है अगले दिनों में और ऊपर जाने पर हमारी क़िस्मत बेहतर होती जाए।

वापस लौटने पर वही होता है जिससे बचना मुझे पहले से ही नामुमकिन लग रहा था– हमें जनाब शंकर नगन्याल के गोदाम में ही रात काटनी होगी। वे

माफ़ी माँगते हुए बताते हैं कि स्कूल का कमरा इसलिए उपलब्ध नहीं कराया जा सकता कि गाँव के बच्चे उसमें पंद्रह अगस्त के उत्सव की रिहर्सल करने वाले हैं।

सो हम जूट की बोरियों, ख़ाली कनस्तरों, घासलेट के गैलनों, घोड़ों की जीनों, समझ में न आ सकने वाली बेशुमार अंगड़-खंगड़ चीज़ों और ठोस गंधों के बीच अपने स्लीपिंग बैग्स के लिए जगह बनाने की कोशिश करते हैं। गाँव की ऊँचाई क़रीब नौ हज़ार फीट है और बाहर बहुत ठंड हो गई है। हम अपने को गोदाम के भीतर बंद कर लेते हैं और मोमबत्ती की रोशनी में फ़िज़ूल की बातचीत करते रहते हैं। जयसिंह को पीडब्लूडी की गैंग में अपनी पहचान के एकाध लोग मिल गए हैं। फ़िलहाल वह हमारे लिए डिनर की तैयारी में जुटा हुआ है।

सात बजे के आस-पास गाँव के पोस्टमास्टर की अगुवाई में क़रीब बीस उत्साही युवा हमसे बात करने पहुँच जाते हैं। हमारी अच्छी बातचीत होती है जिसका अंत आश्चर्यजनक रूप से एक गायन सत्र में होता है। फ़िल्मी गानों से लेकर रं लोकगीत और डिस्को से लेकर ग़ज़ल तक पेश किए जाते हैं। सबीने को भी ज़िद कर गवाया जाता है– बहुत मनाए जाने पर वह अपने बचपन के प्राइमरी स्कूल में सीखी गई एक जर्मन कविता गाने को राज़ी होती है।

बातूनी पोस्टमास्टर साहब अपने गाँव को लेकर अनेक क़िस्से और कहानियाँ सुनाते हैं। इन कहानियों में हुरबी नाम के एक दैत्य मुर्ग़े की कथा भी है तो एक भयानक नाग और कलुवा ल्वार की भी। नाग वाली कथा का वह हिस्सा बेहद लंबा और रोचक था जिसमें कलुवा उस दुष्ट नाग के साथ कैलाश मानसरोवर की तरफ़ घूमने जाया करता है। इस हिस्से में दारमा घाटी से कैलाश जाने की यात्रा का बेहतरीन वर्णन मिलता है। आनसिंह दरियाल और गुरुसिंह सैलाल की तरह पोस्टमास्टर जी भी अच्छे खासे क़िस्सागो निकले।

कलुवा ल्वार का मिथक

एक समय नंगलिंग गाँव के नज़दीक एक भयंकर नाग रहता था। दारमा घाटी के ऊपरी गाँवों को आने-जाने वाले लोग अक्सर उसका शिकार बनते थे जिन्हें वह मार कर खा जाता था। आतंक ऐसा बढ़ा कि लोगों ने उसके भय से अपना रास्ता ही बदल लिया। यह नया रास्ता बहुत मुश्किल और दुर्गम था।

इलाक़े के लोग चाहते तो थे कि किसी तरह नाग से छुटकारा पाया जाए लेकिन उससे भिड़ने की हिम्मत किसी में न थी।

अंततः एक बहादुर लुहार जिसका नाम कलुवा ल्वार था, ने नाग से दो-दो हाथ करने की ठानी। उसने नंगलिंग के मुख्य रास्ते पर अपनी भट्टी खोली और उसके बहाने किसी तरह नाग के साथ नक़ली दोस्ती गाँठ ली। कलुवा अक्सर नाग को अपने यहाँ न्यौता देकर बुलाता। नाग को मक्खन वाली नमकीन चाय मरज्या और सत्तू के बने गेंद की आकार के छिरपा पेश किए जाते। नाग ख़ुश हो जाता।

कभी-कभार दोनों कैलाश-मानसरोवर की दिशा में घूमने भी जाया करते। एक दिन ऐसी ही एक लंबी यात्रा से लौटकर कलुवा ने नाग के लिए बहुत सारे स्वादिष्ट छिरपा बनाए। नाग गर्मागर्म भोजन का स्वाद ले रहा था जब कलुवा ने कहा कि वह अपने दोस्त के लिए एक विशेष क़िस्म का छिरपा बनाने जा रहा है और यह कि लाल रंग के उस छिरपा का असल आनंद उसे आँखें बंद करके खाने में आता है।

कलुवा ने पहले से ही अपनी भट्टी में लोहे की एक गेंद लाल गर्म कर रखी थी। चूँकि पूरी घाटी में नाग कलुवा को ही अपना इकलौता दोस्त मानता था, उसने पूरी बात पर यक़ीन कर जैसे ही अपना मुँह खोला, कलुवा ने लोहे का धधकता हुआ गोला भीतर डाल दिया। नाग का पेट फट गया और उसका क्षत-विक्षत शरीर सामने की चट्टान पर जा चिपका। उसकी मृत्यु का समाचार सुनकर गाँव वाले इकट्ठा हुए और ख़ुशी से नाचने लगे। नंगलिंग के समीप एक चट्टान पर नाग की मृत देह और ग्रामीणों के नृत्यरत पैरों के निशान बन गए जिन्हें आज भी देखा जा सकता है। माना जाता है कि उसी नाग के नाम पर गाँव का नाम पड़ा।

बाहर घुप्प अँधेरा है। स्कूल में बच्चे रिहर्सल कर रहे हैं। उनकी तीखी, दुबली और सुदूर आवाज़ों का कोरस मुझे नॉस्टेल्जिया से भर देता है।

अगली सुबह अपने दयालु चेहरे और जग भर चाय के साथ जयसिंह आठ बजे दरवाज़े पर खटखट करता है। इसके बावजूद हमें निकलते-निकलते ग्यारह बज जाते हैं। आज हमें दुगतू गाँव पहुँचना है जहाँ हम क़रीब पंद्रह दिन रहेंगे।

दुग्तू में इतना समय बिताने के पीछे हमारी दो मंशाएँ हैं–

(1) दुग्तू से हम शोध के लिए दारमा घाटी के सात गाँव कवर कर सकते हैं।

(2) दुग्तू में एक छोटा-मोटा सरकारी डाकबंगला है।

भाग्यवश डाकबंगले का चौकीदार नंगलिंग गाँव का ही रहनेवाला है और हमारे साथ ही चल रहा है। अभी से ऐसा लगने लगा है कि जयसिंह और उसकी ख़ूब गहरी पटने वाली है।

हमारी यात्रा के दौरान पहला ट्रैफ़िक जाम लगा है। ऊन और बाक़ी स्थानीय उत्पाद लेकर धारचूला जा रही सैकड़ों भेड़-बकरियों का अनुशासित समूह क़तार बनाकर अपने रास्ते लगा है। इन घाटियों में सामान के ढुलान का सबसे ज़रूरी माध्यम ये भेड़-बकरियाँ होते हैं। अपने आकार के मुताबिक़ हर भेड़-बकरी पाँच से दस किलो वज़न ढो सकती है। चुस्त दिखने वाले चमड़े के बने बैग जिन्हें करबच कहा जाता है, उनकी पीठों पर बँधे हुए हैं। उनमें से दार्शनिकों जैसी आँखों और लंबी शंक्वाकार दाढ़ियों वाली कुछ बकरियाँ हैं जिन पर कुछ नहीं लादा गया है। तीन कुत्तों के साथ वे झुंड की पहरेदार हैं। कुछ समय के लिए हवा में घंटियों की टनटन भर जाती है और हम अपने को जस-तस थिर बनाए सँकरे रास्ते के किनारे की चट्टानों पर उगी झाड़ियों को थामे इस कारवाँ को जाने देते हैं।

पाँच किलोमीटर लंबे ऊँचे-नीचे रास्ते के बाद क़रीब दो बजे हम बालिंग में हैं।

बालिंग आपके सामने हक्का-बक्का कर देने वाली आकस्मिकता के साथ प्रकट होता है। अभी तक खड़ी चढ़ाई वाले पहाड़ों, अधीर नदियों-धारों और जंगली वनस्पति से भरे सँकरे लैंडस्केप की जगह अचानक विराट शांति से भरा, दूर तक पसरा हुआ एक दूसरा लैंडस्केप ले लेता है।

पल्थी के पके हुए गुलाबी खेतों के बीच बसा हुआ है बालिंग। गाँव के बीच में एक घराट (पनचक्की) है। महिलाएँ खेतों में काम कर रही हैं। उनकी बग़ल में लिटाए हुए एक या दो नवजात बच्चे सो रहे हैं। सुदूर हरे ढलानों और पहाड़ों पर बसे अगले गाँव पल्थी के अपने खेतों की रंगत से पहचाने जा रहे हैं– देखकर लगता है जैसे गुलाबी पैचवर्क किया हुआ कोई विशाल, हरा और मुलायम गलीचा हो। पंचचूली पर्वत-शृंखला का एक हिस्सा दिखाई दे रहा है।

हालाँकि आसमान सुबह से घिरा हुआ है, इस शानदार दृश्य को देखकर हमारी आत्माओं में नए प्राण आ जाते हैं। इस गाँव का सौंदर्य अविश्वसनीय है।

बालिंग के जंगल और बुग्याल समूची दारमा घाटी में मशहूर हैं। इन जंगलों में प्रचुर मात्रा में देवदार के वृक्ष पाए जाते हैं। इसके आगे के गाँवों में समुद्र सतह से उनकी ऊँचाई के कारण देवदार नहीं उग पाता। ग्रामदेवता की पूजा के लिए देवदार के लंबे तनों से बनाए जाने वाले दरच्यो अनिवार्य रूप से चाहिए होते हैं। स्थानीय परंपरा के अनुसार सौन, दुग्तू, बौन, फिलम वग़ैरह गाँवों को इस बात की अनुमति मिली हुई है कि अपनी पूजाओं के लिए हर वर्ष सीमित संख्या में बालिंग गाँव से देवदार के पेड़ काटकर ले जाएँ।

हवा चलने लगी है। भारत तिब्बत सीमा पुलिस के कुछ जवान वापस धारचूला जा रहे हैं। उनमें से एक ऐसे ही मुझसे हाथ मिलाता है। मैं उससे कहता हूँ– 'जय हिंद!'

बारिश अवश्यंभावी है और हम उसके धरती पर उतरने से पहले-पहले दुग्तू पहुँच जाना चाहते हैं।

लेकिन उससे पहले कुछ लंच। हम एक छोटी-सी दुकान में घुसते हैं और कुछ खाने को माँगते हैं। सहृदय दुकानदार हमें अपनी बैठक में आमंत्रित करता है जो उसकी दुकान के दुमंज़िले में है।

साफ़-सुथरे कमरे में ताज़ा मिट्टी और गोबर की महक है। जल्दी-जल्दी हमारे लिए एक गलीचा बिछाया जाता है। कमरे में बेहतरीन नक़्क़ाशी वाली लकड़ी की एक खिड़की है जिसमें से बाहर हमें गाँव का शानदार नज़ारा देखने को मिल रहा है।

दुकानदार बढ़िया मेज़बान है। जम्बू और गंद्रायणी के छौंक लगे नूडल्स का पौष्टिक भोजन कराने के बाद वह और उसकी सुंदर पुत्री हमें इस तरह विदा करते हैं जैसे हम उनके नज़दीकी रिश्तेदार हों।

दुग्तू की तरफ़ चलते हुए मैं बार-बार पलटकर पीछे छूट रहे बालिंग गाँव को आँख भर-भर देखता जाता हूँ।

बहुत सारी जगहों पर भूस्खलन हुआ है और हमें लगातार कीचड़ और गाद में चलना पड़ रहा है। इससे हमें कोई फ़र्क़ नहीं पड़ता क्योंकि सारा कुछ इस क़दर ख़ूबसूरत है।

हम जेसू (जयसिंह को अब हम अपनी बातचीत में इसी नाम से पुकारना शुरू कर चुके हैं) और चौकीदार उदयसिंह के पहुँचने से पहले ही डाकबंगले में हैं। पल्थी के खेतों के ऐन सामने गाँव के प्रवेश पर बना हुआ है यह नन्हा-सा डाकबंगला। हमारे पहुँचते ही बारिश का मूसलधार शुरू हो जाता है। हम अपनी-अपनी छतरियों की शरण हो जाते हैं। जेसू और उदयसिंह को देखा जा सकता है। पल्थी के खेतों के बीच से वे आलसी प्रेतों की तरह धीरे-धीरे तैरते से आ रहे हैं। उनके लिए बारिश जैसे पड़ ही नहीं रही है।

डाकबंगला, मकड़ियाँ, सोशलिस्ट कविता, सौन और दुग्तू

आख़िरकार हमारे पास रहने को एक जगह है। एक अस्थाई घर। दो बहुत ही छोटे कमरों की इस इकाई में साथ में लगा गुसलख़ाना भी है। स्पंज के गद्दे हैं और साफ़ चादरें। हम अपनी सारी संपत्ति फैला लेते हैं– कपड़े, किताबें, नोटपैड्स, वॉकमैन और वेनेज़ुएला में रहने वाली मेरी ख़ूबसूरत दोस्त आना मारिया सांचेज़ का दिया हुआ लाल नाक वाला मेरा प्रिय टेडी रेनडीयर जिसका नाम सबीने और मैंने मिलकर ओलाफ़ रख छोड़ा है। मैं अपने साथ पाब्लो नेरुदा की कविताओं का एक संग्रह और 'द पेंग्विन बुक ऑफ़ सोशलिस्ट वर्स' लेकर आया हूँ। इनमें से दूसरी वाली किताब ने बाद के दिनों में एक अकल्पनीय काम करना है।

हम बाहर नहीं जा सकते क्योंकि मूसलधार मेघ बरस रहा है। हमारा प्रिय जयसिंह इस दौरान गाँव से राशन, मिट्टी का तेल, लकड़ी और दारू ले आया है। हम सारे मिलकर एक शानदार डिनर पकाते हैं और हँसते-बतियाते च्यक्ती के नाम से जानी जाने वाली भीषण कर्री स्थानीय शराब की पूरी बोतल सफ़ा कर देते हैं।

बहादुर सबीने, जो शायद अकेले में बाघ का सामने होने पर उसे भी चुनौती दे सकती है, अमूमन सिर्फ़ उन दुष्ट, काइयाँ और बहुत सारे पैरों वाले दैत्यों से डरती है जिन्हें आप-हम मकड़ी कहते हैं। अगले दिन सुबह-सुबह वह गुसलख़ाने में घुसती है और चीख़ती हुई तुरंत बाहर आ जाती है- "हे भगवान, वह भयंकर है, कितनी बड़ी!" मुझे ख़ुद उनसे भय लगता है लेकिन मेरे भीतर का मर्द उसका बचाव करने का फ़ैसला करता है। मकड़ी दरअसल ख़ासी विशालकाय है।

मैं दो क़दम पीछे हटता हूँ और हिचकता हुआ उस दानव की चमकीली, न झपकने वाली आँखों में आँखें डालता हूँ। वह मुझे निगल जाने को तैयार है। दरअसल मैं कुछ नहीं कर सकता। घबराकर मैं उसी को आवाज़ लगाता हूँ जिसे लगा सकता हूँ- "जयसिंह!" जयसिंह किसी पेशेवर क़ातिल के से ठंडेपन के साथ काम को अंजाम देता है। उसने अपने अभियान में कुल मिलाकर पाँच अन्य छोटे-मोटे दैत्यों को भी निबटाया है और उनके मृत शरीरों को झाड़ू से बुहार चुकाने के बाद मुस्कुराकर बाहर आता है। बाद में जब सबीने भीतर थी मुझे एक बार और उसका चीख़ना सुनाई देता है- "एक और है!" फिर चप्पल की फट्ट आवाज़ आती है। अलविदा नन्ही मकड़ी!

कमरे में मुझे अपने हिस्से का एक और युद्ध लड़ना है। मैं खिड़की को थोड़ा-सा खोलता हूँ ताकि धूप भीतर आ सके। खिड़की की सिल अजीब-ओ-ग़रीब और भयानक शक्ल-सूरत और अनेक आकार-प्रकारों वाले कीड़े-मकोड़ों से भरी हुई है। हाल ही में एक मकड़ी द्वारा पराजित किए जाने की शर्म और ग्लानि से निजात पाने के लिए मैं उस शत्रु-सेना का सफ़ाया करने में जुट जाता हूँ। 'द पेंग्विन बुक ऑफ़ सोशलिस्ट वर्स' इस काम में मेरी सहायता करती है।

बाद के दिनों में सोशलिस्ट कविता की मदद से मैंने अनेक दैत्यों का संहार किया। रातों को जब भी इस घातक किताब से मैं सबीने को कविताएँ पढ़कर सुनाता हूँ और ज़रूरत से ज़्यादा सुनाने लगता हूँ तो वह शिकायत करती है कि उसके साथ मेरा व्यवहार वैसा ही है जैसा असहाय कीड़े-मकोड़ों के साथ होता है।

बाहर आसमान घिरा हुआ है। बादल बहुत नीचे हैं और हमारे सामने सुस्त हरियाली का एक विराट और सुंदर विस्तार है। उदयसिंह हमें इलाक़े के भूगोल से परिचित करवाता है।

हमारे सबसे नज़दीक बाएँ हाथ की तरफ़ पत्थर की छतों का समूह है। सड़क के ऊपर वाला सौन गाँव है जबकि नीचे दुग्तू है। भौगोलिक स्थिति के हिसाब से ये गाँव दारमा घाटी के क़रीब-क़रीब केंद्र में हैं। फ़िलहाल छिपी हुईं पंचचूली की चोटियाँ इन गाँवों की पृष्ठभूमि में होती हैं। सही बात तो यह है कि ये दोनों एक ही गाँव का हिस्सा लगते हैं। हमारे सामने क़रीब दो किलोमीटर दूर दाँतू गाँव है। दाईं तरफ़ नदी के पार तीन गाँव हैं– बौन, फिलम और गो।

आस-पास बहुत नज़दीक के इन गाँवों को भी गुलाबी पल्थी और हरेपन के पैचवर्क वाले उसी गलीचे से पहचाना जा सकता है। बड़े-बड़े खेत और प्रचुर पानी सौन और दुग्तू की ख़ासियत हैं। न्यौला नाम की एक छोटी-सी नदी इन गाँवों को दाँतू से अलग करती है। न्यौला थोड़ी दूर आगे जाकर लन्दंग नाम की जगह पर धौलीगंगा से मिल जाती है। यही नदी सौन और दुग्तू को बौन और फिलम से भी अलग करती है।

डाकबंगले को नन्ही मखमली घास और रंग-बिरंगे जंगली फूलों से ढके एक प्लेटफ़ॉर्म पर बनाया गया है। मुझे लालच आता है और मैं उन फूलों की मदद से सबीने के लिए एक मिनिएचर गुलदस्ता तैयार करता हूँ। मुझे वैसी ही सनसनी हो रही है जो एक कमरे से घुटनभरे अपार्टमेंट में रहने के बाद अचानक किसी लंबे-चौड़े मकान में शिफ़्ट करने पर होती होगी। मैं पड़ोसियों से मिलने की औपचारिकता में हड़बड़ी भी नहीं करना चाहता। सबीने को गुलदस्ता देता हुआ मैं चालाकी से प्रस्ताव देता हूँ कि हमें आज दिन भर डाकबंगले के आस-पास ही रहना चाहिए। वह बेमन से हामी भरती है।

दिन भर बहुत तेज़ हवा चलती रही है। दिन के समय अमूमन हर रोज़ ही ऐसा होता है। मुझे व्याँस घाटी के गुंजी गाँव में बिताया समय याद आता रहता है जब पिछले साल नवंबर के हाड़ कँपाने वाले महीने में हम लोग पंद्रह दिन से अधिक वहाँ रहे थे।

हम नोटपैड्स, वॉकमैन और उन सारे टेप्स को बाहर निकालते हैं जिनमें हमने दर, स्येला और नंगलिंग के अपने वार्तालापों को रेकॉर्ड किया है। हम पूरे दिन भर लिखते रहते हैं और अंततः सबीने भी स्वीकार करती है कि दिन भर डाकबंगले में रहने का विचार उतना बुरा नहीं था।

हम अगले दिन दोपहर तक लिखने का काम करते रहते हैं। आसमान अब भी घिरा हुआ है। क़रीब दो बजे सौन गाँव का रुख़ करते हैं और जो भी पहला घर खुला हुआ मिलता है उसमें घुस जाते हैं। यह दरबान सिंह सौनाल जी का घर है। हम अपना परिचय देते हैं और उनसे अपने अध्ययन की बाबत कुछ काम की जानकारी लेने की कोशिश करते हैं। पता नहीं क्या होता है कि वे हमें कोई सरकारी कर्मचारी समझ लेते हैं और जब मैं उनके कोट के कॉलर में नन्हा-सा माइक्रोफ़ोन लगाने की कोशिश करता हूँ वे बुरी तरह घबरा जाते हैं। वे शुरू में

थोड़ा-सा हकलाते हैं और उसके बाद ऐसे स्वर में बोलने लगते हैं मानो देश के मुख्य न्यायाधीश के सामने बयान दे रहे हों। मैं इस बात को जल्दी ताड़ जाता हूँ और बाधा डाल रहे उस इलेक्ट्रॉनिक कीड़े को हटा देता हूँ। इस राहत से वे अचानक सामान्य हो जाते हैं। उसके बाद वे हमें अनेक दिलचस्प बातें सुनाते हैं।

वे हमारे साथ हमारे डाकबंगले तक आते हैं और वायदा करते हैं कि अगले दिन हमारे साथ दाँतू गाँव चलेंगे। सौनाल जी ने अपने गाँव के देवताओं– साचिर और मूचिर– के बारे में एक मिथक सुनाया है और यह विचार मेरे मन में लगातार कौंधता रहता है कि मैंने यह कथा पहले भी कहीं सुन रखी है। फिर हम पिछले साल के नोट्स को ध्यान से देखते हैं। हमें सुराग़ मिल जाता है। बिलकुल यही मिथक हमें पिछले साल चौंदास घाटी के सिरदंग गाँव में रहने वाले शानदार कांशीराम सिंह खुन्नू जी ने सुनाया था।

जब अगले दिन दरबान सिंह जी हमारे पास आते हैं मैं उनसे पूछता हूँ कि क्या उनके सौनाल वंश का कोई संबंध सिरदंग के खुन्नुओं से है। वे आँखें फाड़कर मुझसे पूछते हैं कि मुझे यह बात कैसे मालूम है।

सच तो यह है कि इन दोनों गाँवों के बाशिंदे एक ही पूर्वज से उपजे हैं। मैं उन्हें पिछले साल सुनी गई कथा सुनाता हूँ। सौनाल साहब हमारे काम से ख़ासे प्रभावित होते हैं और मुझसे हाथ मिलाते हैं। दोपहर तीन बजे हम दाँतू को रवाना होते हैं। दाँतू दारमा घाटी का सबसे महत्त्वपूर्ण गाँव है।

दाँतू, ऑस्ट्रियाई अध्यापकों की टोली और दधिमलसिंह जी

दाँतू पहुँचने के लिए आपको एक लकड़ी के बने एक सँकरे पुल को पार करना होता है जो न्यौला की भरपूर धारा के ऊपर बना हुआ है। इस धारा का उद्गम यहाँ से एकाध मील दूर पंचचूली ग्लेशियर में है। कुछ सौ मीटर नीचे इसने धौलीगंगा में मिल जाना है। हिमालयी चोटियाँ अभी भी बादलों की ओट में हैं और हमसे कुल दो किलोमीटर दूर ग्लेशियर का एक हिस्सा नज़र आ रहा है।

दारमा घाटी के सर्वमान्य देवता– ह्या गबला– जिनकी बाक़ी दोनों घाटियों में भी बड़ी मान्यता है– इसी गाँव में वास करते हैं। यहाँ के अन्य देवताओं में रंगच्यिम, न्यौला, स्यू, रंगदंग और न्युंगटांग प्रमुख गिने जाते हैं। नौ बहनों वाले गबला देव के निकटतम मित्रों में सौन गाँव के मूचिर देवता और तीदांग गाँव के तीदांगछ्युंग शामिल हैं।

ग्राम प्रधान लक्ष्मण सिंह दताल और बुज़ुर्ग दधिमलसिंह दताल जी से बात करके स्पष्ट है कि इस तथ्य को लेकर वे ख़ासा गौरव अनुभव करते हैं कि उनका गाँव घाटी के सबसे बड़े देवता का थान है। दधिमलसिंह दताल जी गाँव के प्रवेशद्वार पर एक दोस्ताना क़िस्म की बहुउद्देश्यीय दुकान चलाते हैं जिसमें चाय भी मिलती है।

उन्हें देखकर ऐसा लगता है जैसे किसी टेडी बीयर और बेहद लाड़ करने वाले दादा जी को मिलाकर उनका निर्माण हुआ है।

दधिमलसिंह दताल जी हमें बताते हैं कि अभी-अभी व्याँस घाटी से सिन-ला दर्रा पार कर कुछ विदेशी दाँतू गाँव पहुँचे हैं। धारचूला में हमारी मुलाक़ात कुछ ऑस्ट्रियाइयों से हुई थी जो हमारे ही होटल में टिके हुए थे। नवागंतुक विदेशियों के हुलिए और अन्य विवरणों से हम समझ जाते हैं कि हो न हो ये वही हैं।

धारचूला में उन्हें देखकर उनकी शारीरिक क्षमता के बारे में हमारा लगाया अनुमान ग़लत साबित हुआ क्योंकि वे इतने कम समय में ऐसा मुश्किल ट्रेक कर आए हैं। हम जाकर उनसे मिलते हैं।

ये साल्सबर्ग से आए तीन स्कूली अध्यापक हैं। सबीने उनके साथ जर्मन में बात करती हैं– एक ही देश के बाशिंदे होने के नाते उनकी बातचीत का उत्साह दिखाई दे रहा है। समूह की इकलौती महिला हमारे साथ गाँव चलती है क्योंकि हमारे अध्ययन का विषय उसे पसंद आ रहा है और वह हमें फ़ील्डवर्क करते हुए देखना चाहती है। हम तीनों वापस दधिमलसिंह दताल जी के पास पहुँचते हैं और मैं उनसे बहुत सारे सवाल पूछता हूँ। वे ऑस्ट्रियाइयों के लिए हरी सब्ज़ी पका रहे हैं और मेरे सवालों का धीरज के साथ उत्तर देते जाते हैं। फ़ेलीसितास नाम की वह अध्यापिका मुझसे पूछती है कि इतने प्यार से किस गाय या बकरी के लिए वह घास पकाई जा रही है। उसे यह जानकर सदमा लगता है कि वह घास उनका उस रात का डिनर बनने वाली है। वह दधिमलसिंह जी से अनुरोध करती है कि घास में ढेर सारे आलू डाल दें ताकि वह उसे खा सके।

इस बीच ग्राम प्रधान जी हमारे पास आ जाते हैं और अगले दो घंटों तक हमारा वार्तालाप चलता रहता है। बाद में प्रधान जी हमें अपने घर ले जाते हैं जहाँ हमें चीनी मिट्टी के प्यालों में चाय पिलाई जाती है। फ़ेलीसितास अब भी हमारे साथ है और बहुत ख़ुश लग रही है। वह कहती है कि इतने दिन से ट्रेक करते रहने के बावजूद ऐसा पहली बार हो रहा है कि उसे किसी स्थानीय घर में भीतर आने का न्यौता मिला है। बाद में वह स्वीकार करती है कि उसे हमसे ईर्ष्या हो रही है। वह छोटे क़द की चालीस साला एक ठोस महिला है। वह और उसके साथी व्याँस घाटी का पूरा ट्रेक कर आए हैं और उनकी क़िस्मत अच्छी थी कि जब वे सिन-ला दर्रा पार कर रहे थे वहाँ ज़रा भी बर्फ़ नहीं थी। हम सोचने लगते हैं क्या हमसे सिन-ला हो पाएगा!

दधिमलसिंह दताल जी की दुकान के सामने एक मैदान जैसा है जिस पर घास उगी हुई है और वॉलीबॉल का नेट लगा हुआ है। कुछ ही दिनों में इस मैदान पर विख्यात दाँतू मेले का आयोजन होगा।

अगली सुबह ऑस्ट्रियाई हमारे डाकबंगले में आते हैं और हम उन्हें चाय प्रस्तुत करते हैं। हमारी कुछ देर बातें होती हैं– वे वापस धारचूला जा रहे हैं और

वहाँ से उनकी योजना पहले नेपाल और संभव हुआ तो वहाँ से तिब्बत जाने की है। मुझे हर समय चाक-चौबंद बने रहने वाले और बनी-बनाई समय-सारणी और नक़्शे की मदद से चलने वाले पर्यटकों-ट्रेकरों से हमेशा से ही भय-मिश्रित ईर्ष्या होती रही है।

इनसे भी हो रही है।

सौन, रंगज्यादि तालाब और भोजपत्र के जंगल का हरा जादू

सौन गाँव के ठीक ऊपर एक खड़ी चढ़ाई है जो आपको पहाड़ी की चोटी पर पहुँचाती है। वहाँ एक पवित्र तालाब है। इस तालाब का नाम रंगज्यादि तालाब है। हम उसे देखने का फ़ैसला करते हैं। दरबान सिंह सौनाल जी हमें रास्ते के बारे में आवश्यक दिशा-निर्देश देते हैं। ऐसा लगता है हमने उनकी बातों को क़तई ग़लत समझ लिया था क्योंकि दस मिनट के भीतर हम घनी झाड़ियों के बीच फँस गए हैं। कहीं कोई रास्ता नज़र नहीं आ रहा। हम एक-दूसरे को इस अस्थाई समस्या का ज़िम्मेदार ठहराते हैं और दो घंटे के संघर्ष के बाद धीमे-धीमे किसी तरह तालाब तक पहुँच जाते हैं। इस संघर्ष में हमारे हाथ बुरी तरह खरोंचों से ज़ख़्मी हो जाते हैं क्योंकि हर अगले क़दम से पहले कँटीली झाड़ियों को थामे बिना काम चलना ही नहीं था।

चोटी से अद्भुत नज़ारा दिखाई देता है। हमारे सामने पहली बार पंचचूली की पूरी शृंखला के कुछ हिस्से हैं। चोटियों के ऊपरी हिस्से गतिमान घने बादलों को छकाते हुए नज़र के सामने आ गए हैं। चोटी पर एक मैदान है जिसकी सतह पर मख़मल जैसी मुलायम घास बिछी हुई है। और लाखों छोटे-छोटे फूल। सबीने अपने हर्बेरियम के लिए उनमें से कुछ को तोड़ लेती है। वह काफ़ी ख़ुश नज़र आ रही है। मैं थोड़े से दार्शनिक मूड में फिसल जाता हूँ। मुझे पुर्तगाली कवि फ़र्नांदो पेसोआ की पंक्तियाँ याद आती हैं–

मुझे छंद की कोई परवाह नहीं
यह कभी-कभी ही हो सकता है
कि अगल-बग़ल के दो पेड़

बिल्कुल समान हों
मैं उसी तरह सोचता और लिखता हूँ
जैसे फूलों में रंग होते हैं
लेकिन मेरी अभिव्यक्ति में कम संपूर्णता होती है
क्योंकि मेरे भीतर
सब कुछ हो पाने की
वह पवित्र साधारणता नहीं है

मैं देखता हूँ और भावनाओं में बहने लगता हूँ
मैं उसी तरह भावुक हो जाता हूँ
जैसे ढलवाँ ज़मीन पर पानी बहता है
और मेरी कविता हवा की उठान की तरह नैसर्गिक है...

हम चीज़ों में जो कुछ देखते हैं वही वे हैं
हम एक ही चीज़ क्यों देखें जब वहाँ एक और भी है?
देखना और सुनना हमें क्यों भ्रमित करे
जबकि देखना और सुनना बस देखना और सुनना होता है?
ज़रूरी बात है देख पाने में महारत
और बग़ैर सोचे, अच्छी तरह देख पाना
और इस क़ाबिल होना कि देखते वक़्त सिर्फ़ देखा जाए
जब देख रहे हों तो सोचें नहीं
और सोचते वक़्त देखें नहीं

रंगज्यादि तालाब में कुछ बाल्टियों जितना काईदार पानी भर है। पुरानी पूजाओं के अवशेष आस-पास बिखरे हुए हैं। वहीं एक छोटा-सा पुराना मंदिर भी है। मंदिर क्या है कुछ भूरे-सलेटी पत्थरों को कलात्मक तरतीब में एक के ऊपर एक रखा गया है। हम इस वीराने में ख़ुशी-ख़ुशी काफ़ी देर तक टहलते रहते हैं और फिर खुले मैदान पर बैठकर सामने हिमालय के नज़ारे को फटी-फटी आँखों से देखते रहते हैं।

गाँव की दिशा में उतरना अपेक्षाकृत आसान है। भोजपत्र के घने जंगलों के बीच से एक सँकरा रास्ता दिखाई दे रहा है। पवित्र पेड़ों की घनी पत्तियाँ ऊपर से पड़ती तेज़ धूप के पसमंजर में पारदर्शी हो गई हैं। दुबले से रास्ते के दोनों तरफ़ ऊँची मुलायम घास उगी हुई है। जैसे-जैसे जंगल घना होता जाता है, रास्ता और भी छायादार होता जा रहा है।

सब कुछ इस क़दर ख़ूबसूरत है कि मैं उस अनुभव में बह-सा जाता हूँ। भोजपत्र के शानदार पेड़ ऐसे दिखाई दे रहे हैं जैसे एक पूरा का पूरा प्रार्थनारत गाँव किसी अजानी शक्ति के एक इशारे पर जंगल में बदल गया हो। अब अँधेरा है। हरा अँधेरा। और हमारे और उस अँधेरे के बीच ख़ूब चौड़ा फ़ासला है।

मैं इस सब में इस क़दर डूबा हुआ हूँ कि कुछ देर को सबीने के बारे में भूल जाता हूँ। इस बात का अहसास होते ही मैं पाता हूँ कि मैं दुबारा से ग़लत और ख़तरनाक रास्ते पर चल रहा हूँ। सबीने मेरे पीछे नाराज़ होकर भुनभुनाती आ रही है। लेकिन इस सब के बावजूद हम आराम से मुख्य रास्ते पहुँच ही जाते हैं। जंगल से बाहर निकलते ही डाकबंगला हमारे सामने है। जयसिंह इत्मीनान से बीड़ी फूँक रहा है। वह हमें अचानक प्रकट होता हुआ देखता है और तुरंत उठकर खड़ा हो जाता है जैसे कि इस पूरे समय हमारे बारे में चिंतित रहा हो।

बौन गाँव, स्वतंत्रता दिवस का उत्सव और उन्नीसवीं शताब्दी का गिरजाघर

हमने फ़ैसला किया है कि हम नदी के पार उस तरफ़ के गाँवों में जाएँगे। पहले हम बालिंग गाँव की दिशा में क़रीब एक मील तक जाते हैं। वहाँ से नदी तक पहुँचने के लिए एक बेहद सीधी ढलान वाला ख़तरनाक और फिसलन भरा रास्ता है। हम नदी पर बने लोहे के पुल को पार करते हैं और एक खड़ी चढ़ाई वाला और भी रपटीला रास्ता लेकर बौन गाँव पहुँचते हैं। गाँव के प्रवेशद्वार पर बड़े-बड़े पत्थरों के बीच से रास्ता बनाती एक धारा बह रही है। उन पत्थरों पर बना लकड़ी का पुल कल रात की बारिश में बह गया है। कुछ औरतें कपड़े धो रही हैं और गाँव का पागल उन्हीं में से एक चट्टान के ऊपर बैठा हुआ है। उसने एक पुराने और बेहद गंदे कंबल और रस्सियों की मदद से ख़ुद का डिजाइन किया हुआ एक गाउन पहना हुआ है जो उसके व्यक्तित्व पर पूरी तरह फब रहा है। एक़दम परफ़ेक्ट।

पागलों को लंबे समय तक देखने और उनका अनुसंधान करने का ख़ासा अनुभव है मुझे। मैं जानता हूँ वह किसी भी तरह का नुकसान पहुँचाने का इरादा नहीं रखता और धीरज के साथ उसकी बग़ल से होकर गुज़रता हूँ। एक बार हिम्मत करके उसकी त्रासद नन्ही आँखों में देखता भी हूँ। मेरे पीछे आ रही थोड़ी-सी भयभीत और अनिश्चित सबीने अलबत्ता परेशान दिख रही है। अंतत: पागल आदमी पूरी तरह हानिरहित साबित होता है। हमारी अजनबी आकृतियों पर ध्यान डालने तक की फ़ुरसत उसके पास नहीं है। एक पत्थर से दूसरे पर छलांग लगाते हुए हम दिलचस्प नज़ारा रच रहे होंगे। कपड़े धोती महिलाएँ उत्सुकता के साथ हमें देख रही हैं। कोई और दिन होता हो मैं ठहरकर उनके साथ कुछ न कुछ बातें ज़रूर करता लेकिन हमें बौन गाँव के सरकारी जूनियर हाईस्कूल में पहुँचने

की जल्दी है। वहाँ के बच्चे थोड़ी देर में राष्ट्रीय स्वतंत्रता दिवस मनाने वाले हैं।

गाँव के बिलकुल शुरू में सुंदर और छोटा लेकिन महत्त्वपूर्ण दिखाई दे रहा एक शिव मंदिर है। गाँव के भीतर कोई भी नज़र नहीं आता। फिर दो स्कूली लड़कियाँ दिखाई देती हैं जो मेरे उनसे स्कूल का पता पूछते ही शर्माकर भाग जाती हैं। एक-दूसरे से सटे घरों की पंक्तियों के बीच की सँकरी गलियाँ गोबर और कीचड़ से भरी हुई हैं। मुझे याद नहीं पड़ता मैंने इतना गंदा और सँकरा कोई भी दूसरा शौका गाँव देखा है।

थोड़ा आगे चलने पर हम स्कूल पहुँच जाते हैं। वहाँ का माहौल घटनापूर्ण है। ख़ूब सारे लोग बच्चों का कार्यक्रम देखने पहुँचे हुए हैं। फ़िलहाल वार्षिक एथलेटिक मीट चल रही है।

अध्यापकगण ग़ैरदिलचस्पी के साथ औपचारिकताएँ निबटा रहे हैं। हाफ़ पैंट से लेकर फ्रॉक और पाजामे से लेकर सलवार कमीज़ पहने तमाम तरह की उम्र और आकृतियों वाले लड़के-लड़कियाँ उत्साह के साथ ट्रिपल जंप, लॉन्ग जंप, हाई जंप, दौड़, रोना, झगड़ना और शोर मचाने की गतिविधियों में लिप्त हैं जबकि दर्शकगण बातें करने, बीड़ी पीने, ऊन कातने और कुछ दिलचस्प घटने की प्रतीक्षा में। उनमें से कुछ इस बेख़याली से ऊन कातने में लगे हैं कि उनकी बला से कुछ हो या न हो; उनके लिए आज का दिन एक दुर्लभ, आलसी और चमकीला दिन भर है। दूर एक अलग-थलग कोने में औरतें बैठी हुई हैं। स्कूल परिसर में चारों तरफ़ भयानक अस्तव्यस्तता है, जो हमारे वहाँ प्रवेश करने के साथ और बढ़ जाती है क्योंकि वहाँ मौजूद हर किसी का ध्यान हमारी तरफ़ लग जाता है।

मैं किसी आदमी से पूछता हूँ कि ग्राम प्रधान कहाँ मिलेंगे। खादी के कपड़े पहने एक सज्जन हमारे पास आकर हमारा अभिवादन करते हैं। वही प्रधान जी हैं। मैं ख़ुद का परिचय देने की रूटीन औपचारिकता शुरू करता हूँ और गंभीर चेहरे बनाए अनेक लोग धीरे-धीरे हमारे चारों तरफ़ इकट्ठा होना शुरू कर देते हैं।

प्रधान जी ख़ुशी-ख़ुशी हमारा परिचय वहाँ उपस्थित हर एक व्यक्ति से कराते हैं और हमें वहीं बैठकर एथलेटिक्स प्रतियोगिता देखने का न्यौता मिलता है। हम वहाँ की हबड़-तबड़ को कुछ देर देखने का नाटक करने लगते हैं जब एक लड़का हमारे पास आकर हेलो कहता है। मुझे याद आ जाता है यह लड़का

उन्हीं तीन में से एक है जो तवाघाट से सोबला तक हमारे आगे-पीछे चलते रहे थे। वह अपने बारे में बताता है। वह दिल्ली में रहकर इंजीनियरिंग की पढ़ाई कर रहा है। वह अगले गाँव फिलम का रहने वाला है और मानसून की छुट्टियों में अपने माँ-बाप से मिलने आया है।

अध्यापकों के चेहरों की भावहीनता झुंझलाने वाली है लेकिन खेलकूद में पूरी ईमानदारी से शिरकत कर रहे बच्चों को देखते हुए अब मेरी दिलचस्पी ख़ुशी का रूप लेती जा रही है और आदतन नॉस्टेल्जिया से भी भर रही है। इस दौरान इंजीनियरिंग का छात्र हमें लगातार इलाक़े के भूगोल और अन्य विषयों के बारे में उल्टी-सीधी डीटेल्स दिए चला जा रहा है उसके इर्द-गिर्द खड़े उसके मित्र उसकी तरफ़ प्रशंसा भाव से देख रहे हैं कि वह एक अँग्रेज़ औरत के साथ धाराप्रवाह बातचीत कर सकता है। फिर अचानक कोई एक अधिक बुद्धिमान आदमी ईसाई मिशनरियों के बारे में बात करने लगता है जिन्होंने उन्नीसवीं शताब्दी में बौन गाँव आकर यहाँ बाक़ायदा एक चर्च का निर्माण करवाया था। यह बेहद दिलचस्प जानकारी है और मैं पूछता हूँ क्या हम वहाँ जा सकते हैं। चूँकि सांस्कृतिक कार्यक्रम के शुरू होने में कम से कम आधा घंटा और लगना है और वह जगह काफ़ी नज़दीक है सो हमारी इस इच्छा को पूरा करने की तुरत-फुरत व्यवस्था बनाई जाती है।

ईसाई मिशनरियों ने लंबे समय तक शौकाओं को अपने प्रभाव में लाने के प्रयत्न किए थे। उन्होंने लगभग उसी काल में चौंदास घाटी के सिरखा गाँव में भी ऐसा ही एक चर्च बनाया था जहाँ उन्हें तक़रीबन न के बराबर सफलता मिल सकी थी। चौंदास में कुल एक परिवार को धर्मांतरण करने के लिए मनाया जा सका था। लेकिन यहाँ बौन में उनकी कोशिशें पूरी तरह असफल रहीं। उनके बनाए गिरजाघर के खंडहर शौकाओं के अपनी परंपराओं के प्रति सम्मान की कहानी कहते हैं और उनकी अपनी संस्कृति के प्रति निष्ठा को रेखांकित करते हैं।

आबादी के लिहाज़ से यह दारमा घाटी का सबसे बड़ा गाँव माना जाता है। यहाँ से दिखाई देने वाली पंचचूली की छटा अकल्पनीय रूप से सुंदर होती है। कहते हैं एक समय में इस गाँव में झरनों और ग्लेशियरों की बहुतायत हुआ करती थी। फ़िलहाल वे अदृश्य हो चुके हैं। यहाँ के प्रमुख देवताओं में च्यूती गबला, मूसै, श्यंग-सै, व्हेतौ-सै और जलदेवी न्युंगटांग हैं।

सांस्कृतिक कार्यक्रम बहुत मनोरंजक साबित होता है। बच्चे पहले राष्ट्रगान गाते हैं फिर एक छोटी-सी नृत्य-नाटिका प्रस्तुत करते हैं। अंत में बहुत सारे लोक नृत्य होते हैं। हर आयटम के बाद इंचार्ज टीचर ज़ोर से कहता है- "स्काउट ताली बजा!" इस पर सारे बच्चे तीन बार रिहर्सल में साधे गए तरीक़े से ताली बजाते हैं।

दस साल का एक मुटल्ला-सा लड़का है जिसका चेहरा बहुत ज़्यादा चौड़ा है। वह तक़रीबन हर चीज़ में हिस्सा ले रहा है लेकिन वह जो कुछ करता है उसमें हर बार कुछ न कुछ ऊटपटांग और अजीब होता है– उसकी आवाज़ कभी भी कोरस के साथ मेल नहीं खाती न उसके क़दम दूसरों की ताल से। इस पर हर कोई हँसता है। लेकिन उसे कोई फ़र्क़ नहीं पड़ता अलबत्ता एक नाच में उसकी पार्टनर बच्ची शर्म के मारे लाल पड़ जाती है। एक बार बिचारा नीचे भी गिर पड़ता है। उसने एथलेटिक्स की भी हर स्पर्धा में बिना कोई इनाम जीते हिस्सा लिया था। इस सब के बावजूद उसका उल्लेखनीय उत्साह देखकर मुझे उससे मुहब्बत हो जाती है।

ग्राम प्रधान को दोबारा आने का आश्वासन देकर तीन बजे हम बौन गाँव छोड़ते हैं। हमें आना ही होगा क्योंकि हम अपने अध्ययन के लिए कुछ भी जानकारी इकट्ठा नहीं कर सके।

फिलम बौन से बमुश्किल एक किलोमीटर दूरी पर है। इस गाँव में रहने वाले प्रायः बीस परिवार अपनी जड़ें सुदूर लद्दाख में बताते हैं अलबत्ता इस बात के कोई प्रमाण नहीं मिलते। एक ज़माने में इसे पंगसुंग राखू कहा जाता था और यहाँ के लोग मुख्यतः रंगच्यिम देवता की आराधना करते हैं।

इंजीनियरिंग का छात्र हमारे साथ चलता है और हमें सीधा अपने घर ले जाता है। उसके माता-पिता बरामदे में मांस सुखाने में तल्लीन हैं। पिता तुरंत काम छोड़ देते हैं और हमारे साथ बैठ जाते हैं। मिनट भर के भीतर माता भी काम तजकर हमारे लिए चाय बनाने भीतर चली जाती हैं। एक वार्तालाप बँधना शुरू होता है। लड़के के पिता सबीने से उसके परिवार और यूरोप के लोगों की भोजन-संबंधी आदतों के बारे में बहुत सारे सवालात करते हैं।

पता नहीं कैसे बातचीत का विषय पहाड़ों की ओर मुड़ जाता है। अभी तक लगभग ख़ामोश बैठा लड़का सबीने से पूछता है– "क्या आपके ऑस्ट्रेलिया में पहाड़ हैं?"

"ऑस्ट्रेलिया नहीं ऑस्ट्रिया! ऑस्ट्रिया यूरोप में है।"

"हाँ, हाँ मुझे पता है!" इंजीनियर साहब अपने ज्ञान का प्रदर्शन करने पर आमादा हैं। "क्या आपको पता है दुनिया की सबसे ऊँची चोटी इंडिया में है?"

"नहीं ऐसी बात तो नहीं है।" सबीने उसे टोकती है, "सबसे ऊँची चोटी माउंट एवरेस्ट नेपाल में है।"

"हाँ, हाँ लेकिन हम उसे यहाँ इंडिया से देख सकते हैं। तो आपको पता है..." उसकी आवाज़ थोड़ा-सा हकबका जाती है लेकिन वह अपनी बात को और समझाना चाहता है- "आपको पता है एवरेस्ट दुनिया का सबसे ऊँचा पहाड़ है और इसे दोनों तरफ़ से देखा जा सकता है। इस साइड से आपको उसका एक हिस्सा दिखता है और लंदन से दूसरा... और..."

किसी मूर्ख की तरह मैं इस ज्ञानवर्धक वार्तालाप को सुन रहा हूँ जब भाग्यवश उसकी माता चाय लेकर आ जाती है और हिमालय के भूगोल का अकल्पनीय रूपांतरण होने से बचा लेती है।

"आपके ऑस्ट्रेलिया वाले चाय पीते हैं क्या?" वह फिर पूछता है।

अब तक किसी भी पढ़े-लिखे शौका के साथ हुआ यह हमारा सबसे अतार्किक और सदमे में डाल देने वाला वार्तालाप रहा है।

दाँतू गाँव और वायरलेस ऑपरेटर की चमत्कारी औषधि

काफ़ी देर हो गई है और हमारे पास गो गाँव के लिए पर्याप्त समय नहीं बचा है तब भी हम उससे होकर गुज़रते हैं और एक आध लोगों से दुआ-सलाम कर लेते हैं। ह्वूला नाम का एक छोटा-सा गाँव गो से जुड़ा हुआ है और आम बोल-चाल में इन दोनों को गो-ह्वूला कहकर एक साथ संदर्भित किया जाता है। इसी गाँव के रहने वाले एक सज्जन से नैनीताल में मेरी जान-पहचान है।

यात्रा पर निकलने से पहले उन्होंने मुझे अपने गाँव के एक विख्यात व्यक्तित्व कत्ती फौंदार के बारे में बताया था। कोई उसका जीवनकाल उन्नीसवीं शताब्दी का उत्तरार्ध बताता है तो कोई तीन सौ वर्ष पहले का। अपने ज़माने के इस बेहद सफल व्यापारी और प्रभावशाली व्यक्ति का कुछ समय के लिए समूचे रं क्षेत्र में दबदबा चलता था। बताया जाता है उसके पास काठमांडू की नेपाल सरकार की दी हुई लाल मोहर थी जिसके बूते उसके पूरे इलाक़े पर अपना एकछत्र राज्य चलाया। मैं चाहता था गो गाँव के किसी बुज़ुर्ग से इस रंग-बिरंगे ऐतिहासिक चरित्र की दास्तानें सुन पाता लेकिन उसका अवसर नहीं मिल सका।

हम नदी के तट पर उतरते हैं और एक और पुल पार करके दाँतू पहुँचते हैं। अपनी दुकान से दधिमल सिंह जी हमें हाथ हिलाते हैं जहाँ एक गिलास गर्म चाय पीने का इरादा हम पहले ही बना चुके हैं।

उनकी दुकान में बुरी तरह धुत्त एक साहब बैठे हुए हैं। उनकी जो अवस्था है उसे पहाड़ी भाषा में घुघुता हो जाना कहा जाता है। हम दधिमल सिंह जी से हाथ मिलाते हैं और वे हमें बैठने को एक बेंच प्रस्तुत करते हैं। मैं इंतज़ार में हूँ कि शराबी सज्जन अँग्रेज़ी में बोलना कब शुरू करेंगे।

सार्वभौमिक सत्य है कि वांछित मात्रा में दारू का सेवन कर लेने और उसके उपरांत नशे की वांछित अवस्था प्राप्त कर लेने पर यहाँ का हर बाशिंदा अँग्रेज़ी में बोलना पसंद करता है। 'तू मेरा भाई है।' कहने की सुदीर्घ परंपरा है हमारे यहाँ।

मैंने पुजारियों, बूचड़ों, रिक्शेवालों, कुलियों, नाइयों, इंजीनियरों, फार्मासिस्टों, नाविकों, दर्जियों, कलक्टरों और यहाँ तक कि संस्कृत के अध्येताओं को दूसरों को भाई बनाते और उनके साथ अँग्रेज़ी में शास्त्रार्थ करते देखा है।

अधिक समय नहीं बीतता जब वे अपना परिचय देते हैं। वे दो सालों से दाँतू में सरकारी वायरलेस ऑपरेटर के तौर पर तैनात हैं। उसके बाद उनकी आत्मकथा थोड़ा और खुलती है और वे दधिमल सिंह जी द्वारा मेरे बारे में बताए जाने के बाद पहले हिंदी और उसके बाद कुमाऊनी में फिसल जाते हैं। वे बताते हैं कि पहले उनकी पोस्टिंग अल्मोड़ा में थी जहाँ से उन्हें पनिशमेंट के तौर पर इस दुर्गम जगह पर फेंक दिया गया है। वे अपने परिवार और अपनी नौकरी की बाबत ढेरों झेलाऊ बातें बताते हैं। वे अनवरत बोल रहे हैं अलबत्ता उनकी जिह्वा उनके दिमाग़ का साथ छोड़ चुकी है– उनका बोलना हकलाने और रपटने से जड़ा हुआ है। अब वे मेरे बहुत नज़दीक बैठ गए हैं और उनका भभकता हुआ श्रीमुख मेरे चेहरे के ख़ासा क़रीब आ गया है। वे मुझे बताते हैं कि मैं उनके छोटे भाई जैसा हूँ और यह उनके लिए गौरव का विषय है कि उनका एक कुमाऊनी भाई इतना बड़ा आदमी बन गया है कि अंग्रेज़ों की संगत में घूमता है। अचानक वे सबीने से मुख़ातिब होते हैं- "मैडम आपको पता है इस इलाक़े में हज़ारों तरह की जड़ी-बूटियाँ मिलती हैं और वे सब कमाल होती हैं?"

सबीने सहमति में सर हिलाती है।

"आपको मुझ पर यक़ीन नहीं हो रहा है ना? वहाँ देखिए।" वह दुकान के सामने की ख़ाली ज़मीन की तरफ़ इशारा करता है- "मैडम जी, वहाँ पर एक ऐसी जड़ी उगती है जिसको लगा लेने से अंधा आदमी भी देखना शुरू कर सकता है। उसमें ऐसा चमत्कार भरा हुआ है। आइए, मैं आपके लिए तोड़ देता हूँ। आइए, आइए..."

देर शाम का समय है और रोशनी बहुत कम है। धुत्त वायरलेस ऑपरेटर लुढ़कते-गिरते चमत्कार को खोज रहे हैं। अब, चूँकि वे थोड़ा दूर हैं, हम तीनों

आँखों-आँखों में समझदारी से मुस्कुराते हैं और मज़े लेते हुए आँखों का अमृत खोज रहे मेरे अस्थाई अग्रज को देखने लगते हैं। वे पाँच मिनट तक बड़बड़ाते-गाली बकते संघर्ष करते हैं और हम दुकान से बाहर निकलना शुरू करते हैं, हमें बाहर आता देख वे दौड़कर हमारे पास आ जाते हैं।

"अभी मुझे मिल नहीं रही। एक तो मेरी आँखें कमज़ोर हो गई हैं ऊपर से अँधेरा भी बहुत हो रहा है लेकिन मेरी बात का यक़ीन कीजिए यहाँ इस खेत में उसके कम से कम एक हज़ार पौधे हैं..."

अपनी हँसी पर क़ाबू पाने की कोशिश करते हम उससे विदा लेते हैं और अपने डाकबंगले की तरफ़ रवाना होते हैं। हमारे पीछे से वे चिल्लाकर बताते हैं कि कल हर हाल में हमारे लिए वह औषधि खोज निकालेंगे।

"छोटे भाई, कल तुम मेरे कमरे पर आना। मैं तुम्हारे लिए कुछ भी कर सकने वाला हुआ। यंगर ब्रदर आर यू लिसनिंग..." हम जब तक दाँतू की सीमा से बाहर नहीं निकलते हवा में वायरलेस ऑपरेटर की आवाज़ गूँजती रहती है।

किसी दयालु माँ की तरह जयसिंह हमारा इंतज़ार कर रहा है, उदयसिंह दोपहर से ही पीता रहा है और बात-बात पर लतीफ़े छेड़ता हुआ ख़ूब मज़ाक़ के मूड में है।

बिस्तर में लेटा हुआ मैं दिन भर के काम के बारे में सोचता हूँ और मुझे हैरत होती है कि इतनी सारी फ़िज़ूल की बातों और घटनाओं के बावजूद मेरे दिमाग़ में गहरी हरी काई से ढकी विशाल चट्टानों की छवियाँ अटी हुई हैं।

बौन गाँव और रं सभ्यता पर कुछ नोट्स

आज से दाँतू में होने वाले मेले की तैयारियाँ शुरू होने वाली हैं। तक़रीबन हर परिवार द्वारा बकरों की बलि दी जाएगी। उदयसिंह इस बात को जानता था और उसने रात के भोजन के लिए मांस का इंतजाम कर लिया है।

लेकिन पहले कुछ नाश्ता। हम अनंत काल से दिन में तीन बार हरी सब्ज़ी, दाल और भात का भोग लगाते रहे हैं। मेरे भीतर का शेफ़ जागता है और मैं फ़ैसला करता हूँ कि आज पकौड़े बनाए जाएँगे। जयसिंह को गाँव की दुकान से बेसन लाने भेज दिया जाता है। उसके आने के बाद मालूम पड़ता है कि हमारी रसोई में कढ़ाई तो है ही नहीं। उससे सबसे नज़दीक मिलता-जुलता बर्तन एक तरह का गहरा और सपाट फ्राइंग पैन है।

सो नाश्ते में हम पराठों के आकार वाले पकौड़े खाते हैं। सबीने मेरी पाककला की तारीफ़ करती रहती है अलबत्ता मुझे मालूम है हम जो खा रहे हैं उसे पकौड़े के अलावा किसी भी नाम से पुकारा जा सकता है।

बहरहाल वह जो भी था पूरा निबटा दिया जाता है!

फिर से बौन गाँव।

रास्ते में हमें दो टुन्न बूढ़े मिलते हैं जो हमारे स्वयंसेवी गाइड बन जाते हैं। उनमें से एक बार-बार मुझे अपने पुराने लबादेनुमा कोट की जेब में सहेजे गए पव्वे में भरी हल्के हरे रंग की लोकल दारू च्यक्ती प्रस्तुत करता जाता है। अंततः उसके अनुरोध का मान रखते हुए मैं एक लंबे घूँट में उसके पव्वे को आधा बना देता हूँ।

बूढ़ा शाबासी में ताली पीटने लगता है जबकि रसायन के उदरस्थ होते ही मेरा दिमाग़ भिन्नौट होना शुरू हो गया है। टुन्न बूढ़े हमें प्रधान जी के घर के

सामने छोड़कर और अधिक शराब के अन्वेषण पर निकल जाते हैं। हमारी क़िस्मत ख़राब है कि प्रधान जी एक पूजा के सिलसिले में मंदिर गए हुए हैं। लगता है उस दिन हमारे साथ तय हुई मुलाक़ात के बारे वे भूल गए।

हम उनके घर के सामने असमंजस में कुछ देर खड़े रहते हैं। सामने के घर की खिड़की से एक बूढ़ी अम्मा हमें आवाज़ देती हैं और भीतर आने को कहती हैं। वे आगे जोड़ती हैं- "मेरा बेटा अभी बस आने ही वाला है!" क्यों नहीं! हम उनसे भी कुछ सवाल पूछ सकते हैं। क्या हर्ज़ है!

वे बहुत दयालु हैं और हमसे पूछती हैं कि क्या हम थोड़ा दूध पीना पसंद करेंगे। मुझे दूध नापसंद है लेकिन सबीने हाँ कह देती है। इन घाटियों में हमें पहली बार दूध प्रस्तुत किया जा रहा है। सबसे पहली बात तो यह है कि इस इलाक़े में ताज़े दूध की भयंकर कमी है और दूसरी बात यह कि आपको हर जगह हमेशा चाँदी या चायना के कटोरों में तगड़ी च्यक्ती पेश की जाती है जिसे अस्वीकार करना असभ्यता माना जाता है।

अम्मा सबीने के लिए गिलास में दूध और मेरे लिए च्यक्ती लेकर आती हैं। सबीने गिलास को एक बार सूँघकर अजीब-सा चेहरा बनाती है जबकि अम्मा दूध से भरा जग लेकर उसके आगे खड़ी हैं कि उसका गिलास ख़ाली हो तो उसमें और डाला जाए। मैं शरारती निगाहों में उससे कहता हूँ- "तुमने दूध माँगा था भली! अब भुगतो!"

सबीने विनम्रतापूर्वक अम्मा को पटा लेती है कि उसे और दूध नहीं चाहिए लेकिन जो दिया गया है उसे तो समाप्त किया ही जाना है। मैं उसकी तकलीफ़ समझ सकता हूँ लेकिन वह बहादुरी से इस संघर्ष से गुज़रती है और जब गिलास में एक घूँट बच जाता है उस अतिविकट घोल मुझे सूँघने को देती है। ऐसा लगता है कि दूध कम से कम पंद्रह दिन पुराना है जिसमें बस फफूँद ने उगना बाक़ी है।

हम अम्मा को धन्यवाद कहते हैं। बाहर दोस्ताना चेहरे वाले तीसेक साल के एक नौजवान से मुलाक़ात हो जाती है। उसने हमें स्वतंत्रता दिवस वाले समारोह में देखा था। वह हमें देखते ही नमस्ते करता है और जब हमसे अपने घर आने का आग्रह करता है हम दुबारा नहीं सोचते। चूँकि आज प्रधान जी से मिलने की कोई संभावना नहीं लग रही बेहतर होगा हम इसी दिलचस्प नज़र आ रहे जवान से कुछ सवाल पूछें।

प्रहलाद सिंह बौनाल एक बेहद संवेदनशील और बुद्धिमान व्यक्ति निकलते हैं। इसके अलावा उनकी बनाई गई च्यक्ती समूचे दारमा में मिलने वाली सबसे उत्कृष्ट शराबों में गिनी जानी चाहिए। एक असली रं की तरह प्रहलाद सिंह बौनाल हर साल गर्मियों में अपने गाँव आ जाते हैं और सर्दियाँ आने पर धारचूला के सामने बसे नेपाल के अपने शीतकालीन गाँव चले जाते हैं। अधिकतर रं लोगों के दो घर होते हैं। तकनीकी तौर पर ये अर्ध घुमंतू होते हैं। सर्दियों में उनके ऊपरी गाँव बर्फ़ से ढक जाते हैं। गर्मियों में वे अपने इन मूल गाँवों में रहकर एक फसल उगाते हैं।

उनके शीतकालीन घरों के बारे में एक उल्लेखनीय बात यह है कि उनमें से अधिकांश नेपाल में हैं जहाँ उनकी अपनी ज़मीनें तो हैं ही, वहाँ वे वोट भी दे सकते हैं। ज़ाहिर है वे भारत में भी वोट देते हैं। दो-दो देशों की सरकारें बनाने की प्रक्रिया में सहयोग देने का ऐसा दुर्लभ विशेषाधिकार सचमुच विरल है।

हमें बाद में बताया जाता है कि व्यापार समाप्त हो जाने से पहले अनेक रं लोगों के पास तिब्बत में ज़मीन और अन्य संपत्तियाँ हुआ करती थीं। यह सूचना सबीने को बहुत उत्साहित करती है और उसे लगता है उसे अपनी थीसिस के लिए एक अच्छा टाइटल मिल गया है– 'द पीपल ऑफ़ थ्री कंट्रीज़'।

ज़ाहिर है अपनी मातृभूमि का छिन जाना सभी तिब्बतियों के लिए एक बड़ी त्रासदी रहा है लेकिन इन घाटियों में घूमते हुए हमें अहसास हुआ है कि इस परिघटना की वजह से रं लोगों को भी भारी नुकसान झेलना पड़ा है।

जैसा मैंने पहले बताया ये लोग इस रास्ते से होने वाले भारत-तिब्बत व्यापार में एक तरह का एकाधिकार रखते थे। रं लोगों को समूचे कुमाऊँ में नन्ही आँखों वाले उन जिप्सियों की तरह याद किया जाता था जो अपनी भेड़ बकरियों पर जड़ी-बूटियाँ, मसाले, ऊन और सबसे ज़रूरी नमक लादे जाड़ों में प्रकट हुआ करते थे। तिब्बत की खदानों से उनके द्वारा लाए गए नमक पर कुमाऊँ की अनेक पीढ़ियों का जीवन निर्भर रहा है।

रं समाज अपने आप को एक संपूर्ण संसार समझता है। दुनिया की समूची आबादी को वह दो स्पष्ट वर्गों में बाँट कर देखता है– वे जो रं हैं और वे जो रं नहीं हैं। अपने समाज से बाहर के हर व्यक्ति को वलन या व्हलन कहकर संदर्भित किया जाता है।

1962 के युद्ध से पहले रं लोग बहुत संपन्न थे और क़रीब-क़रीब हर परिवार किसी न किसी रूप में तिब्बत-व्यापार से जुड़ा हुआ था। तिब्बत की राजधानी ल्हासा से कर वसूलने आने वाले टैक्स कलेक्टर जोंगपेन का उनके गाँवों में आना अनेक बुज़ुर्ग रं लोगों को अब तक याद है।

तिब्बत की तकलाकोट और ज्ञानिमा मंडियों में हरेक रं व्यापारी का एक तिब्बती पार्टनर हुआ करता था। दोनों पार्टनरों को 'मित्र' कहा जाता था। इन मित्र व्यापारियों के बीच पीढ़ियों से आर्थिक और संवेदनात्मक रिश्ते थे। गमग्या नाम का एक आधिकारिक पत्र दोनों के पास होता था जिसके आधार पर ये दोनों एक-दूसरे से ही व्यापार करने के लिए बँधे हुए थे। मंडी के एक टिपिकल दृश्य की कल्पना की जाए तो वहाँ ऐसे मित्र व्यापारियों के जोड़े गुप्त रूप से आपस में व्यापार करते देखे जा सकते थे। तमाम चीज़ों के दाम उँगलियों के पोरों की मदद से तय किए जाते थे जबकि उनके हाथ एक पवित्र वस्त्र से ढके रहते थे।

जब भी दो व्यापारियों के बीच कोई नया व्यापार-संबंध स्थापित होता, पवित्र शराब से भरे चाँदी के प्याले में शकुन के तौर पर सोने या चाँदी का सिक्का डाला जाता। इसके बाद दोनों मित्र किसी पत्थर या लकड़ी के दो हिस्से करते और एक-एक अपने पास रख लेते। बाद में मित्र की अनुपस्थिति में उसका प्रतिनिधि अगर व्यापार करना चाहता तो उसके पास इस पवित्र टुकड़े के होने को आवश्यक और आधिकारिक प्रमाण माना जाता था।

भारत-चीन युद्ध के बाद आई राजनीतिक कड़वाहट के चलते पीढ़ियों से चली आ रही यह महान परंपरा समाप्त हो गई। रं लोगों के लिए यह एक बड़ा सदमा था क्योंकि इस कारण उनकी सभ्यता की नींव उखड़ गई थी और उन्हें जीवनयापन के नए रास्ते खोजने थे।

जल्द ही 1967 में सरकार द्वारा उन्हें अनुसूचित जनजाति का दर्जा दे दिया गया। मूलत: परिश्रमी होने के कारण उन्होंने समझ लिया कि यही उनका इकलौता अवसर है। उन्होंने उक्त अधिकार के मिलने के बाद सरकारी नौकरियों में जगह बनाने का संघर्ष शुरू कर दिया।

आज देश के कोने-कोने में रं लोग उच्चतम सरकारी ओहदों पर विराजमान हैं। कुछ हज़ार की कुल जनसंख्या वाले इस समुदाय के लिए यह बहुत बड़ी उपलब्धि है।

यह उनके भीतर अवस्थित चट्टानी हौसला था जिसने उन्हें उस चुनौती का सामना करने का साहस दिया जिसे एक मूर्खतापूर्ण युद्ध ने उनके सामने ला खड़ा किया था। युद्ध तो उन्होंने जीत लिया पर इस प्रक्रिया में उनके जड़ें खो गईं। शहरों और क़स्बों में रहने वाले रं आपको बताएँगे कि वे लंबे समय से अपने गाँव नहीं जा सके हैं।

अपने अध्ययन के दौरान हमने ग़ौर किया है कि इन गाँवों में अधिकतर बूढ़े लोग, महिलाएँ और बच्चे रहते हैं। अधिकतर घर वीरान हो गए हैं और खेत बंजर।

ऐसे में युवाओं से मिलना हमेशा बहुत आह्लादकारी होता है। मिसाल के लिए आज हमें प्रह्लाद सिंह बौनाल मिले। विदा लेते हुए हम आलीशान नक़्क़ाशी वाले दरवाज़े से सुसज्जित उनके घर के बाहर उनके परिवार का फ़ोटो खींचते हैं।

वे हमें सुझाव देते हैं कि हमें फिलम गाँव में डबला फिरमाल नाम के सज्जन से मिलना चाहिए क्योंकि उन्हें अनेक लोक कथाएँ और गाथाएँ कंठस्थ हैं।

फिलम गाँव और दादी का च्युंग-बाला

हम डबला फिरमाल से मिलते हैं। पच्चीस साल के नौजवान हैं– बहुत दिमाग़दार और विनम्र। वे तुरंत हमारे लिए ढेर सारी काली मिर्च डली चाय बनाने में जुट जाते हैं। जब तक वे अपनी रसोई से लौट कर आते हैं, उनके छोटे से कमरे में कई उम्रों के बच्चे, बूढ़े और स्त्री-पुरुष भीड़ लगा चुके हैं। वे सब टकटकी बाँधे हमें देख हैं और डबला फिरमाल के प्रकट होने की प्रतीक्षा कर रहे हैं।

हमारे मेज़बान ने बहुत कम आयु में क़िस्सागोई की कला को साध लिया है और वे इस बात पर ख़ासा आत्मगौरव भी महसूस करते हैं। वे किसी ख़लीफ़ा उस्ताद की तरह बोलते हैं। उन्होंने ये सारी कहानियाँ अपने दादाजी से सीखी-सुनीं हैं। दादाजी ने, जो अब स्वर्गीय हो चुके हैं, किसी समय यह तय कर लिया था कि अतीत की कहानियाँ सुनाने की प्रतिभा समूचे गाँव में केवल डबला के पास है।

वे हमें बहुत सारी दिलचस्प कहानियाँ सुनाते हैं और उन कहानियों में तमाम जरूरी चीज़ें जोड़ते हैं। कुछ के बारे में हम पहले से जानते हैं। इसके बावजूद उनकी शैली में वह जीनियस नहीं है जो मिसाल के लिए दाँतू गाँव के दधिमल सिंह जी के पास है। हो सकता है कहानियाँ तभी ज़्यादा दिलचस्प और असली लगती हैं जब कोई उम्रदराज़ आदमी ठहर-ठहरकर उन्हें सुनाता है।

गो गाँव के रास्ते जाते हुए मेरी निगाह अचानक नदी के उस तरफ़ ठहर जाती है। सारा इलाक़ा अस्थिर कोहरे में ढका हुआ है। कोहरे के इस परदे के भीतर से कभी-कभी छोटी-सी पहाड़ी पर बना हमारा डाकबंगला बिजली की तरह जब-तब कौंध जाता है। इस तरह अपने अस्थाई घर को देखना एक अजीब तरह की हौस जगाने वाला है।

आज दिन भर बूँदाबाँदी होती रही है और लोग हमें लगातार बताते रहे हैं कि आने वाले दिनों और ज़्यादा बारिश होने को है।

हम फिर से दाँतू में अपने पुराने दोस्त दधिमल सिंह जी की दुकान में हैं जहाँ हमारी क़िस्मत से आज मेरे बड़े औषधि-अनुसंधानकर्ता भाईसाहब का कोई नाम-ओ-निशान नहीं है। दधिमल सिंह जी बताते हैं कि त्यौहार का सीज़न होने की वजह से समूचा गाँव च्यक्ती के नशे में डूबा पड़ा है।

वे हमारे लिए चाय बनाते हैं। चाय बनाते हुए उनकी प्राचीन झुर्रियाँ आग की लपट में दिपदिपाने लगती हैं। एक बेहद बूढ़ी अम्मा भी दुकान में बैठी हुई हैं। वे अस्सी या नब्बे या हो सकता है सौ साल की हो सकती हैं। बिना दाँतों वाला मुँह, न झपकने वाली उनकी चमकीली आँखें और असंख्य झुर्रियाँ उनके चेहरे पर एक महान चरित्र की सर्जना कर रही हैं। वे आश्चर्यजनक रूप से रंग-बिरंगा और चटकीला पारंपरिक रं परिधान पहने हैं और उनके चेहरे पर दया और करुणा के भाव स्थाई रूप से स्थापित हो चुके हैं।

उनके गाउन-सरीखे च्युंग-बाला के गरम मोटे कपड़े के बैकग्राउंड में आश्चर्यजनक रूप से चमकदार लाल, पीले, नीले और नारंगी रंगों का एक सम्मोहक पैचवर्क बना हुआ है। उन्होंने काफ़ी सारे आभूषण पहने हुए हैं–उनकी नाक पर सजे सोने के बड़े से बीरा और गरदन में लिपटे ठोस चाँदी के बने खोंग-ले की सुंदरता से निगाह हटा पाना मुश्किल है।

जहाँ तक अपने व्यक्तिगत वस्त्रों, विशेषतः च्युंग-बाला और च्युकला (सर को ढकने के लिए इस्तेमाल किया जाने वाला सफ़ेद वस्त्र) की बात आती है, एक रं स्त्री को परंपरागत रूप से उनके लिए धागा कातने और रँगने से लेकर उन्हें सीने तक का काम ख़ुद अपने हाथों से करना होता है। कुशल कारीगरी, सूक्ष्म डीटेलिंग और व्यक्तिगत चरित्र इन वस्त्रों की असली पहचान होते हैं।

रं महिलाओं के आभूषण आश्चर्यजनक रूप से संपन्न और सुरुचिपूर्ण होते हैं। इनमें अनेक तरह के हार, नाक-कान की बालियाँ, कंगन और अँगूठियाँ शामिल होते हैं। ये आभूषण अमूमन चाँदी और मूल्यवान पत्थरों से बनाए जाते हैं। यह जानना दिलचस्प है कि रं-ल्वू यानी रं भाषा में स्त्री के आभूषणों के लिए साली-पूली (सा=मिट्टी, ली=फल) एक सामूहिक नाम है।

रं पुरुषों की पोशाक भी कम आकर्षक नहीं होती। उनके शरीर का ऊपरी हिस्सा ओवरकोट जैसे सफ़ेद रंग के ऊनी वस्त्र से ढका रहता है जिसे रंगा कहते हैं। रंगा को सजाने के लिए चाँदी के आभूषणों का प्रयोग होता है जबकि उसे कमर में बाँधने के लिए जिस पतले सफ़ेद कपड़े को इस्तेमाल किया जाता वह ज्यूज्यंग कहलाता है। सिर की शोभा के लिए सफ़ेद कपड़े की पगड़ी बाँधी जाती है जिसे ब्यंठलो कहते हैं। धार्मिक अनुष्ठानों के समय इस पोशाक को धारण करने के साथ ही रं पुरुष एक हाथ में ढाल और दूसरे में तलवार भी लेकर चलते हैं।

सबीने मुझे इस तमाम समय बताती रही है कि रं स्त्रियों के रंग-बिरंगे वस्त्र और कलात्मक आभूषण प्रकृति के प्रतिरूप हैं जो मुश्किल जलवायु और ख़तरनाक भूगोल को चुनौती देने और उनमें ख़ुद को बचाए रखने की उनकी अदम्य इच्छाशक्ति का प्रतिनिधित्व करते हैं।

च्यक्ती महिमा और सौन गाँव के जुलूस के साथ दाँतू मेले में

दधिमल सिंह जी हमें दाँतू के एक प्राचीन तिब्बती राजा की कथा सुनाते हैं। राजा का बेटा बहुत बीमार पड़ गया था और उसके बचने की कोई उम्मीद नहीं रह गई थी। आस-पास के इलाक़े के सारे धामियों (तांत्रिक/वैद्यों) के प्रयासों के बावजूद उसकी बीमारी का पता नहीं लगाया जा सका।

ऐसे में दताल वंश का पहला पूर्वज इत्तेफ़ाक़न दाँतू से होकर गुज़रा। जब उसे राजकुमार की हालत के बारे में पता लगा उसने उसे देखने की इच्छा व्यक्त की।

जब राजा के मंत्री ने उसे राजा के महल में घुसने की अनुमति देने से साफ़-साफ़ मना कर दिया, दाँतू पूर्वज ने अनुरोध किया कि उसे एक बार मरणासन्न राजकुमार की नाड़ी जाँचने का मौक़ा दिया जाए। उसने कहा कि वे राजकुमार की कमर के गिर्द सूत का एक लंबा धागा बाँधकर उसका दूसरा सिरा उसे थमा दें। मंत्री ने उसकी परीक्षा लेने की नीयत से सूत को एक बछड़े के पैर से बाँधकर धागा उसे थमा दिया। जैसे ही दताल पूर्वज ने धागे को स्पर्श लिया उसके मुँह से निकला- "मुझे विश्वास नहीं हो रहा कि इस गाँव वालों का राजकुमार बारह महीने का एक बछड़ा है!"

मंत्री अवाक रह गया और दताल पूर्वज को राजकुमार के पास ले जाया गया। जब राजकुमार चंगा हो गया, राजा ने दताल पूर्वज को प्रस्ताव दिया कि वह दाँतू गाँव में जितनी चाहे उतनी उपजाऊ ज़मीन ले ले और वहीं बसने का फ़ैसला करे। दताल पूर्वज ने राजा की बात मान ली।

असल में पहली बार किसी ने हमें इस इलाक़े की कथाओं में तिब्बत की ठोस उपस्थिति का प्रमाण दिया है। दधिमल सिंह जी उस समय को याद करते हैं जब गाँव की सीमा में 'ॐ मणि पद्मे हुम' लिखे हुए अनेक पत्थर और शिलाएँ

हुआ करते थे। बाद में बाहर से आए लोग उन्हें चुराकर अपने साथ ले गए।

अगले दिन भर मूसलधार बारिश होती रहती है और हमारे पास डाकबंगले के भीतर क़ैद बैठे रहने के अलावा कोई रास्ता नहीं बचता।

शाम को हमें ग्राम प्रधान जी का न्यौता मिलता है कि अगली सुबह दाँतू गाँव में होने वाले मेले में हम लोग सौन गाँव के जुलूस का हिस्सा बनकर उनके साथ चलें।

सुबह धूप निकली हुई है अलबत्ता घिरते हुए बादल स्पष्ट बता रहे हैं आगे क्या होने को है। जैसी उम्मीद थी गाँव का माहौल त्यौहार के कारण ख़ुशनुमा है। हर कोई अपनी सर्वश्रेष्ठ पोशाक पहने है। महिलाओं के अलावा कुछ युवतियों ने अपने पारंपरिक वस्त्र धारण किए हुए हैं। बच्चे नहाए-धुलाए और साफ़-सुथरे नज़र आ रहे हैं। शहरों-क़स्बों से आए जवान लड़के जीन्स, टी-शर्ट्स और और जैकेटें धारे जितना संभव हो उतना फ़ैशनेबल दिखने का यत्न कर रहे हैं। उनमें से कुछ हमारे साथ अँग्रेज़ी में थोड़ी बहुत बातचीत भी कर लेते हैं। उन्हें सदमा लगता है कि मैं न केवल हिंदुस्तानी बल्कि ऊपर से कुमाऊनी भी हूँ।

हमेशा की तरह सबीने किसी कोने की तरफ़ चली जाती है जहाँ किसी पत्थर या चट्टान पर चढ़कर उसे फ़ोटो खींचने की सही जगह तलाशनी होती है। सैकड़ों निगाहें उसके हर क़दम का पीछा कर रही हैं जबकि मैं नज़दीक ही मटमैले पानी से भरे एक अस्थाई तालाब में कूदने का खेल-खेल रहे कुछ बच्चों को टाफ़ियाँ देकर उनके साथ दोस्ती करने की कोशिश करने लगता हूँ।

दरबान सिंह सौनाल जी कहीं से आते हैं और पीछे से मेरे कंधे पर एक थपकी देकर कहते हैं- "तो आप लोग आ ही गए!"

मैं उन्हें नमस्कार कहता हूँ लेकिन वे मेरी बाँह जकड़कर मुझे तक़रीबन घसीटते हुए अपने घर की तरफ़ ले जाने लगते हैं। अब मेरी नाक में कुछ ख़ुशबुएँ पहुँचती हैं। वे अच्छी मात्रा में पिए हुए हैं। वे चाहते हैं कि बाहर से आए हुए कुछ लोगों से मेरी मुलाक़ात करवाएँ। हम उनके घर की बैठक में प्रवेश करते हैं जो अलग-अलग आयुवर्ग के पुरुषों की उपस्थिति से ठसाठस भरी हुई है।

नमस्कारों का आदान-प्रदान होता है और सौनाल जी हर किसी से मेरा परिचय कराते हैं। च्यक्ती के त्वरित दौर चलते हैं और पाँच मिनट के भीतर मैं

दरबान सिंह जी की फ्रीक्वेंसी में पहुँच जाता हूँ। बहुत सारे लोग बहुत सारे विषयों पर मुझसे एक साथ बहुत सारे सवाल कर रहे हैं। मुझे उनमें से कुछ समझ में आते हैं, कुछ का मैं उत्तर दे पाता हूँ लेकिन कोई दस मिनट बाद हर चीज़ बेमतलब हो जाती है। अचानक ढोल बजाए जाने शुरू हो गए हैं। घर के बाहर कुछ हलचल होती है और घर के भीतर से एक समवेत आवाज़ आती है- "आ गए! आ गए! जल्दी करो वे आ गए!" इस सूचना के जारी होते ही ढेर सारी च्यक्ती और लाई जाती है और मिनट बीतने से पहले जल्दी-जल्दी उदरस्थ कर ली जाती है। हर किसी को बाहर जाने की हड़बड़ी है।

बाहर सबीने मेरी तलाश में है और मेरी अनुपस्थिति की वजह से थोड़ी सशंकित नज़र आ रही है। फिर वह मुझे देखती है और हाथ हिलाती है। मैं जितनी शालीनता से संभव होता है उस दूरी से उसे हाथ हिलाता हूँ। उसके पास पहुँचते हुए मुझे अहसास होने लगता है कि अब मैं हकलाने वाला हूँ। वह मुझसे पूछती है कि मैं कहाँ ग़ायब हो गया था। मैं कुछ बोलता हूँ ज़ो शोरगुल की वजह से उसकी समझ में नहीं आता। वह मेरे नज़दीक आती है और तुरंत पीछे हट जाती है।

"तो इस काम में बिज़ी थे तुम! दारू पी रहे थे! लेकिन ज़रा अपनी हालत देखो। दस मिनट पहले तुम बिलकुल ठीक थे पर अचानक तुम्हारी ऐसी दुर्दशा कैसे हो गई?"

मुझे पता है च्यक्ती के अतिरेक ने मेरी दुर्दशा कर दी है और मैं बुरी तरह धुत्त हूँ। लेकिन मैं उत्तर देता हूँ- "मैं बिलकुल ठीक हूँ। थोड़ी-सी पी है बस!"

"ऐसा दिख तो नहीं रहा कि तुमने बस थोड़ी-सी पी है।"

ढोल बजाने वालों ने अपने ढोल बजाने की रफ़्तार बहुत तेज़ कर दी है जिनकी आवाज़ मेरे दिमाग़ के भीतर चल रहे कोलाहल को और भरपूर बनाए दे रही है। सबीने के चेहरे को देखते ही मुझे पता चल जाता है कि हमारी लड़ाई बस होने ही वाली है।

"लेकिन तुम फ़ोटो खींचने में व्यस्त थीं और तुम जानती हो इन कम्बख़्त फ़ोटुओं में मेरी कोई दिलचस्पी नहीं होती और उसके बाद... उसके बाद कहीं से दरबान सिंह जी आ गए और..."

अलबत्ता अभी हमने लड़ना शुरू नहीं किया है हमारे इर्द-गिर्द एक छोटी-

मोटी भीड़ बननी शुरू हो चुकी है। हमने अपनी आवाज़ों को यथासंभव शालीन बनाए रखा है। दरबान सिंह जी अचानक फिर कहीं से आकर प्रकट हो जाते हैं और हकलाते हुए कहते हैं- "प्रधान जी आपको पूजा के लिए ढूँढ रहे हैं!"

भाग्यवश उनके आने से हमारा टंटा कुछ देर को थम जाता है। हम प्रधान जी के घर जाते हैं जहाँ हमारा इंतज़ार हो रहा है। हमारे पहुँचते ही प्रधान जी ख़ासी औपचारिक स्पीच जैसी देने लगते हैं- "हमारे सौन गाँव का सौभाग्य है कि इस साल के मेले में हमारे गाँव में आप जैसे पढ़े-लिखे लोग उपस्थित हैं। मैं सारे गाँव की तरफ़ से आपको आमंत्रित करता हूँ कि दाँतू जाने वाले हमारे समूह का आप भी हिस्सा बनें..."

हमारे माथों पर दूध-चावल का टीका लगाया जाता है और गेंदे की पत्तियाँ और फूल हमारे कानों में खोंसे जाते हैं ताकि हम जुलूस के लिए तैयार दिखाई देने लगें। सबीने और मेरे बीच अब भी थोड़ा तनाव है। मैं देख रहा हूँ कि दरबान सिंह जी प्रधान जी के कानों में कुछ कह रहे हैं। प्रधान जी सर हिलाने के बाद अपने घर में घुसते हैं और थोड़ी देर में बाहर आ जाते हैं। जैसी कि मुझे उम्मीद लग रही था बहुत जल्दी पारंपरिक रं पोशाक पहने हुए बेपनाह आकर्षक दिखती हुईं प्रधान जी की पत्नी एक जग और चाँदी के कुछ प्यालों के साथ प्रकट होती हैं। हमसे पूछे बिना हमारे लिए चाँदी के प्यालों में च्यक्ती भरकर प्रस्तुत की जाती है। मैं सबीने की तरफ़ देखता हूँ। वह मुझे नहीं देख रही है और प्याले को स्वीकार कर लेती है। मैं उसका अनुसरण करता हूँ लेकिन ख़ुद पर क़ाबू रखकर बस दो ही प्याले और पीता हूँ। सबीने तीन पी चुकी है। हम दोबारा से हँस रहे हैं और मुझे अचानक बहुत अच्छा महसूस होने लगता है। मैं उसे एक लतीफ़ा सुनाता हूँ और वह ज़ोर से हँसती है।

इस तरह संयोगवश फिर से संबंधों के दोस्ताना हो जाने के बाद हम शालीनता के साथ नृत्य कर रहे सौन गाँव के लोगों के जुलूस में शामिल हो जाते हैं। पहले हम दुग्तू गाँव पहुँचते हैं जहाँ से जुलूस पहले से निकल चुका है। हमारा जुलूस भी उसमें शामिल हो जाता है। अब क़तार में नृत्य करते क़रीब सौ लोग हैं। पुरुषों के हाथों में ढाल-तलवार हैं जबकि स्त्रियों के हाथों में फूल और पत्तियाँ। उनके पैरों की आलीशान लय ढोल की लय से एकाकार है। नदी के उस पार दाँतू गाँव से भी ढोलों की आवाज़ आ रही है जो इस बात की परिचायक है

कि दूसरे गाँवों के लोग भी मेला स्थल पर पहुँच गए हैं।

क़रीब दो घंटे में हम दाँतू गाँव के मंदिर पहुँच जाते हैं। हमारे वहाँ पहुँचते ही बारिश शुरू हो जाती है। देवताओं की पूजा की जाती है और सभी उपस्थित लोगों को प्रसाद बाँटा जाता है। प्रसाद के रूप में उबला हुआ मांस मिलता है जो अब भी कच्चा है और उसे बमुश्किल चबाया जा सकता है। इसके अलावा उसमें अभी-अभी देवताओं को समर्पित किए गए बकरे के कलेजे के टुकड़े भी हैं। चूँकि हमें इस प्रसाद के बारे में पहले से ही जानकारी है और हम जानते हैं कि उससे निबटना हमारे बूते की बात नहीं हम जल्दी-जल्दी प्रधान जी से झूठ बोल देते हैं कि हम शाकाहारी हैं। हमें छोटे से मंदिर में वह स्थान उपलब्ध कराया जाता है जहाँ बारिश से सबसे ज़्यादा बचाव है, जो अब बहुत तेज़ हो गई है।

हमारे चारों तरफ़ पवित्र प्रसाद का सेवन करते भिन्न-भिन्न मुद्राओं में क़रीब पचास लोग बैठे हुए हैं। मांस के टुकड़े उनके मुँह में इस तरह अदृश्य हो रहे हैं जैसे कि वे मुलायम नानखटाइयाँ हों। एक कोने में जयसिंह और उदयसिंह भी खड़े हैं। जयसिंह आदतन धरती के एक टुकड़े को तन्मयता से घूर रहा है। उसे भरपूर मात्रा में प्रसाद मिला है जिसे वह धीरे-धीरे निबटाने में लगा है। हर कोई संतुष्ट नज़र आ रहा है।

बाद में बारिश के रुक जाने पर हम दाँतू गाँव के प्रधान जी के घर दोपहर का भोजन करते हैं, जहाँ हम उस मार्ग की बाबत पूछताछ करते हैं जो हमें पंचचूली ग्लेशियर की तरफ़ ले जाएगा।

हम पल्थी के शानदार घने खेतों से गुज़रते हुए क़रीब तीन किलोमीटर ग्लेशियर की तरफ़ चलते हैं। धरती की नमी धीरे धीरे बढ़ती जा रही है। हमें एक चरवाहा मिलता है जिसने उस नम धरती पर अपना तंबू गाड़ा हुआ है। वह तुरंत हमारे पास आ जाता है और हमारे बीच एक संक्षिप्त संवाद होता है। वह दर गाँव से अपनी पाँच सौ बकरियों को चराने यहाँ आया है। उसने अक्टूबर के अंत तक यहाँ रहना है।

वह हमें ग्लेशियर का रास्ता दिखाता है। हम पंचचूली ग्लेशियर की तलहटी पर एक-दूसरे की कुछ फ़ोटो खींचते हैं, जहाँ से पानी की एक चौड़ी धारा निकल रही है। निगाह ऊपर करते हैं। बर्फ़ से ढका पहाड़ विराट है। कुछ बकरियाँ उस पर बहुत ऊपर तक चढ़ गई हैं और छोटे-छोटे धब्बों जैसी दिखाई दे रही हैं।

सारा नज़ारा चमत्कार से भरा हुआ है।

अगर हम ग्लेशियर पर थोड़ी दूर तक चढ़ सकें तो हम दूसरी तरफ़ उतर सकते हैं जहाँ से हमारा डाकबंगला बहुत दूर नहीं है। हम एक बार कोशिश करने का फ़ैसला करते हैं। पहले मैं जाता हूँ। सतह पर डरावने और चौड़े क्रेवास हैं और मुझे पता है कि एक ग़लत क़दम लेने का मतलब होगा कि मैं उनमें से एक के भीतर होऊँगा और वह मेरी अंतिम अलविदा बन सकता है।

मैं बहुत सावधानी से चल रहा हूँ। मैं धीरे-धीरे उस जगह तक पहुँचने को हूँ जहाँ से हम दूसरी तरफ़ जा सकते हैं। लेकिन अचानक मैं अपने आप को एक बेहद चौड़े क्रेवास के ठीक सामने पाता हूँ जो बेहद ख़तरनाक दिखाई दे रहा है।

मैं पीछे की तरफ़ जाता हूँ और दूसरा रास्ता पकड़ता हूँ जो मुझे एक वैसे ही दूसरे क्रेवास पर पहुँचा देता है। नीचे बह रही धारा का शोर बहुत ज़्यादा है और सिवा एक गूँजती हुई दहाड़ के कुछ भी सुन सकना संभव नहीं है। लेकिन मुझे पीछे से एक महीन आवाज़ सुनाई दे जाती है। मैं फिर से सबीने को भूल गया हूँ।

पलटकर देखता हूँ कि मैं काफ़ी ऊपर चला आया हूँ। सबीने काफ़ी दूर दिख रही है– वह रास्ता भटक गई लगती है। मैं उसे देखकर हाथ हिलाता हूँ लेकिन वह हाथ हिलाकर कुछ कहती है जो मुझे सुनाई नहीं देता। उसकी मुद्राएँ देखकर मुझे तुरंत अहसास हो जाता है कि किसी बात ने उसका मूड उखाड़ दिया है और वह और ऊपर चढ़ना नहीं चाहती।

जब ये मुद्राएँ बार-बार मेरी दिशा में प्रक्षेपित की जाती हैं तो मैं पाता हूँ कि मेरा मूड भी बिगड़ गया है। मैं पागलों की तरह तेज़-तेज़ कदमों से नीचे उतरना शुरू करता हूँ। मैं एक बिलकुल दूसरा रास्ता लेता हूँ और सेकेंडों के भीतर ग्लेशियर की तलहटी पर पहुँच जाता हूँ। सबीने भी वहीं है और ग़ुस्सेभरी आँखों से मुझे देख रही है। अचानक मुझे गड़गड़ाहट-सी सुनाई देती है और मैं जहाँ खड़ा था वहाँ से तेज़ी से भागता हुआ अपने साथ सबीने को घसीटता हुआ दूसरी जगह पहुँच जाता हूँ। कुछ ही पलों में उस पिछली जगह पर ढेर सारे पत्थर गिरते हैं। वह और भी पगला जाती है।

बहुत देर से स्थगित हुई एक लड़ाई हमारे बीच शुरू हो जाती है। हम एक-दूसरे पर तमाम आरोप लगाते हैं। वह मुझे ग़ैरज़िम्मेदार बताती है और कहती है कि मैं उसकी परवाह किए बिना अकेला ऊपर चढ़ गया था। वह मुझे बताती है

कि मेरी इस हरकत से उसे कितना ख़ौफ़ हुआ था। अतीत की कुछ घटनाओं का ज़िक्र किया जाता है जिनमें आज सुबह दरबान सिंह जी के साथ मेरा शराब पीना शामिल है। मैं उससे कहता हूँ कि वह हमेशा की तरह तिल का ताड़ बनाने पर तुली हुई है।

स्वर्ग जैसी सुंदर जगह पर हम लड़ाई कर रहे हैं, जहाँ कुछ ही मिनट पहले हम हँसते-मुस्कुराते तस्वीरें खींच रहे थे।

मुझे नज़दीक की एक झाड़ी में कुछ गतिविधि होती दिखाई देती है। ख़रगोश और नेवले के मिश्रण सरीखा एक असामान्य-सा दिखने वाला जंतु बाहर निकलता है। मैं उसे थोड़ी ही देर तक देख पाता हूँ क्योंकि वह पत्थरों-चट्टानों के बीच अदृश्य हो जाता है। मैं सबीने से कहना चाहता हूँ कि वह भी उसे देखे लेकिन अभी हम लोग लड़ाई कर रहे हैं।

हम एक-दूसरे से कुछ और अप्रिय बातें करते हैं और ख़ामोश हो जाते हैं। जैसे कि यह सब पर्याप्त न हो, भारी बरसात शुरू हो जाती है। सबीने गाँव की दिशा में चलना शुरू कर देती है। दोनों छाते मेरे बैकपैक में रखे हुए हैं। मैं उन्हें बाहर निकालता हूँ और उसके पीछे भागता हूँ ताकि वह भीगने से बच सके।

वह मुझे ख़ूँखार नज़रों से देखती है। इस बात से मेरा ख़ून खौल उठता है और मुझ पर पागलपन का दौरा पड़ जाता है। मैं अपने छाते को बग़ल में बह रही जलधारा में फेंक देता हूँ। फेंकना तो मैं दोनों को चाहता हूँ लेकिन दूसरा वाला उसका है। बारिश और भी तेज़ होती जा रही है और हम पल्थी के खेतों तक पहुँच गए हैं। बुरी तरह भीग चुके हम एक-दूसरे से बातें नहीं कर रहे हैं और बेमन से तेज़-तेज़ चल रहे हैं।

इस तरह पल्थी के खेतों से होकर गुज़रना बेहद मुश्किल काम है। हमारे पैरों के नीचे की ज़मीन कीचड़ और फिसलन से भर गई है। पल्थी के पौधे क़रीब तीन फुट ऊँचे हैं और उनके भरपूर फूलों ने अच्छी ख़ासी मात्रा में बरसात का पानी सोख लिया है। हाथ में सबीने का अनखुला छाता थामे मैं भीगता हुआ इन खेतों से चल रहा हूँ। मेरी जीन्स पानी से भरे हुए असंख्य फूलों को स्पर्श करती है और उनका पानी ख़तरनाक तेज़ी के साथ जीन्स के मोटे कपड़े से रिसकर जूतों तक बहना शुरू कर चुका है। जूतों में पानी और कीचड़ की तलैया बन चुकी है। यह एक लंबा संघर्ष साबित होता है और क़रीब एक घंटे बाद हम सौन-दुग्तू के

पुल पर पहुँच जाते हैं। अँधेरा हो गया है। हम टॉर्च लाना भूल गए हैं। सात बजे के बाद किसी समय किसी तरह डाकबंगले पहुँचते हैं। बारिश थम चुकी है। खेतों में चलने से जीन्स अपना भार कम से कम पाँच किलो बढ़ा चुकी है। यही हाल सबीने का भी हो रहा होगा। पिछले दो घंटों से हमने एक भी शब्द नहीं बोला है।

डाकबंगले में जयसिंह हमेशा की तरह हमारे लिए चिंता करता, दाँतों में घास का तिनका दबाए बैठा हुआ है। उदयसिंह सोया हुआ है क्योंकि उसने च्यक्ती का कुछ ज़्यादा ही सेवन कर लिया है। जयसिंह उसे उठाता है। वे चाय बनाना शुरू करते हैं और हम कपड़े बदलना। हवा में कुछ ज़्यादा ही तनाव है और मेरा मन ज़ोर-ज़ोर से रोने का कर रहा है।

फिर प्यारी सबीने सामान्य स्वर में कहती है- "चोको डीयर! रात के लिए कुछ च्यक्ती के बारे में क्या ख़याल है? तुम एक बोतल लाने को जयसिंह को गाँव क्यों नहीं भेजते!"

वह इस बात को इस तरह कहती है जैसे कि कुछ हुआ ही न हो। मैं भी जयसिंह को संबंधित आदेश देने को उठता हूँ जैसे कि कुछ हुआ ही न हो। जब मैं वापस लौटता हूँ वह मुझे गले से लगाती है। अब हम बातें कर रहे हैं।

दोपहर की अपनी लड़ाई के बाद की ख़ामोशी में हमने जो समय बर्बाद किया था उसकी भरपाई करने के लिए हम रात के दो बजे तक गपशप करते रहते हैं।

छाकू छम्मा, लाफू दुंग्चा और तीदांग को रवानगी

अगले कुछ दिन हम सिन-ला दर्रे से होकर व्याँस घाटी पहुँच सकने की अपनी संभावनाओं की बाबत विचार करते रहते हैं। मौसम की ख़बर कुछ बहुत उत्साहित करने वाली नहीं है। हर कोई हमें बताता रहा है कि सिन-ला की चढ़ाई बहुत मुश्किल होने वाली है क्योंकि दर्रे पर बर्फ़ गिर चुकी होगी। दरबान सिंह जी हमसे गंभीरतापूर्वक कहते हैं कि हमने अपना विचार बदल देना चाहिए। लेकिन हमें व्याँस घाटी पहुँचना ही है। सिन-ला जाने का इकलौता विकल्प यह है कि हम वापस तवाघाट जाएँ और फिर चढ़ना शुरू करें। इसे उत्साहित करने वाला प्रस्ताव कतई नहीं माना जा सकता।

अगली सुबह हमें जुलूस के साथ फिर से दाँतू जाना है। मैं ग्लेशियर में दिखाई दिए जीव के बारे में किसी से पूछताछ करता हूँ। इसे स्थानीय भाषा में 'फ्या' कहा जाता है। मुझे बताया जाता है कि उसकी खाल बहुत महँगी बिकती है। चूँकि मुझे फ्या का वैज्ञानिक नाम बताने वाला आस-पास कोई नहीं है, मेरी रिसर्च वहीं समाप्त होकर रह जाती है।

दाँतू मेला अपने असल उरूज पर आज पहुँचेगा। कल का दिन पूजा के लिए आरक्षित था। वॉलीबॉल टूर्नामेंट भी होगा। समूचा गाँव उत्साह में भरा हुआ है क्योंकि आज सौन गाँव के लड़के आईटीबीपी के साथ खेलने वाले हैं। प्रधानजी के घर के सामने से ढोल, नृत्य और गायन के साथ जुलूस शुरू होता है और मैं लड़कों को मैच के लिए बेस्ट ऑफ़ लक कहता हूँ। हमेशा की तरह, दाँतू मेले में एक बार फिर से हम दोनों सभी के आकर्षण का केंद्र बन जाते हैं। कुछ सैनिक मेरे पास आते हैं, हाथ मिलाते हैं और बिना एक भी पल गँवाए सबीने को घूरने में व्यस्त हो जाते हैं। अचानक मुझे एक जाना-पहचाना चेहरा

नज़र आता है।

पिथौरागढ़ का हमारा संगीतकार दोस्त भुवन पांडे हमें देखते ही हमारे पास आता है। उससे यहाँ मिलना एक सुखद आश्चर्य है। वह तीदांग गाँव के जूनियर हाईस्कूल में अध्यापक है। तीदांग में आईटीबीपी की चेकपोस्ट भी है और सभी सिपाही भुवन को पहचानते हैं। वह हमें तीदांग आकर एकाध दिन उसके साथ रहने का न्यौता देता है।

तीदांग के अलावा इस घाटी के अंतिम गाँवों में सीपू और मारछा शामिल हैं। इस इलाक़े में अपना शुरुआती काम क़रीब-क़रीब समाप्त कर चुकने के बाद हमें यह प्रस्ताव अच्छा लगता है और हम तुरंत हामी भरते हैं।

आज उदयसिंह हमारे साथ नहीं आए हैं लेकिन उन्होंने पहले से ही तय किया हुआ है कि हम आज दोपहर का भोजन दाँतू में उनकी बड़ी बहन के घर करेंगे।

वह 65 वर्ष की हैं और निर्धनता उनके चेहरे पर लिखी हुई है। उनके छोटे से परिवार में उनके 75 वर्षीय पति, उनकी युवा बहू और दो साल का पोता हैं। परिवार का हर सदस्य हमारे साथ बहुत भली तरह पेश आता है। वे सादगी से भरे लोग हैं और उनकी विनम्रता मुझे भीतर तक भर देती है। वह हमसे बेहद आत्मीयता के साथ बातें करती हैं। वह बताती हैं कि उनका बेटा जौलजीबी में काम करता है। बेटे को गाँव आना पसंद नहीं है जबकि वे चाहती हैं कि वह यहाँ आकर अपने माँ-बाप का हाथ बँटाए। मुझे उनकी आँखों के कोरों पर एक आँसू चमकता नज़र आता है। मैं उदास हो जाता हूँ।

इस दौरान उनकी बहू ने हमें भात, दाल और मसालेदार नमक में लिपटी मूली का लंच पेश कर दिया है। अधिकाँश रं घरों में अक्सर यही भोजन बनता है और उसका एक आकर्षक नाम है– छाकू-छम्मा और लाफू-दुंग्चा।

गुलाबी गालों वाली उनकी बहू बहुत सुंदर है। सबीने कहती है कि वह किसी सेब जैसी दिखाई देती है। वे हमारे साथ अपनी पारिवारिक समस्याएँ बाँटते हैं और हम बहुत भारी दिल के साथ उनसे विदा लेते हैं। कभी हम इन विनम्र लोगों के लिए कुछ करना चाहेंगे।

जैसी उम्मीद थी जब हम डाकबंगले में जयसिंह से उदयसिंह के बारे में पूछताछ करते हैं तो उसके चेहरे पर मुस्कुराहट आ जाती है। वह बताता है कि

उदयसिंह ने सुबह से ही पीनी शुरू कर दी थी और दोपहर होते न होते भरपूर आवाज़ में गाना शुरू कर दिया था। उसका गायन दो घंटे चला और जिसके बाद रुदन-सत्र आरंभ हुआ। सो मीर तक़ी मीर के एक शेर की तर्ज़ पर वह अभी 'रोते-रोते सो गया' था।

अगली सुबह हम सामान बाँधकर तीदांग की तरफ़ चल पड़ते हैं। लेकिन पहले हमें सौन और दुग्तू गाँवों के लोगों के साथ दाँतू गाँव में चल रहे मशहूर गबला-मेले में जाना होगा। शौकाओं के अति-आदरणीय गबला देवता का थान दाँतू में है। नर्तकों की क़तार के साथ-साथ हम एक बार फिर दाँतू गाँव पहुँचते हैं। आज मेले का अंतिम दिन है और वॉलीबॉल का फ़ाइनल भी. आई.टी.बी.पी. की टीम किसी गाँव के साथ खेल रही है। आई.टी.बी.पी. चौकी के प्रभारी सूबेदार महोदय को इस महत्त्वपूर्ण अवसर पर मुख्य अतिथि बनाया गया है। बंदरटोपी धारण किए हुए मुख्य अतिथि के सामने एक टूटी-सी मेज़ धरी हुई है और वे स्वयं गंदी दरी से ढके एक तखत पर विराजमान हैं। लोगों की भीड़ है और कोलाहल।

मुख्य अतिथि क़रीब पचास के हैं और अवसर के अनुरूप उन्होंने कृत्रिम गरिमा ओढ़ रखी है। हम दोनों दधिमलसिंह जी की दुकान पर बैठे जयसिंह के आने की प्रतीक्षा कर रहे हैं। भीड़ बहुत है इसलिए बिक्री बढ़िया हो रही है। बाक़ी दिनों यह दुकान बहुत सादगीभरी दिखाई देती है पर आज टॉफ़ी, चूरन, सुपारी, तंबाकू इत्यादि के प्लास्टिक पाउचों की मालाएँ सजी हुई हैं। मुख्य अतिथि ने अभी तक हमें नहीं देखा है। हमारे लिए नूडल्स का नाश्ता बन रहा है। जयसिंह भी सामान लेकर पहुँच चुका है। उदयसिंह भी साथ है और सुबह-सुबह धुत्त है। दधिमलसिंह जी हमें आगे की यात्रा की कठिनाइयों की बाबत चेताते हैं और ध्यान रखने की हिदायत देते हैं।

तीदांग का रास्ता पकड़ने के लिए हमें वॉलीबॉल कोर्ट से होकर गुज़रना होगा क्योंकि और कोई रास्ता है ही नहीं। हमें देखते ही खेल रुक जाता है। मुख्य अतिथि की निगाह जैसे ही हम पर पड़ती है, उन्हें दौरा पड़ जाता है। वे हमसे क़रीब बीस मीटर दूर हैं और वहीं से चिल्लाकर 'हैलो सर! गुडमॉर्निंग मैडम!' कहते अपनी अँग्रेज़ी पर हाथ साफ़ करना शुरू करते हैं। फिर हमें पास आने का निमंत्रण दिया जाता है और बाद में कैंप में लंच करने का भी। मैं उनकी तरफ़

देखता भी नहीं क्योंकि उनकी आवाज़ बता रही है वे जमकर पिए हुए हैं। वे ऐसी अँग्रेज़ी बोल रहे हैं जिसे ख़ूब दारू पीकर अँग्रेज़ी न जाननेवाले धाराप्रवाह बोला करते हैं। हम बिना रुके, बिना इधर-उधर देखे चलते जाते हैं– वे चीख़ते रहते हैं। मुझे अपनी पीठ पर सैकड़ों निगाहों की गड़न महसूस हो रही है। सबीने उखड़ गई-सी दीखती है पर मैं उससे चलते रहने का निवेदन करता हूँ। बारिश आने से पहले-पहले हमें अपने गंतव्य तक पहुँच जाना चाहिए।

उदयसिंह अब भी हमारे साथ है। हालाँकि हमने डाकबंगले में रहने-खाने का हिसाब कर दिया है पर उसका अनुग्रह है कि वह जहाँ तक मुमकिन हो हमारे साथ आना चाहता है क्योंकि उसे लगता है इसके बाद शायद हम दोबारा दारमा घाटी कभी नहीं आएँगे। उसने ख़ूब पी रखी है और भावुक हो रहा है। क़रीब एक किलोमीटर तक हमारे साथ चलने के बाद वह हमें सावधानी बर्तने की हिदायत देता है और अंततः विदा लेता है। वह मुझसे हाथ मिलाता है और फिर जयसिंह से भाइयों की तरह गले मिलता है। फिर हमें दोबारा दारमा आने का न्यौता देता है और बताता है कि हम भले लोग हैं।

वह भरी आँखों से हमें देख रहा है। हम क़रीब पंद्रह दिन उसके साथ रहे हैं। मैं पचास का एक नोट उसकी तरफ़ बढ़ाता हूँ– वह साफ़ मना कर देता है। मैं कहता हूँ कि वह बच्चों की मिठाई के लिए है। वह कुछ नहीं कहता पर उसकी आँखें आँसुओं से भर जाती हैं। मैं आगे बढ़कर उसे गले लगा लेता हूँ और पचास के नोट पर ज़ोर नहीं देता। अब वह ख़ुश लगता है। सबीने मुस्कुराकर कहती है: "अच्छा उदैसिंह जी!"

तीदांग, न्यौली, टोपी शुक्ला, गुमानसिंह तितियाल और बारिश वग़ैरह

रास्ते में केवल एक गाँव पड़ता है। ढाकर संभवतः पूरे दारमा का सबसे छोटा गाँव है। बहुत समय नहीं बीता जब इसकी गिनती इलाक़े के सबसे संपन्न गाँवों में होती थी। इस साल एक या दो परिवार ही गर्मियों के लिए ऊपर आए हैं। इस गाँव के रहने वाले एक विद्वान डूंगर सिंह ढकरियाल से हमारी मुलाक़ात पिछले साल पिथौरागढ़ में हुई थी।

क़रीब आठ किलोमीटर धौलीगंगा के किनारे-किनारे मुलायम ऊँचाई चढ़ते हुए हम तीदांग में हैं। रास्ते भर हमें कोई भी नहीं मिला। तीदांग पहुँचने से पहले हमें दूर पल्थी के गुलाबी खेतों की धुँधली छटा दिखलाई देती है– ये इस घाटी के अंतिम गाँव हैं– सीपू और मारछा।

तीदांग में मकानों की दो या तीन कतारें हैं। इन्हीं में से किसी एक में मेरा संगीतकार– अध्यापक दोस्त भुवन पांडे रहता है। वह हमें स्कूल में मिलता है। एक कमरे के स्कूल में कोई दर्ज़न भर बच्चे पढ़ते हैं– पहली से आठवीं तक– भुवन इकलौता अध्यापक है।

भुवन ने पूरा मकान किराए पर लिया हुआ है– सौ रुपया महीने पर। दरवाज़ों-खिड़कियों की लकड़ी पर महीन नक़्क़ाशी है और यह मकान समूची दारमा घाटी में देखे गए सुंदरतम मकानों में से एक है। भीतर उसने कमरा अपने हिसाब से जमा रखा है। परंपरागत शौका घर में तमाम तरह के ऊनी कालीन, खालें, टोकरियाँ वग़ैरह होती हैं पर भुवन के कमरे में एक मेज़ है और दो घिसी हुई कुर्सियाँ। मेज़ पर काग़ज़-पत्तर-किताबें हैं और तीन बैंड वाला रेडियो।

भुवन हमारे अब तक किए गए काम के बारे में जानने को आतुर है। हम बातें कर रहे हैं। कोई उसे आवाज़ लगाता है। एक सुदर्शन व्यक्ति भीतर आता

है। गुमानसिंह तितियाल– हमारा परिचय कराया जाता है। गुमानसिंह मुझसे हाथ मिलाते हैं और सबीने से नमस्ते कहते हैं। वे ख़ूब हँसते हैं– बच्चों वाली निश्छल हँसी। उनकी उपस्थिति जीवंत और दोस्ताना है।

अगर सब कुछ ठीकठाक रहा तो कल सुबह हम सिन-ला की चढ़ाई शुरू करेंगे। भुवन हमें बताता है कि हमें आई.टी.बी.पी. जाकर अपने नाम दर्ज कराने पड़ेंगे।

क़रीब चार बजे हम चैकपोस्ट पहुँचते हैं। हमारा स्वागत उसी उत्साह और गर्मजोशी से किया जाता है जिसकी हमें आदत पड़ चुकी है। कमांडेंट भला आदमी है। औपचारिकताओं के बीच कॉफ़ी प्रस्तुत की जाती है। कमांडेंट बताता है कि इस मौसम में सिन-ला चढ़ने में हमें काफ़ी तकलीफ़ होगी। शुक्रिया वग़ैरह के बाद हम जाने को ही हैं कि वह कहता है- "हमने यहाँ एक छोटी-सी लाइब्रेरी बना रखी है।" फिर किंचित अभिमान से वह जोड़ता है- "मैंने ख़ुद अपनी किताबें यहाँ डोनेट की हैं।"

मैं देखने की इच्छा जताता हूँ। लाइब्रेरी में क़रीब डेढ़ दर्ज़न पेपरबैक्स हैं और कुछ पुरानी फ़िल्मी पत्रिकाएँ। निर्मल वर्मा की कहानियाँ और राही मासूम रज़ा की 'टोपी शुक्ला' देखकर सुखद अचरज होता है।

मुझे अचानक अकेलापन महसूस होने लगता है। दो महीनों से मैंने हिंदी में कुछ नहीं पढ़ा है। कमांडेंट अपनी किताबों, रुचियों और जीवन के बारे में बहुत कुछ कह रहा है पर मैं सुन नहीं रहा।

खिड़की से बाहर देखता हूँ– घने बादल और सलेटी आकाश– मेरी उदासी को प्रतिबिंबित करते जैसे। मैं और उदास हो जाता हूँ। दोनों किताबें रात भर के लिए इश्यू करा लाता हूँ।

"मुझे अपनी किताबों की याद आ रही है।" मैं सबीने से कहता हूँ। वह सहानुभूतिपूर्ण स्वीकृति में सिर हिलाती है और चट्टानों पर फांदती हुई नई फ़ोटो खींचने की तैयारी करने लगती है। कमांडेंट उसके कैमरे को सन्देह की दृष्टि से देखता है। मैं उसे बताता हूँ कि हमारे पास कैमरा-परमिट है। वह परमिट दिखाने को नहीं कहता।

हम गाँव की तरफ़ उतर रहे हैं। भुवन अनजाने ही बहुत मीठी, मद्धम आवाज़ में कुमाऊनी विरह-गीत न्यौली गुनगुना रहा है– प्रेमी के विरह में नायिका

विलाप कर रही है कि उस मन का क्या करे जो थामा ही नहीं जाता जबकि बहता पानी तक थम जाता है और उस पर मौसम की उदासी–

काटन्या, काटन्या
पौली ऊँछौ चौमासी को बाना,
बगन्या पाणी थामी जांछौ
नी थामीनै मन...

भुवन के महीन स्वर मेरे भीतर घने अवसाद का परदा खींच देते हैं। अचानक तेज़ बारिश लग जाती है। कई हफ़्तों से हम लोग ऐसी ही तर बारिशों में बंजारों की तरह एक गाँव से दूसरे गाँव भटकते रहे हैं।

मैं थक गया हूँ। मुझे घर जाना है, मुझे धूप चाहिए। मैं अकेला अपने कमरे में होना चाहता हूँ। चाहता हूँ कुछ दिन कुछ न करूँ।

हम कमरे के भीतर हैं। लालटेन की रोशनी और बाहर बारिश। मैं निर्मल वर्मा की कोई कहानी पढ़ रहा हूँ– सबीने अपनी नोटबुक में व्यस्त है।

ठंड विकट पड़ रही है। बारिश रुकने पर भुवन गाँव में हमारे खाने के जुगाड़ के लिए निकल जाता है। वह काफ़ी औपचारिक हो रहा है और अपनी तरफ़ से आतिथ्य में कोई कमी नहीं रहने देना चाहता। सात बजे गुमानसिंह आते हैं– निश्छल हँसी और बोतल लेकर। कमरा अचानक भर-सा गया है। परसों सुबह गुमानसिंह ने ऊँचाइयों की तरफ़ निकलना है– अपने शिकार अभियान पर। इस बार उन्होंने एक बड़ा जानवर मार कर लाना है ताकि नवंबर तक के लिए उनके परिवार के पास खाने को पर्याप्त मांस हो। हमारे गिलासों को भरते हुए वे अपने शिकारी जीवन के बारे में बतलाते हैं। वे भुवन को भूल गए लगते हैं। असल में उनकी बातों में हम भी भुवन को भूल से गए हैं। कुछ देर बाद भुवन भीतर आता है तो उसके चेहरे पर झेंप और इतनी देर तक हमें अकेला छोड़कर जाने के लिए क्षमायाचना का भाव है पर हमें गुमानसिंह जी के साथ मगन देखकर सामान्य हो जाता है।

"खाने के बाद हमें नाच-गाने के लिए एक घर जाना है– और खाना गुमानसिंह जी के घर बन रहा है।" हमें सूचना देकर, जल्दी से एक गिलास

च्यक्ती पीकर वह आग जलाने में व्यस्त हो जाता है।

जब गुमानसिंह को हमारे सिन-ला जाने की योजना का पता चलता है, वे तुरंत हमसे कहते हैं कि यह असंभव है- "जब भी मारछा गाँव के ऊपर की पहाड़ी पर बर्फ़ होती है, सिन-ला चढ़ने की हिमाकत कोई नहीं करता! हम लोग पीढ़ियों से ऐसा करते आए हैं।"

गुमानसिंह सिन-ला की दिक्कतों के बारे में लंबी दास्तानें सुनाते जाते हैं। सबीने और मैं एक-दूसरे को चिंतित निगाहों से देखते हैं।

थोड़े खाने और नाच-गाने के बाद हम अपने-अपने स्लीपिंग बैग्स के भीतर हैं। नींद नहीं आती और हम तमाम संभावनाओं पर विचार करते हैं। 'कल देखी जाएगी!' कहकर अंतत: हम एक-दूसरे का ढाढ़स बँधाते हैं।

अगली सुबह उठते हैं तो देखते हैं कि बारिश की झड़ी लगी है। आठ बज चुका है। तो!

तो क्या!

– सिन-ला का इरादा छोड़ना पड़ेगा।

दिन भर लोग आते रहते हैं और सिन-ला के बारे में भयावह क़िस्से-कहानियाँ सुनाते हैं। हम सिगरेट पर सिगरेट फूँके जा रहे हैं और इस तथ्य से हिले हुए हैं कि अब हमें पूरा तवाघाट तक उतरना होगा और फिर कुटी गाँव तक की दुर्दांत चढ़ाई– इसमें क़रीब दो सौ किलोमीटर तक चलना होगा।

भुवन की मेज़ पर मुझे कैल्कुलेटर जैसा दीखने वाला एक वीडियो गेम मिल जाता है। मैं पागलों की तरह इस बचकाने खेल को घंटों तक खेलता रहता हूँ– सबीने खीझती रहती है। जब भी एक बम मेरी कार पर गिरता है, एक इलेक्ट्रॉनिक महिला आवाज़ निकलती है: 'रौन्ग! रौन्ग! रौन्ग!' मशीन के भीतर कुछ तकनीकी गड़बड़ है और स्पीकर से आने वाली आवाज़ कर्कश और असहनीय है: 'वाआआआंग! वाआआआंग! वाआआआंग!' जब भी ऐसा होता है सबीने कोशिश करती है मैं गेम को छोड़ दूँ। पर मुझे हर हाल में इस लेवल से आगे जाना है। वह बहुत चिढ़ गई है।

"बारिश रुक गई है। चलो टहलकर आते हैं।" वह मुझे मना रही है। "वाआआआंग! वाआआआंग! वाआआआंग!"– पाजी बम ने फिर से मेरी कार तबाह कर डाली। "तुम सुन रहे हो?"– सबीने अब मुझे डाँट रही है।

मुझे कैसे भी अगले लेवल पर पहुँचना है। "प्लीज़ एक बार और खेल लेने दो ना!"– मैं याचना करता हूँ। "ठीक है। बस एक बार। फिर हम टहलने जा रहे हैं!"– उसकी आवाज़ में धमकी है।

"वाआआआंग! वाआआआंग! वाआआआंग!"– उफ़ साले हरामज़ादे बम! मैं खेलता रहता हूँ। मुझे बुरा-भला कहकर सबीने अकेली ही बाहर चली गई है।

"वाआआआंग! वाआआआंग! वाआआआंग!" मुझे अपनी गलती समझ में आ जाती है पर बहुत देर हो चुकी है।

अचानक भान होता है कि इस पूरी यात्रा का यह सबसे निरर्थक दिन रहा है। वीडियो गेम मेज़ पर फेंक बाहर खुले में आ जाता हूँ। पर तुरंत बारिश आ जाती है। मेरे पास वापस भीतर जाने के अलावा कोई चारा नहीं।

मेज़ पर पड़ा फूहड़ वीडियो गेम मुझे अगले लेवल पर चलने को ललचा रहा है। मैं उसे उठा ही रहा था कि भाग्यवश सबीने आ गई है। वह छाता ले जाना भूल गई थी और लगता है कि उसे याद नहीं कि उसने मुझे डाँट पिलानी है। "उफ़! मैं पागल हो जाऊँगी इस बारिश से!" वह खीझती हुई कहती है।

"तुम्हारे लिए चाय बनाऊँ?"– मैं नहीं चाहता वह मुझे डाँटे। और अब तो मैं गेम भी नहीं खेल रहा। सग्गड़ पर जली आग पर मैं चाय बनाता हूँ। हम देर तक एक-दूसरे का हाथ थामे खिड़की से बाहर बारिश देखते रहते हैं। हम मार्केज़ की कहानी 'वॉचिंग इट रेन इन माकोंदो' के बारे में बात करते हैं। मैं उसे नैनीताल के अपने स्कूल के छात्रावास के दिनों की असंभव बारिशों के बारे में एक क़िस्सा सुनाता हूँ। फिर एक और क़िस्सा। अब वह मुस्कुरा रही है।

"चोको!" वह प्रस्ताव रखती है- "क्या ख़याल है, कल की बची च्यक्ती ख़त्म की जाए?"

जल्द ही भुवन भी कहीं से खाना और च्यक्ती लेकर आ जाता है। फिर गुमानसिंह और प्रधानजी पहुँचते हैं। प्रधानजी गाँव के बारे में आश्चर्यजनक क़िस्से-कहानियाँ सुनाते हैं– तमाम भूत-प्रेत, चुड़ैल-आँचरी, दबे हुए ख़ज़ाने वग़ैरह की एक से एक दिलचस्प कहानियाँ। वार्तालाप धीरे-धीरे ख़ासा उत्तेजनापूर्ण हो जाता है। कुछ और लोग कमरे में आ जाते हैं। अचानक इस छोटे से कमरे में बाकायदा छोटी-मोटी पार्टी चालू है– हँसी-ठठ्ठा-क़िस्से-कहानियाँ...

यह अविस्मरणीय समय है। सबीने जैसे मेरा मन पढ़कर कैमरा निकाल लेती है। इस कार्यक्रम के उपरांत हम सारे लोग एक पड़ोसी की रसोई की तरफ़ चल पड़ते हैं। हमें कुछ खाना परोसा जाता है। सारा गाँव हमारे लिए इकट्ठा है। देर रात तक नाच-गाना चलता रहता है। धुएँ से भरी रसोई में स्त्री-पुरुष नाच रहे हैं। चूल्हे से निकलती कोई लपट कभी किसी चेहरे को आभासित कर देती है। यह सब बेहद सम्मोहक है हमेशा की तरह। हमने न जाने कितनी बार ऐसी दावतों में हिस्सेदारी की है– पर इनका जादू कभी समाप्त नहीं होता। अचानक मुझे अपनी देखी हुई सारी बर्फ़बारियाँ याद आती हैं। हर बार की बर्फ़ अलग होती है– हरेक का अपना तिलिस्म होता है, हरेक का अपना व्यक्तित्व।

अगले पूरे दिन हम गाँव में घूम कर जितनी संभव थी, जानकारी इकट्ठा करने की कोशिश करते हैं।

तीदांग गाँव तीन तरफ़ से नदियों और धाराओं से घिरा हुआ है। ढाकर और तीदांग के बीच एक दर्रानुमा रास्ता काफ़ी दूर तक और काफ़ी ऊँचाई तक फैला हुआ है। रास्ते के दोनों ओर बहुत सारे ग्लेशियर और बुग्याल हैं। ये ग्लेशियर काफ़ी विशाल हैं जिसके कारण इसकी तलहटी से होकर गुज़रने वाली स्थानीय नदी का बहाव बेहद अनिश्चित रहता है। इसी वजह से इस नदी को च्योलंग याँग्ती अर्थात पगली नदी का नाम दिया गया है।

तीदांग गाँव में स्थानीय देवताओं के अलावा छ्युंग-सै नाम के एक तिब्बती देवता की बड़ी मान्यता है। अभी कुछ साल पहले तक इस देवता की एक तस्वीर हर साल तिब्बत से यहाँ लाकर पूजी जाती थी। साल के एक दिन इस देवता के नाम पर एक बहुत बड़ी सामूहिक पूजा का आयोजन किया जाता है। इस अवसर पर लकड़ी के छोटे से तख्ते पर लकड़ी की ही एक पतली-सी डंडी को ज़ोर से घिसकर आग जलाने का रिवाज़ भी है। इस कार्य में बहुत श्रम लगता है। ऐसा करने से तख्ते पर हर साल जलने का एक छोटा-सा निशान बन जाता है। फ़िलहाल गाँव में इस अनुष्ठान के लिए जितने भी तख्ते उपलब्ध हैं उन पर ऐसे क़रीब पाँच सौ निशान गिने जा सकते हैं। इसका अर्थ यह हुआ कि यह गाँव कम से कम आधी सहस्त्राब्दी से यहाँ अस्तित्वमान है।

तीदांग से नीचे नदी के पाट को पार कर कोई तीन किलोमीटर की चढ़ाई के बाद दारमा घाटी के दो आख़िरी गाँव मिलते हैं– सीपू और मारछा। बताते हैं कि

सीपू से होकर एक बहुत मुश्किल रास्ता मुनस्यारी की जोहार घाटी में मिलता है। हिमांचल प्रदेश के अनेक गद्दी चरवाहे पीढ़ियों से सीपू और मारछा के हरे बुग्यालों में अपनी भेड़-बकरियों के साथ हर गर्मियों में पहुँचते हैं।

सीपू में मिल्ती बवे नाम का एक तालाब है जिसके बारे में विख्यात है कि उसके आस-पास यदि कोई भी झूठ बोलता है तो प्रकृति नाराज़ हो जाती है और साफ़-सुथरा आसमान अचानक बादलों से ढँक जाता है जिसके बाद भारी बारिश होती है। माबर और रंगच्यिम देवताओं के सम्मान में मारछा गाँव में हर बारह साल में एक विशेष पूजा का भी आयोजन होता है।

इतने सारे देवताओं के नामों का ज़िक्र करते हुए यह बताना प्रासंगिक लगता है कि तक़रीबन सभी गाँवों के सबसे मुख्य देवता को श्यंग-सै के नाम से संबोधित किया जाता है अलबत्ता अलग-अलग गाँवों में उसके विशिष्ट नाम होते हैं जैसे माबर, छ्युंग, लारोंग, पुकतंग, दुम्फौ, रंगच्यिम, साचिर, मूचिर इत्यादि।

फ़िलहाल इस साल हम सीपू और मारछा में नहीं जा सकेंगे।

हल्द्वानी में रहने वाले मेरे एक अंतरंग मित्र डॉ. गोविंद सिंह तितियाल भी इसी गाँव के हैं। मैं छुट्टी पर आए एक स्थानीय फ़ौजी से उनका ज़िक्र करता हूँ तो वे मुझे उनके बंद पड़े घर के सामने ले जाकर खड़ा कर देते हैं। डॉ. गोविंद सिंह तितियाल के पिता श्री विजय सिंह तितियाल ने जब साठ के दशक में पुलिस के वायरलेस सेक्शन की नौकरी करने के लिए घर छोड़ा होगा उन्हें शायद पता भी नहीं होगा कि उनके निशान कहाँ-कहाँ और किन-किन आँखों में रह जाने वाले हैं।

अपने तीनों बेटों जीवन, नारायण और गोविंद को उन्हें गाँव में रखना पड़ा क्योंकि उन्हें साथ ले जा सकने लायक समुचित संसाधन तब नहीं थे। तीनों ने पाँचवीं तक की पढ़ाई तीदांग गाँव के प्राइमरी स्कूल में की। आठवीं तक की पढ़ाई के लिए उन्हें अपने गाँव से क़रीब पाँच-छह किलोमीटर दूर स्थित दुग्तू के जूनियर हाईस्कूल आना पड़ता था। आज यह कल्पना करना मुश्किल लगता है कि छठी-सातवीं में पढ़ने वाले किसी बच्चे को रोज़ दस किलोमीटर आना-जाना करना पड़ता हो– वह भी उच्च हिमालयी पहाड़ों की बीहड़ ऊँचाइयों के मुश्किल रास्तों में।

हल्द्वानी में होने वाली हमारी मुलाकातों के दौरान डॉ. गोविंद दुग्तू में अपने

स्कूल के दिनों को याद करते हुए अक्सर मुझे उसके क़िस्से बताते रहे हैं। उस दिन वे बता रहे थे कि उन्हें नौ बजे शुरू होने वाले स्कूल के लिए घर से सुबह सात बजे निकलना पड़ता था। तीन बजे छुट्टी होने के बाद वापस घर पहुँचते-पहुँचते पाँच बज जाता था। स्कूल में अध्यापकों की संख्या हमेशा अपर्याप्त रहती थी। जैसे अगर चार अध्यापकों की ज़रूरत होगी तो एक या दो ही पोस्टिंग पर मौजूद रहते थे। अक्सर ग़ैर-रं समुदाय से आने वाले इन अध्यापकों को ऐसी बीहड़ जगह पर नौकरी करने जाने का मन नहीं होता था।

और जो अध्यापक पढ़ाने आते थे, सभी बच्चों को उनके लिए बहुत से और तरह के काम भी करने होते थे। कभी-कभी हफ़्ते का एक पूरा दिन उनके चूल्हे के लिए लकड़ी इकट्ठा करने में निकल जाता। ये बच्चे अपने घरों से उनके लिए नियमित रूप से अनाज-सब्ज़ी वग़ैरह भी ले जाते थे। ऐसा करने का कोई नियम न था लेकिन यह एक अघोषित बेगार थी जिसे अध्यापक के प्रति सम्मान व्यक्त करने के लिए किया जाता था।

बहरहाल आगे की पढ़ाई कुछ समय धारचूला में करने के बाद तीनों ही भाई अपने पिता के पास लखनऊ चले गए जहाँ से उन्होंने इंटर पास किया।

इनमें से गोविंद और सबसे बड़े भाई जीवन आँखों के बड़े डॉक्टर बनकर समाज में बड़ा नाम कमा रहे हैं।

बंद पड़े उनके पुराने घर को देखकर मन में मिले-जुले विचार आते हैं और मैं सबीने से इस बारे में देर तक बात करता रहता हूँ।

तीदांग से वापस दाँतू, बड़ी माँ, नेरुदा, लाटू काकू और बीदांग की चढ़ाई

हर जगह लोग हमसे इतने प्यार से मिलते रहे हैं। गुमानसिंह तितियाल की पानीदार आँखें मेरी नींद में उभरती हैं। इस समय वे कोई तीख़ी चढ़ाई चढ़ रहे होंगे। नाच-गाने के बीच किसी पल वे अपने एक सहयोगी के साथ उठकर चले गए थे। वे भुवन के पास हमारे वास्ते कुछ स्मृतिचिह्न छोड़ गए हैं– भोजपत्र की छालें और जड़ी-बूटियाँ।

मौसम अब भी ख़राब है। लगता नहीं हम सिन-ला की तरफ़ जा पाएँगे। अगले दिन हम बेहद हताश मनःस्थिति में वापस दाँतू की तरफ़ चलना शुरू करते हैं।

क़रीब दर्ज़न भर लोग हमें ढाकर तक विदा करने आते हैं। भावभीनी विदाई दी जाती है।

दाँतू गाँव के प्रवेश पर लगी जसुली दताल की आदमकद मूर्ति के चेहरे पर धीर-गंभीर मातृभाव है।

जसुली दताल जिसे आमतौर पर जसुली बुड़ी के नाम से जाना जाता है, क़रीब पिचहत्तर साल पहले दाँतू में रहने वाली एक धनवान स्त्री थी। उसकी संपत्ति और दानशीलता को लेकर ढेरों क़िस्से प्रचलन में हैं। उसकी कोई संतान नहीं थी। इस कारण वह दुखी रहा करती थी। जसुली के बारे में प्रचलित क़िस्सों में से सर्वाधिक लोकप्रिय संस्करण के अनुसार अपने जीवन के अंतिम दिनों में वह इस क़दर निराश हो गई थी कि उसने अपना सारा पैसा और ज़ेवर-जवाहरात धौलीगंगा में बहा देने का फ़ैसला किया। जब वह ऐसा करने ही जा रही थी, एक अँग्रेज़ अफ़सर का कारवाँ वहाँ से गुज़रा। बुढ़िया की कहानी सुनकर अफ़सर ने उससे निवेदन किया कि उसे अपने पैसे का बेहतर उपयोग करना चाहिए।

ऐसा भी कहा जाता है कि कई खच्चरों पर लदी हुई बुढ़िया की संपत्ति को लेकर अँग्रेज़ अफ़सर जब वापस लौटा, उसने पूरे कुमाऊँ-गढ़वाल और नेपाल के कुछ हिस्सों में शौका व्यापारियों और तीर्थयात्रियों के लिए धर्मशालाएँ बनवाईं। मैंने ख़ुद अल्मोड़ा, मजखाली, सुयालबाड़ी इत्यादि जगहों पर इन्हें देखा है। इन धर्मशालाओं के भीतर यात्रियों और उनके खच्चर-घोड़ों के रात बिताने को कोठरीनुमा कमरे हुआ करते थे। इन ऐतिहासिक शौका-इमारतों को जीर्ण-शीर्ण हालत में देखना अच्छा नहीं लगता।

हम फिर से दाँतू में हैं। क़रीब दो बजा है। हम दधिमलसिंह जी को अपने तीदांग प्रवास और गुमानसिंह तितियाल के बारे में बताते हैं। वे कहते हैं कि पूरी घाटी में गुमानसिंह जैसा हिम्मती शिकारी और कोई नहीं। वे हमें गुमानसिंह के कारनामों की कई कहानियाँ सुनाते हैं। मुझे ख़ुशी होती है कि सबीने ने दारमा घाटी के जिम कॉर्बेट के साथ मेरी फ़ोटो खींची है।

उदयसिंह की दीदी के घर हमारा स्वागत होता है। वे पैंसठ के आस-पास हैं और उनके चेहरे पर जीवनभर की मशक़्क़त की दमक है। वे पाब्लो नेरूदा की 'बड़ी माँ' जैसी हैं–

जीवन ने तुम्हें रोटी बना दिया था
और हम तुम पर जीवित रहते थे
– लंबे जाड़ों से उदास जाड़ों तलक।
घर के भीतर तक रिस आया करती थी
बरसात की बूँदें
और तुम सदा मौजूद रहती थीं
– उदारता समेत–
ग़रीबी का तिक्त आटा छानती हुई
मानो लगी हुई थीं तुम
हीरे-जवाहरातों से भरी एक नदी को
बाँटने के काम में

ऐसा लगता है वे जानती थीं हम लौट आएँगे। वे खुली बाँहों से हमारा

स्वागत करती हैं। जयसिंह सौन गाँव तक जाना चाहता है ताकि हमारे लिए रात को डाकबंगले में रुकने का प्रबंध कर सके। हमें बताया जाता है कि उदयसिंह वापस अपने गाँव नंगलिंग चला गया है और डाकबंगला बंद पड़ा है। उदयसिंह की दीदी हमसे कहती हैं कि हम चिंता न करें और जबरन जयसिंह से कहकर हमारा सामान अपने दुमंज़िले कमरे में रखवा देती हैं। मैं उन्हें शौका भाषा में 'पूनी' यानी ताई कहता हूँ। वे हमें अपने ही बच्चों जैसा प्यार देती हैं और बार-बार पूछती हैं कि हमें कुछ चाहिए तो नहीं। वे हमें मरती पीने को देती हैं। मरती के स्वाद में वाइन और बीयर का मिला-जुला ज़ायका मिलता है जो बहुत चैतन्यकारी होता है। सबीने को स्वाद पसंद आता है और वह उसे बनाने की विधि के बारे में कई सवाल पूछती है।

पूनी के पति अपनी बहू और नन्हे से पोते के साथ, खेतों से लौट आए हैं। वे थके दिखाई देते हैं। हमें वापस आया देखकर उन्हें तनिक भी अचरज नहीं होता। बहू भीतर चली जाती है। आज हम दोनों मेहमानों के कारण पूरे परिवार को रसोई में सोना होगा। मुझे लगता है कि यह ज़्यादती होगी। मैं संकोचवश कहता हूँ कि हमें नीचे की मंज़िल में सोने में कोई दिक़्क़त नहीं है। वे ज़ोर से हँसते हैं– जब उनकी बहू आती है वे उसे बताते हैं कि मैंने क्या कहा। इस पर बहू भी हँसने लगती है। थोड़ी देर बाद पूनी भी हँसती है। हम दोनों असहाय मुस्कुराते हैं– हँसी रोककर बहू कहती है कि अगर नीचे की मंज़िल में हम सोएँगे तो उन लोगों को बकरियों के सोने का प्रबंध ऊपर की मंज़िल में करना पड़ेगा। सबको हँसता देखकर बच्चा भी ख़ुश होकर आँगन में दौड़ना शुरू कर देता है। आस-पास की खिड़कियों से कुछ लोग इस मनोरंजक दृश्य को देखकर प्रसन्न हो रहे हैं– आप असीम कृतज्ञ होने के अलावा क्या कर सकते हैं!

दौड़ने के बाद बच्चा थककर दादाजी की गोदी में बैठ जाता है। इस बीच हमें चाय दे दी गई है। बच्चा चाय माँगता है तो दादाजी उँगली चाय में डुबाकर उसे चटाते हैं। वह और माँगता है। चाय के बाद बच्चा अपने पिचहत्तर साल के दादाजी को घोड़ा बनाता है। फिर कहानी की माँग करता है। बाहर ठंड हो रही है सो हम सब भीतर चले जाते हैं। वहाँ दादाजी बच्चे को कहानियाँ सुनाते हैं। बच्चा सो जाता है। मिट्टी के तेल के लैंप की रोशनी में बूढ़े झुर्रीदार चेहरे पर थकान चमक रही है। सोते हुए बच्चे ने अपनी बाईं हथेली में दादाजी का कान

थामा हुआ है। वे बच्चे को लाड़ से देख रहे हैं। सबीने फुसफुसाकर कहती है कि ऐसे दादाजी का होना कितना दुर्लभ है जिनके साथ आप कुछ भी कर सकते हों।

च्यक्ती और खाने के बाद हम उनकी गर्म रसोई में आधी रात तक बैठे गप्पें मारते रहते हैं और अपने बारे में कई बातें साझा करते हैं। दोनों स्त्रियाँ बात करती जाती हैं और दक्ष हाथों से गलीचा भी बुनती जाती हैं।

हमारे पास अपनी ब्रांड की सिगरेटें बहुत कम बची हुई हैं इसलिए हमने इन दिनों यहाँ चलने वाली नेपाली सिगरेट 'खुकरी' पीना शुरू किया हुआ है। हम अपने कोटे में से बस एक-एक सिगरेट पीते हैं। सबीने अपने कोटे की सिगरेट अपनी बग़ल में बैठी पूनी को प्रस्तुत करती है। हम लोग आग के गिर्द बैठे हैं। पूनी दो-तीन कश लेकर सिगरेट अपने पति को बढ़ा देती हैं। दादाजी भी एक दो कश लेकर सिगरेट जयसिंह को दे देते हैं। जयसिंह हमेशा की तरह सिगरेट को दो हाथों से ग्रहण करता है। इस चक्कर में सिगरेट नीचे गिर जाती है। मैं इस पूरी प्रक्रिया को डूबकर देख रहा हूँ। क्षमायाचना की मुद्रा में जयसिंह सिगरेट उठाकर एक कश लगाता है– फिर जैसे उसे याद आती है कि मैं भी हूँ। सिगरेट अब मेरे हाथ में है– अभी क़रीब तीन-चार कश बचे हुए हैं। मैं एक गहरी साँस खींचता हूँ और सबीने की कोहनी अपनी पसलियों में गड़ता महसूस करता हूँ। 'ओके ओके' कहकर मैं आख़िरी हिस्सा उसे देता हूँ। मुझे मालूम है कि हमारे सभ्य संसार में इस तरह के दृश्य देखे जा सकने की कल्पना भी नहीं की जा सकती। अभी मेरे कोटे की सिगरेट बची हुई है। उसे भी सारे लोग इसी तरह समाप्त करते हैं।

बातचीत के दौरान यह तय पाया जाता है कि अगर हम सिन-ला जाने पर उतारू ही हैं तो दताल दंपति कल हमारे वास्ते किसी गाइड की व्यवस्था करेंगे जो हमें सिन-ला की चोटी तक पहुँचाएगा। जयसिंह भी रसोई में ही सोने वाला है।

अगली सुबह नींद खुलती है तो पाता हूँ कि पूनी मेरे सिरहाने बैठी हुई है।

"जाग गए?"

"हाँ पूनी।"

"लो, पी लो! मैं तुम्हारे उठने का इंतज़ार कर रही थी।" उनकी आवाज़ में मातृसुलभ प्रेम है। वे जग से स्टील के गिलास में चाय डालना शुरू करती हैं। खिड़कियाँ बंद होने के कारण कमरे में अब भी काफ़ी अँधेरा है। मैं गिलास

थामता हूँ। गिलास कतई ठंडा है। बेचारी पूनी बहुत देर से मेरे उठने की प्रतीक्षा कर रही होंगी– चाय बिल्कुल बर्फ़ हो चुकी है। मैं उन्हें और तकलीफ़ नहीं देना चाहता कि वे चाय दोबारा से गर्म करें। मैं एक घूँट सुड़कता हूँ और तुरंत उठकर बैठ जाता हूँ। मैं चाय नहीं मरती पी रहा हूँ।

"पी लो, पी लो। आज तुम्हें बहुत चढ़ना है मेरे बेटे। लाटू भी आ गया है तुम्हारे साथ चलने को।"

मेरे पास और कोई रास्ता नहीं है। वे बताती जाती हैं कि लाटू उनका रिश्ते का भतीजा है और पाँचेक बार सिन-ला चढ़ चुका है। वे बहुत धीमी आवाज़ में बोल रही हैं ताकि सबीने की नींद में बाधा न पड़े। मैं मरती निबटा लेता हूँ। बग़ल के स्लीपिंग बैग में हरकत होती है। एक उनींदी आवाज़ आती है, "चोको! क्या बजा? बाहर बारिश तो नहीं हो रही?"

मैं अभी से अपने भीतर मरती की ऊष्माभरी ताज़गी महसूस कर रहा हूँ।

"बहुत देर हो गई है– तुम चाहो तो सोती रह सकती हो। ख़बर आई है सिन-ला के रास्ते पर पहाड़ गिर गया है। शायद हम आज नीचे तवाघाट की तरफ़ उतरना शुरू करेंगे।" मुझे बच्चों जैसी एक शरारत सूझती है। "तुम अपनी चाय क्यों नहीं ख़त्म कर लेती वरना यह कतई बर्फ़ बन जाएगी। वैसे ही इतनी ठंडी हो चुकी है।" पूनी दूसरे गिलास में मरती भर चुकी हैं और उत्सुकता से हमारी तरफ़ देख रही हैं।

"ओके, ओके!" स्लीपिंग बैग से सबीने का अधसोया मुँह बाहर निकलता है। मैं उसे गिलास थमाता हूँ। गिलास छूते ही वह उसे पीने से इनकार कर देती है। अँधेरे के कारण अभी उसने पूनी को नहीं देखा है।

"मैं सुबह-सुबह ठंडी चाय नहीं पी सकती। इसे गर्म कर दो प्लीज़!"

मैं उसे हल्की-सी डाँट लगाता हुआ कहता हूँ कि सारे लोग खेतों की तरफ़ जा चुके हैं और दोबारा चाय गर्म करने का मतलब होगा बेशकीमती ईंधन की बरबादी। वह मान जाती है।

अधसोए में, वह अनमनी होकर गिलास को एक घूँट में आधा कर देती है। मैं उसकी प्रतिक्रिया से पहले से ही वाकिफ़ हूँ सो चौकन्ना हूँ और स्लीपिंग बैग से बाहर आ चुका हूँ। सबीने को यह जानने में एक सेकेंड लगता है कि उसने क्या पिया है। उसकी प्रतिक्रिया से पहले ही मैं भागकर नंगे पैर आँगन में

भाग जाता हूँ।

वह स्लीपिंग बैग से बाहर आकर चीख़ना शुरू कर चुकी है। भाग्यवश पूनी को अँग्रेज़ी ज़रा भी नहीं आती। मुझे उनके ज़ोर-ज़ोर से हँसने की आवाज़ सुनाई देती है। अचानक ही सबीने भी चुप हो गई है। उसे मेरा मज़ाक़ अटपटा ज़रूर लगा होगा पर अच्छा ही है– हम जल्दी तैयार होकर चलना शुरू कर सकते हैं। जब मैं हिम्मत करके भीतर जाता हूँ वह दोनों स्लीपिंग बैग पैक कर चुकी है और प्रसन्न नज़र आ रही है। वह बताती है कि उसने मरती के दो गिलास पी लिए हैं और यह भी कि इस ठंड में मरती चाय का बेहतर विकल्प लगा उसे। पूनी इस दौरान एक इंच भी नहीं हिली है। शायद वे जानना चाहती होंगी कि सबीने मेरे साथ क्या सुलूक करने वाली है। लेकिन जब कुछ भी दिलचस्प नहीं घटता तो यह बता कर कि आधे घंटे में नाश्ता तैयार हो जाएगा वे बची हुई मरती मेरे लिए उड़ेलकर रसोई में चली जाती हैं। जाते-जाते चेताती भी हैं कि हमने हद से हद बारह बजे तक दाँतू छोड़ देना चाहिए।

ग्यारह बजे हम दाँतू से रवाना हो जाते हैं। इस बार हम चार हैं। लाटू सिन-ला की चोटी तक साथ चलेंगे। आज रात हम सोलह हज़ार फ़ीट की ऊँचाई पर बीदांग में रुकेंगे। वहाँ कोई गाँव तो नहीं अलबत्ता आई.टी.बी.पी. की चौकी ज़रूर है। बीदांग पहुँचने के लिए पहले हमें नदी के उस तरफ़ जाना होगा और गो गाँव के बाईं तरफ़ से बेहद मुश्किल यात्रा शुरू होनी है।

पूनी ने हमारे रास्ते के लिए रोटियाँ बाँध दी हैं। और एक बोतल मरती भी। शुरू में रास्ता बहुत चटियल और चढ़ाई वाला है। हम धीरे-धीरे चढ़ते रहते हैं। पिछले कई दिनों से हम नौ-दस हज़ार फ़ीट की सतहों पर ही चलते रहे हैं। चढ़ाई का अभ्यास छूटा हुआ है और हम दोनों को पैरों में हल्का दर्द महसूस हो रहा है।

रास्ते भर तमाम स्मृतिशिलाएँ और पत्थरों की ढेरियाँ बनी हुई हैं। लोग इतनी ऊँचाई पर आ कर अपने प्रियजनों की स्मृति में इन स्मारकों का निर्माण करते हैं। किसी-किसी के भीतर फ़ोटोग्राफ़ भी रखे गए हैं। उनमें से ज़्यादातर लगातार धूप और बारिश के कारण धुँधला चुके हैं। एक फ़ोटो बिल्कुल नई है। पूजा की सामग्री बिखरी पड़ी है। यह एक चौदह साल के लड़के का स्मारक है जो गए बरस अपने पैतृक गाँव आते हुए रास्ते में हुए भूस्खलन के कारण अकाल मृत्यु का शिकार हो गया था। यह उसकी तस्वीर के नीचे लिखा हुआ है– हिंदी

और अँग्रेज़ी में। तेज़ हवाएँ भाग रही हैं– पहाड़ विशाल हैं और तक़रीबन नंगे। कभी दूर बकरियों के मिमियाने की आवाज़ सुनाई दे जाती है। थोड़े विषाद से मैं बच्चे की तस्वीर को और क़रीब से देखने की कोशिश करता हूँ। बच्चा अपने घर के आँगन में खड़ा है– उसके चौड़े चेहरे पर उतनी ही चौड़ी मुस्कान है। मैं दार्शनिक मुद्रा धारण करता हुआ जीवन के बारे में विचार करने को होता ही हूँ कि सबीने मुझसे जल्दी चलने को कहती है ताकि समय पर बीदांग पहुँचा जा सके।

रास्ते में कई जगहों पर भूस्खलन हुआ है– ख़ूब सारे ग्लेशियर भी हैं। चढ़ाई अब ख़ासी मुश्किल है। हम क़रीब पंद्रह हज़ार फ़ीट पर हैं। सबीने घड़ी देखती है तो लाटू काकू कहता है कि हम पहुँचने ही वाले हैं। शाम का पाँच बजा है। हालाँकि दिन भर बादलों की लुकाछिपी चलती रही है पर भाग्यवश बारिश ज़रा भी नहीं हुई। दूर किसी पहाड़ पर सबीने ऊँचाई पर चर रहे एक रेवड़ की तरफ़ इशारा करती है। बकरियाँ एक गोल चक्कर में चर रही हैं और दूर से उनका रेवड़ किसी घड़ी के डायल जैसा दीख रहा है। वह मेरा ध्यान इस तरफ़ दिलाती है।

"हाँ क़रीब पाँच पैंतीस बज रहा है वहाँ।"

"नहीं– ग़ौर से देखो– पाँच पैंतालीस है।" वह कहती है।

हम थककर चूर हैं। मैं आसानी से पाँच पैंतालीस पर सहमत हो जाता हूँ। हम सुस्ताने को एक चट्टान पर बैठने को ही हैं कि लाटू बताता है कि पाँच मिनट में हम आई.टी.बी.पी. कैंप में होंगे।

ठीक साढ़े पाँच बजे हम कैंप पहुँच जाते हैं। हिमालय की उत्तुंग चोटियाँ कैंप की पृष्ठभूमि में हैं।

बीदांग का फ़ौजी कैंप, खम्पा जनजाति, सिन-ला चढ़ाई की शुरुआत और बर्फ़ का टूटना

कैंप का कमांडेंट उत्तर भारतीय नौजवान है। उसकी यूनिट में दर्ज़न भर सिपाही हैं। शुरुआती जाँच पड़ताल के बाद हमारे साथ उसका सुलूक दोस्ताना हो जाता है। सूरज कभी भी डूबने वाला है। हमारे चारों तरफ़ का लैंडस्केप बहुत शानदार है। कमांडेंट एक चोटी की तरफ़ इशारा करके बतलाता है कि व्याँस घाटी पहुँचने के लिए हमें वहाँ से होकर जाना होगा- "वो सिन-ला है और ये दाईं तरफ़ को पंचचूली टू।" हमने इतने पास से हिमालय को पहले कभी नहीं देखा है।

हमें यह भी बताया जाता है कि तिब्बती जनजाति खम्पा का भारत में स्थित इकलौता मंदिर बीदांग में है। खम्पा लोग अपने साहस और शौर्य के लिए जाने जाते रहे हैं।

किसान और घुमंतू खम्पा लोग तिब्बती प्रान्त सिचुआन के पश्चिमी इलाक़े के मूल निवासी हैं। खाम उनकी मातृभूमि का नाम है। एक ज़माने में समूचे हिमालयी इलाक़े में खम्पाओं का कहर था। 'सेवेन ईयर्स इन तिब्बत' लिखने वाले हाइनरिख हैरर ने कहीं इस बात का ज़िक्र किया है। कई और यात्रियों ने भी खम्पाओं के बारे में लिखा है। 1960 के दशक के एक मानवशास्त्री माइकेल पेइसेल ने उनका वर्णन करते हुए लिखा है: 'खम्पा लोग छह फ़ीट लंबे होते हैं... भारी जूते, खाकी पहनावे और चाल-ढाल में एक आदिम आकर्षण... अन्य तिब्बतियों की तुलना में उनके नक्श कम मंगोल होते हैं– बड़ी-बड़ी आँखें और सपाट चेहरे...' उनमें से कई अब नेपाल और भारत में रहने लगे हैं।

एक सिपाही बताता है कि खम्पा लोग अब भी हर साल पूजापाठ के लिए

यहाँ आते हैं। हमारे सामने सूखी बंजर ज़मीन का फैलाव है– यहीं कहीं उनका मंदिर होगा। मैं वहाँ जाना चाहूँगा पर संभवतः उसके लिए पर्याप्त समय नहीं बचा है।

हम अब भी बाहर ही बैठे हैं। थोड़ी ठंड भी पड़ने लगी है। कमांडेंट हमें अपने जीवन की तकलीफ़ों के बारे में बता रहा है लगातार। इस दुर्गम स्थान पर उसे और उसके साथियों को रोज़ बीसियों कष्ट झेलने होते हैं। कैंप में दो बैरकें हैं। टिन की चादरों से बनी इन लंबी बैरकों को देखना उत्साह को निचोड़ लेने का काम करता है। पास ही डेढ़ कमरे का एक स्थाई मकान भी है– यह कमांडेंट साहब का आवास है।

कमांडेंट हमें एक सस्ती सिगरेट पेश करता है। फिर शिकायतें करता है कि यहाँ तो तमीज़ की सिगरेट तक नहीं मिलती वग़ैरह-वग़ैरह। वह धीरे-धीरे खुलता जाता है और अपने घर, परिवार, पढ़ाई और आई.टी.बी.पी. में अपने चयन की प्रक्रिया के विस्तृत वर्णन प्रस्तुत करता है।

सबीने के चेहरे पर असहायता मुझे साफ़ नज़र आ रही है– इस एकतरफ़ा बातचीत से तो बेहतर होता हमें अपनी पीठ टिकाने को ज़रा-सी जगह मिल पाती। हमारी क़िस्मत से अँधेरा हो जाता है।

उदार सिपाहियों ने हमारे लिए एक बैरक ख़ाली कर दी है। यह सूचना मिलते ही हम कमांडेंट की अनुमति लेकर बैरक की तरफ़ चल पड़ते हैं। बैरक काफ़ी बड़ी और ऊँची है। नीचे की तरफ़ लकड़ी के तख़्ते ठुके हुए हैं– यही सिपाहियों के लिए चारपाई का काम करते हैं। हमने आज तक स्लीपिंग बैग के अलावा कुछ भी गरम बिस्तर साथ नहीं रखा है और हम जानते हैं कि रात भयंकर ठंड से सामना होना है।

बाहर अँधेरा है। जयसिंह और लाटू काकू के सोने का रसोई में हो गया है। कमांडेंट हमें अपने निवास पर आने का आमंत्रण देता है। इस ऊबे हुए नौजवान के साथ बैठकर हम दो व्हिस्की पीते हैं। इतने हफ़्तों लगातार च्यक्ती पीते रहने के बाद व्हिस्की का स्वाद थोड़ा अजीब लगता है पर परिणाम वांछित ही होता है। कमांडेंट अब पूरे जोश में है और अपनी सैन्य उपलब्धियों के बारे में बता रहा है। वह बताता है कि यहाँ रहना कैसी बहादुरी और जीवट का काम है। सच भी है। सर्दियों के मौसम में यहाँ रह पाने की कल्पना कर पाना भी असंभव है।

एक सिपाही आकर बता जाता है कि खाना पंद्रह मिनट में तैयार हो जाएगा। हम खाने से पहले थोड़ा हाथ-मुँह धोने के बहाने से अपनी बैरक में चले जाते हैं। हम जैसे ही वहाँ पहुँचते हैं, एक सिपाही विनम्रतापूर्वक हमारे पीछे-पीछे आता है और ठेठ कुमाऊनी में मुझसे मुख़ातिब होता है- "मैं भी कुमाऊनी हुआ साहब! बागेश्वर का हूँ। इतनी ठंड में आप रात कैसे काटोगे? अभी तो आपको बस यही दे सकता हूँ।" वह अपने ओवरकोट के भीतर से एक गर्म शॉल निकालता है। "और शायद यह भी आपके काम आए।" इस बार व्हिस्की की बोतल।

"नहीं, नहीं। हमने पी ली है थोड़ी। आप रखिए इसे। मैं यह नहीं ले सकता।" मैं उसे मना करता हूँ पर उसके चेहरे के भाव साफ़ बताते हैं कि कोई आदमी इतने प्यार से दी जा रही चीज़ को कैसे लौटा सकता है– वो भी शराब की बोतल!

"आप को बाद में ज़रूरत पड़ सकती है। उस तरफ़ जौलिंगकौंग में कुछ नहीं मिलेगा। और मैं आपका भाई नहीं हूँ क्या?" अब इमोशनल ब्लैकमेल किया जाता है। "और एक कुमाऊनी दूसरे कुमाऊनी के लिए इतना तो कर ही सकने वाला हुआ।"

"ठीक है, ठीक है, अगर आप ऐसा ही चाहते हैं तो। पर आपको एक ड्रिंक हमारे साथ पीना पड़ेगा।" मैं मान जाता हूँ।

वह अपने ओवरकोट के अंदर से स्टील के तीन गिलास निकालता है। उसे शायद पता था कि ऐसा ही होगा। वह पानी लाने के लिए बाहर जाता है।

यह सब इतनी तेज़ी से हुआ है कि सबीने की समझ में कुछ नहीं आया। मैं उसे संक्षेप में बताता हूँ– सिपाही की आहट सुनकर चुप होना पड़ता है।

वह बहुत शालीनता से एक बड़ा पैग पीकर जल्दी-जल्दी चला जाता है। शायद अब हम उसे नहीं देख पाएँगे।

वापस कमांडेंट के कमरे में। कमांडेंट बताता है कि हमें सुबह चार बजे जगा दिया जाएगा। अब उसकी आवाज़ थोड़ा लड़खड़ा रही है। वह बताता है कि उस तरफ़ जौलिंगकौंग की आई.टी.बी.पी. पोस्ट को हमारे बारे में सूचित कर दिया जाएगा। और हमारे रास्ते के लिए लंच पैक कर दिया जाएगा। मैं कृतज्ञता जताता हूँ। अचानक उसका स्वर गंभीर हो जाता है- "अगर आप को रात को बाहर जाना हो तो निश्चित कर लें कि आपने पहरे पर तैनात सिपाही को बतला

दिया है। यदि आप ऐसा न कर पाएँ और 'थम' की आवाज़ सुनें तो जहाँ-जैसे खड़े हैं वहीं जम जाएँ। एक क़दम न हिलें। वरना वह गोली चला देगा। आप बस वहीं रहें, वह आपके पास आएगा और सब ठीक हो जाएगा।"

कमांडेंट के थम कहने का तरीक़ा मुझे मनोरंजक लगता है।

"जी सर! हम ध्यान रखेंगे!"

"तो याद रहे। थम की आवाज़ सुनते ही आप जहाँ-जैसे हैं वहीं खड़े रहें।"

"हाँ सर वरना पहरेदार गोली चला देगा और हमारी जान भी जा सकती है। हम ध्यान रखेंगे सर।" खाना बहुत बेमन से पकाया गया है और नमक का अतिरेक है। कमांडेंट काफ़ी टुन्न हो चुका है और ठीक से खा भी नहीं पा रहा।

"हम जाएँ सर? हमें सुबह निकलना होगा।"

वह लड़खड़ाता हुआ हमें छोड़ने दरवाज़े तक आता है और गुडनाइट कहने से पहले कुछ अस्पष्ट वाक्य बुदबुदाता है। फिर कहता है- "ओके, गुडनाइट मैडम! गुडनाइट ब्रदर! आपकी यात्रा शुभ हो... पर याद रहे आपको बाहर जाना हो और थम की आवाज़ आए..."

"हाँ सर।" मेरी हँसी छूटने को है, "हम तुरंत रुक जाएँगे सर वरना पहरेदार... गुडनाइट सर!"

बैरक के अंदर हम कुछ देर को हँसते हैं। भीतर बहुत ठंड है और सो पाना नामुमकिन। हम बैरक के पिछले दरवाज़े से बाहर आ जाते हैं। चाँद की रोशनी में सिन-ला की बर्फ़ चमक रही है। आकाश चमकीले सितारों से अटा पड़ा है। यह सब जादू सरीखा है। हम बहुत देर तक पहाड़ों और आसमान को ताकते रहते हैं। अभी नौ भी नहीं बजा है। हमें अब भी थोड़ा अनिश्चिततापूर्ण डर तो है ही। सिन-ला और उसके बारे में सुनी कथाओं ने हमें इतने दिनों से काफ़ी सहमा रखा है।

लेकिन मेरे भीतर कोई चीज़ बहुत प्रसन्न है। मैं दाँतू गाँव की बूढ़ी पूनी और उनके परिवार के बारे में सोच रहा हूँ। मुझे प्यारे कुमाऊनी सिपाही और भले कमांडेंट का भी ख़याल आ रहा है। दिन भर की ऐसी ही और अच्छी बातें– जीवन इतना बड़ा लैंडस्केप होता है– भलाई करने के लिए अपार संभावनाओं से भरा हुआ।

बारिश के कोई आसार नहीं पर हम मन ही मन प्रार्थना करते हैं कि कल बारिश न हो।

बैरक के भीतर कुछ देर को हल्की गर्मी का अहसास होता है पर कड़ाके की ठंड में वह जल्दी ही ग़ायब हो जाता है। सोना बहुत ही कठिन है। हमारे पास ओढ़ने को पर्याप्त बिस्तर नहीं पर एक रात की ही तो बात है। हम देर रात तक बातें करते हैं– फिर किसी पल नींद आ जाती है।

सुबह टिन के दरवाज़े पर हो रही निरंतर खटखट से हमारी आँख खुलती है। एक सिपाही हमारे लिए गाढ़ी चाय का एक जग और गरम पानी की बाल्टी लेकर आया है। चाय का शरबत जैसा स्वाद फ़ौजी कैंपों में अक्सर मिलने वाली चाय जैसा ही है। मैं उसे न पीने का फ़ैसला करता हूँ। अपनी आज तक की सबसे कठिन यात्रा के बीच में, मैं नहीं चाहूँगा मेरा हाजमा बिगड़ जाए।

लेकिन सबीने की हालत ख़राब है। उसके पेट में भयंकर दर्द है। मैं राय देता हूँ कि हमें एक दिन रुक जाना चाहिए पर वह कहती है वह सँभाल लेगी।

सुबह बेहद चमकीली है। कल शाम के धुँधलाए रंग इस समय पूरी तरह निखर गए हैं। साढ़े पाँच के आस-पास तमाम सिपाही हमें गर्मजोशी से विदा करते हैं। हमारे लंच के लिए पराँठे और अचार की बोतल रख दिए गए हैं। मैं तेज़-तेज़ चलना शुरू कर देता हूँ पर याद आता है कि सबीने अस्वस्थ है। रुकता हूँ और धीमा होकर उसके साथ चलने लगता हूँ। जयसिंह और लाटू हमारे आगे चल रहे हैं। थोड़ी-सी घास और नन्ही झाड़ियों के अलावा कोई वनस्पति नहीं है। ज़मीन पथरीली होती जा रही है। भोजन की तलाश में कुछेक तितलियाँ उड़ रही हैं। जल्द ही वे भी नहीं होंगी। लगातार ऊपर चढ़ते हुए हम उस पहाड़ की तली पर पहुँच जाते हैं जिसकी चोटी पर सिन-ला है। हमें क़रीब दो घंटे लग गए हैं। कैंप से यह इतना नज़दीक लग रही थी। लाटू हमसे ठहर-ठहरकर आगे बढ़ने को कहता है ताकि साँस लेने में तकलीफ़ न हो। ज़मीन अब बिल्कुल सूखी और बंजर है। मैं आँख उठाकर पहाड़ को देखता हूँ– कई जगहों पर बर्फ़ है।

सबीने का हाल बुरा है। वह चार क़दम चलती है। रुकती है, चलती है, फिर रुकती है। कल्पना कीजिए पेट में दर्द हो और उन्नीस-बीस हज़ार फ़ीट की ऊँचाई चढ़नी हो। और कोई चारा भी तो नहीं है! मैं उसे चढ़ते रहने को उत्साहित करता रहता हूँ। वह थके हुए हाथ से इशारा करके मुझसे कहती है कि मैं उसकी चिंता करना छोड़ दूँ। अब रास्ते जैसी कोई चीज़ नहीं है। हमें पहाड़ की पथरीली सतह पर पैर जमाते हुए सावधानी से चलते जाना है। हम पहाड़ की

पसलियों पर चढ़ रहे हैं। अचानक एक विस्फोट की आवाज़ आती है। हम रुक जाते हैं और पलटकर देखते हैं।

अलौकिक ! हम काफ़ी ऊपर चढ़ चुके हैं और हमारे ठीक सामने पंचचूली की गरिमामय चोटियाँ हैं। आई.टी.बी.पी. के कैंप की छतें नज़र आ रही हैं। विस्फोट की आवाज़ पंचचूली श्रृंखला में कहीं पर बर्फ़ टूटने से आई थी। अजीब-सी भय-मिश्रित प्रसन्नता में हम अवाक खड़े हैं। फिर एक और विस्फोट की आवाज़ आती है। इस बार यह कानफोड़ू है। पंचचूली की एक चोटी से कहीं टनों बर्फ़ टूटकर गिर रही है– वह सरसराती हुई ढाल पर रपटती आ रही है।

बर्फ़ टूटने की आवाज़ से बड़ी, ज़्यादा कड़कदार और डरावनी आवाज़ मैंने आज तक नहीं सुनी है। यह बहरा कर देने वाली चीख़ जैसी होती है।

यही है हिमालय ! मैं अपने आप को बताता हूँ और चारों तरफ़ देखता हूँ।

इन विराट पहाड़ों के बीच हम चार लोग कितने असहाय लग रहे होंगे– चींटियों जैसे। मान लिया जिस पहाड़ पर हम चढ़ रहे हैं उसकी चोटी से बर्फ़ टूटकर गिरे तो ! शायद हमारे बचने की कोई राह तो नहीं होगी। यह विचार रीढ़ में झनझनाहट पैदा करता है। पर मुझे साहस दिखाना होगा। मैं अपने को डपटता हूँ।

हमें धैर्यपूर्वक चढ़ते जाना है। चोटी पर पहुँचने के बाद सब ठीक हो जाएगा। पहली बार मेरा जूता ताज़ी बर्फ़ पर पड़ता है। बर्फ़ धीरे-धीरे बढ़ती जा रही है।– एक इंच, फिर दो इंच, फिर पिंडलियों तक। मुझे अपने पैर जमते महसूस होना शुरू हो गए हैं।

सिन-ला, ताज़ी बर्फ़, चट्टान पर ख़ून और अंततः जौलिंगकौंग

जयसिंह के जूते के तले में एक बड़ा-सा छेद हो गया है। उसे चलने में तकलीफ़ हो रही है। सबीने उसे रुकने को कहती है। वहीं पर बैग खोलकर वह उसे अपने दूसरे जूते पहनने को देती है। पहनने से पहले जयसिंह काफ़ी ना-नुकुर करता है।

चोटी का नाम-ओ-निशान नज़र नहीं आ रहा। अगर कमांडेंट ने सही कहा था तो उसे आस-पास ही होना चाहिए। उसके हिसाब से क़रीब साढ़े ग्यारह तक हमें वहाँ पहुँच चुकना चाहिए था। अब तो पौने बारह बज चुका है। हर क़दम के साथ चलना मुश्किल होता जा रहा है। सबीने की क्या हालत हो रही होगी– मैं बस अन्दाज़ा ही लगा सकता हूँ।

बर्फ़ काफ़ी है। एक-एक क़दम बढ़ाने में बहुत श्रम करना पड़ रहा है। मुझे अपने साथियों के चेहरों पर हताशा, भय और थकान नज़र आ रहे हैं। शायद यही भाव मेरे चेहरे पर हैं।

लाटू मेरे लिए रुका हुआ है। उसकी मुद्रा में कुछ है जो मुझे खटकता है। वह मेरी तरफ़ निगाह करता है और उसकी आँखों से आँसू गिरने लगते हैं।

"साहब मैं नहीं जानता था कि इतनी मुश्किल होगी। मैं वापस जाना चाहता हूँ। मेरे छोटे-छोटे बच्चे हैं साहब." वह फफककर रोने लगता है। भाग्यवश सबीने काफ़ी पीछे है और इस दृश्य को देखने के लिए सिर्फ़ जयसिंह ही मेरे साथ है।

मेरी समझ में नहीं आ रहा उससे क्या कहूँ। अपने दिमाग़ में किसी उचित वाक्य की संरचना करता हुआ मैं उसके कंधे थपथपाता हूँ। जयसिंह एकदम हक्का-बक्का है– मेरी तरह।

"देखो लाटू काकू, हम सब के अपने परिवार हैं। हम भी थक गए हैं और चिंतित हैं पर आप तो हमारे गाइड हैं। हम सब आप के ही तो भरोसे हैं। अगर आपने जाना है तो आपकी इच्छा है पर हम कहाँ जाएँगे?"

सबीने भी पहुँच जाती है।

"क्या चल रहा है?" वह पूछती है।

लाटू सबीने के थके हुए चेहरे पर दृढ़ इच्छाशक्ति देखता है– अचानक कोई चीज़ उसे प्रेरित करती है– वह उठता है और तीव्र गति से चलना शुरू कर देता है–आँसुओं को पोंछने की परवाह किए बग़ैर।

"ऐसे ही कुछ दिक़्क़त थी।" मैं सबीने से कहता हूँ। "अब ठीक है।" मैं संक्षेप में उसे बताता हूँ। अब हम साथ चलने की कोशिश कर रहे हैं। साढ़े बारह बज गया है और हम अब भी सिन-ला के आस-पास तक नहीं हैं। थोड़ी फ़िक्र होने लगी है। जयसिंह और लाटू अनिश्चित कदमों से आगे-आगे घिसट जैसे रहे हैं।

मैं सबीने से इजाज़त लेकर घुटनों-घुटनों बर्फ़ में तक़रीबन भागता हुआ उन दोनों के पास पहुँचता हूँ और थमने का इशारा करता हूँ। हम पलट कर देखते हैं– कैंप अब भी नज़र आ रहा है। मैं बैग के भीतर से नक़्शा निकालता हूँ। मुझे लग रहा है कि हम ग़लत दिशा में जा रहे हैं। मैं लाटू से कहता हूँ कि अगर हम थोड़ा वापस चलकर बाईं तरफ़ से चढ़ना शुरू करें तो शायद सिन-ला पहुँच जाएँ। वह तुरंत सहमत हो जाता है। उसे ख़ुद नहीं पता रास्ता कहाँ खो गया है।

अब मैं आगे-आगे चल रहा हूँ। क़रीब पचास मीटर आगे मुझे एक समतल-सी सतह होने का आभास होता है। मैं लाटू के पहुँच चुकने का इंतज़ार करता हूँ।

"क्या सिन-ला ऊपर हो सकता है काकू?"

"हाँ, शायद यही है।" उसकी आवाज़ में एक क्षणिक अनिश्चितता है।

मैं सबीने की तरफ़ हाथ हिला कर इशारा करता हूँ कि हम पहुँचने ही वाले हैं। क़रीब आधा घंटा और चढ़ने पर सिन-ला दर्रा साफ़ दिखाई दे रहा है। वहाँ भी पत्थरों की ढेरियाँ बना कर स्मारक बनाए गए हैं– फ़िलहाल ताज़ी बर्फ़ से ढके हुए। लाटू बहुत प्रसन्नता से कहता है- "वही है साब सिन-ला! वही है।"

जयसिंह भी ख़ुशी में हँस रहा है।

यह भूलकर कि मुझे अपने पैर और नाक दोनों के होने का अहसास तक

नहीं हो रहा, मैं क़रीब क़रीब दौड़ता हुआ सिन-ला पहुँच जाता हूँ। घड़ी देखता हूँ जो रास्ते में सबीने ने मुझे पकड़ा दी थी- डेढ़ बजा है। बीदांग से इतना नज़दीक दिख रहे सिन-ला तक पहुँचने में हमें आठ घंटे लग गए। मैं अपनी नाक छूता हूँ। त्वचा पपड़ी बनकर उखड़ने लगी है।

हताश आत्मीयता में लाटू मेरे गले से लग जाता है। जयसिंह भी। लाटू मुझे दूसरी तरफ़ का दृश्य दिखाता है– हमारे ठीक दाईं तरफ़ आदि कैलाश की चोटी है जो कैलाश पर्वत की प्रतिलिपि जैसी दिखाई देती है। नीचे खोखल जैसी एक खाई है जिसमें ताज़ा बर्फ़ इकट्ठा है। फिर नीचे सलेटी-भूरी ज़मीन है। बहुत दूर कुछ छतें चमक रही हैं– यह जौलिंगकौंग है।

"शाम तक आपने वहाँ पहुँचना है साब!" लाटू मुझे उत्साहपूर्वक समझा रहा है।

क़रीब साढ़े पाँच हज़ार मीटर की ऊँचाई पर स्थित सिन-ला अथवा लेबोंग दर्रे से ठीक सामने दिखाई देने वाली आदि कैलाश शृंखला के बीच अनेक चोटियाँ, ग्लेशियर और छोटे-बड़े दर्रे खुलते हैं। सिन-ला के उत्तर की तरफ़ राजुला और जौलिंगकौंग की चोटियाँ मुख्य हैं। आदि कैलाश क्षेत्र में आदि कैलाश, ईशान पर्वत (जिसे आदि कैलाश नंबर दो भी कहते हैं), ब्रम्मा पर्वत, चीपेदंग, युंगतांग्तो, पांडव पर्वत और निकुर्च किल्ला की चोटियाँ हैं। इस शानदार भौगोलिक नज़ारे को रामा, लेबोंग, निकुर्च रामा और नामा ग्लेशियर पूरा बनाते हैं।

दस मिनट में सबीने भी पहुँच गई है– भयंकर थकान उसके चेहरे पर है। असंभव कर चुकने का भाव भी। हम एक-दूसरे को बधाई देते हैं। वह अपना दर्द भूलकर तुरंत आस-पास के दृश्य में खो जाती है। दिव्य– शांति और एकाकीपन। चारों तरफ़ बर्फ़। जयसिंह खाना निकाल लेता है। रास्ते की घबराहट की वजह से हम खाने को तो भूल ही गए थे। जल्दी-जल्दी सूखे परांठों और अचार का लंच निबटाया जाता है। क़रीब आधा घंटा वहाँ रुक कर गप्पें मारी जाती हैं, सबीने तस्वीरें खींचती है। लाटू को विदा करने के उपरांत हम जौलिंगकौंग का रुख़ करते हैं।

एक बार जौलिंगकौंग की तरफ़ देखकर हम अनुमान लगाते हैं कि सब ठीक-ठाक रहा तो दो घंटे में हमें वहाँ होना चाहिए। चारों तरफ़ ताज़ा बर्फ़ है। सबीने ने अपना दूसरा वाला धूप का चशमा मुझे दे दिया है ताकि आँखें चुँधिया न

जाएँ। वह मेरा मज़ाक़ भी उड़ाती है पर दिख मैं चाहे कैसा भी रहा होऊँ चश्मा बिचारा तो अपना काम कर ही रहा है।

दूसरी तरफ़ जाते ही हमारा पूर्वानुमान बिल्कुल बुरी तरह ग़लत साबित होता है। रास्ते का कोई निशान है ही नहीं। मैं बस ऐसे ही आगे-आगे चलता जा रहा हूँ। क़रीब दस-बारह क़दम बाद मैं एक गहरे गड्ढे में धँस जाता हूँ– कमर तक। अब पता लग रहा है कि हमारी परेशानियाँ अभी कम नहीं हुई हैं। ढलान पर इकट्ठा बर्फ़ बहुत धोख़ा पैदा करने वाली है। कहीं तो बस घुटनों भर है और कहीं-कहीं इतनी कि आप खड़े-खड़े दफ़न हो जाएँ।

सबीने और जयसिंह मेरे बचाव के लिए आते हैं। वे बमुश्किल मुझे निकालते हैं। सबीने मुझसे कहती है कि हमें सावधानी से चलना होगा क्योंकि मुसीबतें अभी और आएँगी। वह ऑस्ट्रिया की रहने वाली है– आल्प्स को जानती है और बर्फ़ देखने की आदी है– बर्फ़ की उसकी समझ हमसे कहीं बेहतर है।

हाल में हुई इस दुर्घटना के बाद भी मैं सबसे आगे चल रहा हूँ। एक भी क़दम उठाने से पहले मैं अपनी लाठी को बर्फ़ में धँसाकर उसकी गहराई का अनुमान लगाता हूँ। क़रीब पाँच घंटों से हम बर्फ़ पर चल रहे हैं। पैरों से सनसनी ग़ायब हो चुकी है और घुटनों के सुन्न हो चुकने का अहसास हो रहा है। मेरे अंदर कोई है जो कहता जाता है– एक क़दम चलो! अब एक और!

घंटे बीतते जा रहे हैं। बर्फ़ ख़त्म होने का नाम नहीं ले रही। हमारी परेशानियाँ बढ़ती जा रही हैं और अक्ल भी काम करना बंद कर रही है। हम दोनों बमुश्किल बातें करते हैं पर जब भी ऐसा होता है हमारी भाषा में ग़ुस्से और उत्तेजना का अंश मिला होता है। ज़ाहिर है जयसिंह भी थक गया है और इस संघर्ष के समाप्त होने का इंतज़ार कर रहा है।

मैं अचानक फिसलता हूँ और कमर तक बर्फ़ में धँस जाता हूँ। मुझे अपनी हथेलियों पर कुछ गर्म गीली चीज़ महसूस होती है। दोनों हथेलियों से ख़ून की धारें बह रही हैं। मैं जहाँ धँसा था वहाँ बर्फ़ के नीचे की ज़मीन ब्लेड जैसी तेज़ थी। पूरी तरह गिर न जाने के लिए मैंने अपनी हथेलियाँ नीचे टिका ली थीं। ख़ून देखकर मुझे शुरू में अजीब लगता है। इसके बाद की प्रतिक्रिया होती है– असहाय ग़ुस्सा।

"तुम्हारी वजह से मैं यहाँ मरने जा रहा हूँ। इस रिसर्च के चक्कर में हम सब

यहाँ मरने वाले हैं। भाड़ में जाओ तुम सब..." मैं पाता हूँ कि मैं चिल्ला रहा हूँ।

हम क़रीब सत्रह हज़ार फ़ीट की ऊँचाई पर हैं। सबीने और जयसिंह भागकर मेरे पास आते हैं। सबीने देखना चाहती कि मुझे कितनी चोट लगी है लेकिन मैं ग़ुस्से में अब भी अन्धा हूँ। दर्द अब नहीं है पर सफ़ेद बर्फ़ पर टपकते ख़ून ने मुझे एक अनिश्चित भय से भर दिया है कि ज़्यादा ख़ून बहने से कुछ भी हो सकता है– कुछ भी।

उसकी परवाह किए बिना मैं ग़ुस्से, असहायता और नासमझी के दौरे के बीच उठकर आगे बढ़ जाता हूँ। क़रीब पाँच मिनट तक गिरते-पड़ते चलने के बाद पलटकर देखता हूँ कि मेरे दोनों साथी अभी वहीं खड़े हैं। नीचे देखता हूँ। पूरे रास्ते भर ख़ून ने एक लकीर-सी खींच दी है। अचानक अपनी बेवकूफ़ी का अहसास होता है। होश में लौटकर मैं क्षमायाचना का संकेत करता हूँ। वे चलना शुरू करते हैं। सबीने पास आती है तो मैं उससे माफ़ी माँगता हूँ। उसकी आँखों में आँसू हैं। मुझे उसके पेटदर्द का ख़याल आता है और मैं शर्म से गड़ जाता हूँ। मैं बार-बार माफ़ी माँगता हूँ। सबीने ने मेरे हाथ थामे हुए हैं। हथेलियों का ख़ून जमने लगा है।

"चोको, दर्द हो रहा है?" वह लाड़ से पूछती है।

"नहीं, ठीक है अब। मैं अपने शब्दों के लिए शर्मिंदा हूँ। पता नहीं मुझ पर क्या पागलपन सवार हो गया था।" मैं रुआँसा होकर बर्फ़ को देख रहा हूँ। "हम समय रहते जौलिंगकौंग पहुँच जाएँगे न? और तुम्हारा दर्द कैसा है?"

"हाँ पहुँच जाएँगे और मैं ठीक हूँ। मुझे तुम्हारी चिंता है। तुम थोड़ा और बहादुर हो पाओगे? और चौकन्ने? अब तो पास ही है– वो देखो कितनी पास दिख रही है वो पहाड़ी।"

साढ़े चार बज गया है। मैं पलटकर देखता हूँ। पिछले दो-ढाई घंटों में हम सिन-ला से बमुश्किल कुछ सौ मीटर नीचे उतर सके हैं। दाईं तरफ़ आदि कैलाश है।

"देखो कितना शानदार है!" मैं सबीने से कहता हूँ।

"हाँ, मैं तो पूरे रास्ते इसे देखती रही हूँ– तुम्हें चाहिए कि इसे ग़ौर से देखो। और वो देखो।" वह मेरे कंधे थामकर मुझे उल्टी तरफ़ घुमा देती है– क्षितिज तक फैली हुई हिमालय की विस्तृत सौंदर्यराशि सामने पसरी हुई है।

"वहीं कहीं तिब्बत भी होगा..." मैं फुसफुसाता हूँ।

"हाँ तिब्बत... और... ल्हासा... और मानसरोवर। हमें वहाँ जाना है। है न?"

मैं सहमति में सिर हिलाता हूँ।

"पर उससे पहले हमें जौलिंगकौंग पहुँचना है और मैं नहीं चाहती कि तुम और कोई बेवक़ूफ़ी करो।" वह प्यारभरे स्वर में डाँटती है और हिंदी में कहती है- "थीक है?"

"ठीक है। येस ठीक है।"

अब हम साथ-साथ उतर रहे हैं– थोड़ा-सा बढ़ी हुई उम्मीद के साथ। धीरे-धीरे बर्फ़ कम होती जा रही है और चलना आसान। शाम तेज़ी से उतर रही है। आख़िरकार जब हम ज़मीन पर पहुँचते हैं क़रीब-क़रीब अँधेरा हो चुका है। एक चट्टान पर बैठ हम जयसिंह के आ चुकने की प्रतीक्षा करते हैं। मैं सिगरेट जलाने की कोशिश करता हूँ पर हवा के दबाव की वजह से ऐसा कर पाना असंभव है। जब मैं क़रीब आधा डिब्बा माचिस बरबाद कर चुकता हूँ सबीने मुझे डपटती है और धैर्य धरने को कहती है।

जयसिंह आ गया है और पाँच मिनट बाद हम उतरना शुरू करते हैं। भयंकर अँधेरे में ढलानों और कीचड़भरे रास्ते पर गिरते-पड़ते हमें दो घंटे और लगते हैं। आख़िरकार हम कुमाऊँ मंडल विकास निगम के कैंप तक पहुँच गए हैं। कैंप का मैनेजर हमें देखकर आश्चर्य व्यक्त करता है। उसे यक़ीन नहीं हो रहा कि हम सिन-ला होकर आ रहे हैं।

"पर इतना अँधेरा है! आपको हमारा कैंप मिला कैसे? चरवाहों के कुत्तों ने आपको तंग नहीं किया... मैं यक़ीन नहीं कर सकता..."

मुझे उसकी आवाज़ सुनाई ही नहीं पड़ रही। हम रात के रुकने की व्यवस्था की बाबत पूछताछ करते हैं। वह एक बार फिर से हैरत के साथ हमें देखता है। अब शायद उसने हमारी हालत पर ठीक से ग़ौर किया है। वह जल्दी उठता है और अपने पीछे आने को कहता है। वह एक सोलर लालटेन थामे है। हमारे सामने अर्धवृत्ताकार टेंट जैसी संरचना है– धातु और फ़ाइबर की बनी हुई। उसे देखकर किसी इगलू की याद आती है। थोड़ी दूरी पर कुटी यांग्ती नदी बह रही है। उसका बहाव सुनाई दे रहा है।

मैनेजर हमें भीतर ले जाता है– बहुत सफ़ाई है और हवा में धूप की महक है। फ़ोम के गद्दों का ढेर एक कोने में है और कंबलों का दूसरे कोने में। दुनिया भर के होटलों में रह चुकने के बावजूद मुझे नहीं लगता मैंने अपनी पूरी ज़िन्दगी में रहने की इतनी शानदार जगह देखी है।

मैं मैनेजर से कुमाऊनी में बातें करने लगता हूँ। वह अब तक मुझे अँग्रेज़ समझे हुए है। वह मेरी कुमाऊनी से हक्का-बक्का है।

"यू स्पीक वैरी गुड कुमाऊनी सर।"

उसे अब भी कुछ समझ में नहीं आ रहा। मैं उसे बताता हूँ कि मैं भी कुमाऊनी हूँ– द्वाराहाट का मूल निवासी।

शुरुआती सदमे और संशय की हालत से क़रीब पाँच मिनट बाद बाहर आकर वह अचानक बहुत शिष्ट और शालीन मेजबान की तरह व्यवहार करना शुरू कर देता है।

सिन-ला के बाद जौलिंगकौंग और फ़ौजी कमांडेंट से नोकझोंक

जूते उतारता हूँ। पैरों में बस हल्की-सी सनसनी महसूस होती है। बर्फ़ उन्हें पत्थर बना चुकी है। इगलू के भीतर एक बड़ा-सा आईना है। सोलर लालटेन की मद्धम रोशनी में मैं अपना प्रतिविम्ब देखता हूँ। लग रहा है पिंडारियों के गिरोह ने मेरी ज़बरदस्त ठुकाई की है।

सबीने मुझे ख़ुद को आईने में देखता हुआ देखती है और हँसने लगती है: "नो चांस फ़ॉर यू नाउ, चोको! नो मोर प्रेटी कुमाऊनी वाइफ़ फ़ॉर यू! हू वुड मैरी सच एन अगली येती!"

"पहले तुम अपनी नाक देखो..." चिढ़ाने की बारी अब मेरी है।

दरवाज़े पर खटखट होती है और एक लड़का दो बाल्टियों में गर्म पानी लेकर भीतर आता है। वह बाल्टी रखकर जाने ही को है जब बाहर हल्ला-गुल्ला सुनाई देता है। सुनाई दे रही आवाज़ों में एक आवाज़ जयसिंह की है।

बाहर जाकर देखता हूँ। जयसिंह को कोई आधा दर्ज़न सिपाही घेरे हैं– सारे के सारे धुत्त। आँखों में आँसू भरे जयसिंह भय से काँप रहा है। सिपाहियों ने जयसिंह को अपमानित और परेशान किया है। चरवाहों के तंबुओं से वापस कैंप की तरफ़ लौटते उसे इन सिपाहियों ने पकड़ लिया और उससे परमिट वग़ैरह की बाबत फ़िज़ूल सवालात किए। जब तक बिचारा कुछ समझ पाता उसे गिरफ़्तार किए जाने का फ़रमान सुना दिया गया। मुझे पक्का यक़ीन है उन्होंने जयसिंह के साथ हाथापाई भी की होगी।

मैं सिपाहियों को सारे काग़ज़ात दिखाकर चेताता हूँ कि वापस पिथौरागढ़ और दिल्ली जाकर मैं उच्चाधिकारियों तक इस वाक़ये की रपट लिखवाऊँगा। इसका फ़ौरी असर होता है और वे नक़ली माफ़ी माँग कर अपने रास्ते निकल

जाते हैं। चलो सब सुलझ गया– मैं जयसिंह की पीठ थपथपाता हूँ।

इगलू के दरवाज़े पर एक बार फिर खट-खट होती है। इस बार क़रीब दर्ज़न भर सिपाही अपने कमांडेंट के साथ हैं। कोई पचास-बावन साल का बेहूदा और मनहूस दिख रहा कमांडेंट अपने ठसके का भरपूर प्रदर्शन कर रहा है। भभका बता रहा है उसने सस्ती रम का भी प्रचुर इस्तेमाल किया है।

"आपके पेपर्स देख सकता हूँ?"

मेरी खीझ अपनी हद पार करने को है।

"ज़रूर, पर मुझे लगता है कि आप यह काम कल करते तो कहीं बेहतर होता।" इस बार सबीने कमांडेंट से ढिठाई से कहती है।

"देखिए यह एक वर्जित इलाक़ा है और बग़ैर सही काग़ज़ात के यहाँ कोई नहीं घूम सकता।"

"मुझे मालूम है सर और हम पिछले दो महीनों से इस इलाक़े में घूम रहे हैं। और रही बात काग़ज़ात की..."

सबीने काग़ज़ात लेकर तैयार है। कमांडेंट अफ़सर जैसा दिखने की भरपूर कोशिश कर रहा है।

"हम्म! काग़ज़ तो ठीक लग रहे हैं... मगर..." वह किसी न किसी बहाने से कुछ कमी निकालने की फ़िराक में है- "परमिट में आपके पोर्टर का नाम दर्ज नहीं है।"

"जयसिंह जी पांगला के नज़दीक दंदौला गाँव के रहनेवाले हैं और नियमों के हिसाब से स्थानीय लोगों को किसी परमिट की ज़रूरत नहीं होती। आपको कोई और शंका है तो कृपा करके अपने उच्चाधिकारियों से बात कीजिए। अभी हम थोड़ा आराम करना चाहेंगे। थैंक्यू सो मच!"

खीझ और ग़ुस्से में मैं पलटता हूँ। वह सबीने से कह रहा है- "मैं चाहूँगा कि कल किसी समय आकर आप हमारे कैंप में अपने नाम रजिस्टर करवाने आएँ."

इतनी भीषण यात्रा के बाद इस ग़ैरज़रूरी घटना ने जी खट्टा कर दिया है। मैं कमांडेंट और उसकी टुन्नटुकड़ी को ढेर सारी गालियाँ समर्पित करता हूँ। बीदांग कैंप में गिफ़्ट में मिली व्हिस्की की बची हुई बोतल इस सत्कर्म को अंजाम देने हेतु अनुप्रेरक का काम करती है।

जौलिंगकौंग, लीबेनह्या की कहानी और धान के खेतों का मिथक

अगली सुबह हम थोड़ा देर से उठते हैं। इगलू की नन्ही खिड़कियों से छनकर आए धूप के दो चमकीले आयत भीतर किसी सर्रियल पेंटिंग का-सा अहसास दे रहे हैं। मैं जयसिंह की खोज में निकलता हूँ ताकि चाय की व्यवस्था की जा सके। बाहर आते ही अपने सामने फैले लैंडस्केप की विराट सुंदरता मुझे गूँगा बना देती है।

दिन बेहद साफ़ है– लगातार तीसरा साफ़-शफ़्फ़ाफ़ दिन। मेरे ठीक सामने बर्फ़ से ढकी चोटियों के मध्य अतुलनीय आदिकैलाश है। पलटकर देखता हूँ– बेहद ऊँचे, बंजर, अकल्पनीय आकारों और हल्की भूरी रंगत वाले पहाड़। हरियाली का कोई नामो-निशान नहीं। हमारे कैंप की बग़ल में शांत कुटी यांग्ती बह रही है। खुले में पर्याप्त गरमी है।

सबीने को जगाता हूँ। हम काफ़ी देर तक लैंडस्केप को देखते रहते हैं। हम दोनों के पैरों पर मासूम दिख रहे छाले पड़े उभर आए हैं। कल के दुस्साहसिक अभियान की याद करते हैं– हमें हैरत होती है कि हम असल में इस काम को अंजाम दे सके। सबीने की तबीयत आज बेहतर है।

दोपहर के आस-पास हम आई.टी.बी.पी. कैंप जाते हैं। सिपाही हमें पहचान लेते हैं और उन में से एक हमें कमांडेंट के तंबू तक लेकर जाता है। कमांडेंट ने ऊपर भालू जैकेट और नीचे गंदा पाजामा पहना हुआ है– उसके चेहरे पर मनहूसियत और क्षमायाचना पसरी हुई है।

“आइए सर!” वह दोस्ताना होने की पूरी कोशिश कर रहा है, “मैं कल रात के लिए शर्मिंदा हूँ।” वह अपने तंबू में बिखरी बेतरतीब चीज़ों को तरतीब में लगाने की जुगत करता रहता है।

मैं उसकी नक़ली बातों पर ध्यान नहीं देता हुआ अपने काग़ज़ात उसे दिखाता हूँ। वह काग़ज़ों पर उड़ती-सी निगाह डालता है और कहता है- "मेरे ख़याल से अब इनकी कोई ज़रूरत नहीं। आप कॉफ़ी लेंगे या चाय?"

मैं अब भी उखड़ा हुआ हूँ। कल रात जयसिंह के साथ उसके सिपाहियों द्वारा किए गए दुर्व्यवहार के लिए उसकी ऐसी-तैसी करना चाहता हूँ लेकिन मेरा मन कहता है कि इतने शानदार लैंडस्केप के बीच ऐसा करना ठीक नहीं। हम उठने को होते हैं कि एक सिपाही ट्रे में कॉफ़ी लेकर तंबू के भीतर आता है। चीनी के शर्बत जैसी घटिया कॉफ़ी को जैसे-तैसे निबटा कर हम बाहर आते हैं। किसी भी तरह का वार्तालाप कर सकने की कमांडेंट की सारी कोशिशों को मैं नज़रअंदाज़ करता रहता हूँ।

बाहर कुछ भी नहीं बदला है। क्या शानदार!

कैंप-मैनेजर ने हमें पार्वती सरोवर और उससे लगे मंदिर की बाबत बतलाया हुआ है। हम बाईं तरफ़ को जाकर एक छोटी-सी पहाड़ी चढ़ते हैं जिसके ऊपर पार्वती सरोवर अवस्थित है। यहाँ से आदि कैलाश के आधार पर स्थित एक और झील नज़र आती है।

मंदिर के कैंपस से तीन अधेड़ स्त्रियाँ बाहर आती हैं। उनमें से एक हमें इतनी देर तक घूरती रहती है कि मुझे खीझ होने लगती है। लेकिन मेरी खीझ बेमानी निकलती है जब वह हमारे पास आकर विनम्रता से पूछती है कि क्या हमीं लोग पिछले साल लंबे समय तक उसके गाँव गुंजी में लंबे समय तक रहे थे। हमारा परिचय बाक़ी की दो महिलाओं से कराया जाता है। दरअसल ये तीनों बहनें हैं और क्रमशः गुंजी, गर्ब्यांग और नपल्चू गाँवों से एक मन्नत पूरी होने पर इतनी दूर चलकर आई हैं।

वे हमें जौलिंगकौंग के भूगोल से परिचित कराती हैं। आदि कैलाश के आधार पर मौजूद झील को राक्षस ताल कहा जाता है। दीगर है कि कैलाश पर्वत की बग़ल में अवस्थित झील भी इसी नाम से जानी जाती है। महिलाएँ हमें पार्वती सरोवर तक लेकर जाती हैं। झील ठीक-ठाक बड़ी है। पास ही ज़मीन के एक टुकड़े पर हल्के धानी रंग की ऊँची घास उगी हुई है। सारा दृश्य किसी पिक्चर पोस्टकार्ड का भ्रम देता है। गुंजी से आई महिला पूछती है कि क्या हम इस खेत की कहानी से परिचित हैं। मेरे ना कहते ही वह इस खेत की कहानी सुनाना चालू

कर देती है। दरअसल यह घास नहीं पवित्र धान के पौधे है।

"लेकिन इसमें धान पैदा नहीं होता।" वह जोड़ती है।

पौधे वास्तव में धान के पौधे लग रहे हैं। लेकिन क़रीब सोलह हज़ार फ़ीट की ऊँचाई पर धान उगने की बात कल्पनातीत लगती है। मैं कृत्रिम आश्चर्य व्यक्त करता हूँ ताकि उसकी भावनाओं को आहत न कर दूँ।

कैंप की तरफ़ वापस जाते हुए हम तमाम तरह की बातें करते जाते हैं। मैंने उनसे हमारे साथ चलकर चाय पीने का आग्रह किया है।

कैंप पहुँचकर पार्वती सरोवर की दास्तान विस्तार में सुनाई जाती है।

कभी कुटी गाँव में लीबेनह्या नाम का एक राजा रहता था। उसकी दो पत्नियाँ थीं। एक पत्नी तिब्बत की थी जबकि दूसरी नेपाल के मारमा इलाक़े की।

तिब्बती रानी किसी तरह की शिकायतें नहीं करती थी। कुटी जैसी ऊँचाई पर जो भी मोटा अनाज उगता था उसी से उसका काम चल जाया करता था। तिब्बत के बीहड़ पठारों में उपलब्ध ज़्यादातर खाद्य सामग्री इस अनाज के सामने भूसा लगने लगी थी उसे। नेपाली रानी को अपने मायके में स्वादिष्ट व्यंजनों की आदत पड़ी हुई थी और बहुत चाहने पर भी वह व्याँस घाटी के परंपरागत भोजन के साथ स्वयं को ढाल नहीं पाई।

वह धर्मपारायण ब्राह्मण स्त्री थी और अपने देवताओं पर बहुत आस्था रखती थी। उसने फ़ैसला किया कि किसी भी क़ीमत पर इन ऊँचाइयों पर भी धान, जौ और मडुवा उगा कर दिखाएगी। उसने एक संदेशवाहक को अपने पिता के पास नेपाल भेजकर वहाँ से इन सब के बीज मँगवाए। जौलिंगकौंग में इस उद्देश्य हेतु एक खेत तैयार करवाया गया।

शौका परंपरा के मुताबिक़ नेपाली रानी ने संसार के तमाम कीड़ों-मकोड़ों से प्रार्थना की कि वे आकर उसके खेत को उपजाऊ बनाएँ। इसमें एक तकनीकी अड़चन भी थी। स्थान की ऊँचाई की वजह से वहाँ साँपों का जीवित रह सकना असंभव था। लेकिन चूहों और छछुंदरों से ग्रस्त उस खेत में साँपों का रहना ज़रूरी शर्त थी।

इस उद्देश्य की प्राप्ति हेतु नेपाली रानी ने शेषनाग की आराधना करने का निर्णय लिया।

इस दौरान तिब्बती रानी हालिया महीनों में राजा द्वारा नेपाली रानी पर दिए जा रहे अतिरिक्त ध्यान की वजह से डाहग्रस्त हो गई। इसी डाह में उसने तय किया कि वह कुटी गाँव में नमक की खान पैदा कर देगी ठीक जैसी उसके मायके तिब्बत में हुआ करती थीं। स्वयं उसके पिता के राज्य में कई नमक की खानें थीं जिनसे दुनिया का सबसे सफ़ेद नमक निकला करता था।

नेपाली रानी की आराधना से प्रसन्न हो शेषनाग ने दारमा घाटी से जौलिंगकौंग की यात्रा शुरू की– वे स्येला ग्लेशियर के रास्ते पंद्रह किलोमीटर की दुरूह यात्रा करते हुए ऊपर की तरफ़ चढ़ने लगे।

तिब्बती रानी को यक़ीन था कि नेपाली रानी के प्रयत्न बर्बाद हो जाएँगे। लेकिन जब उसे शेषनाग की यात्रा का पता चला उसकी ईर्ष्या की कोई सीमा न रही। उसने गाँव में रहनेवाली एक दुष्ट जादूगरनी को मदद के लिए बुलवाया। जादूगरनी और तिब्बती रानी स्येला ग्लेशियर से जौलिंगकौंग पहुँचने वाले पहाड़ की चोटी के उस तरफ़ पहुँचकर छिप गईं। जैसे ही शेषनाग ने नीचे की तरफ़ उतरना शुरू किया, इन दो दुष्ट औरतों ने क़ालीन बुनने में काम आने वाले तेज़ धार वाले 'थल' की मदद से शेषनाग का सिर काट डाला।

शेषनाग का सिर ढलान से होता हुआ नीचे कुटी यांग्ती के किनारे जा गिरा जबकि उसकी बाक़ी की देह ने चट्टानों पर अपना निशान छोड़ दिया।

इस अपराध के बाद राजा आगबबूला हो गया– राजा अपराधस्थल पर पहुँचा जहाँ उसके साथ तिब्बती रानी और जादूगरनी की जंग हुई। इस जंग के अंत में तीनों की मृत्यु हो गई।

"आप कुटी गाँव से शेषनाग के निशान देख सकते हैं। और अगर आप नीचे उतरकर कुटी यांग्ती नदी के किनारे तक जाएँ तो आपको शेषनाग का सिर नज़र आएगा। पहाड़ी के आधार से दो पतली धाराएं बहती हैं– एक में सफ़ेद द्रव होता है दूसरी में काईदार भूरा। सफ़ेद वाला द्रव मृत राजा के दिमाग़ से बाहर आता है जबकि दूसरा वाला दुष्ट तिब्बती रानी के दिमाग़ से..." गुंजीनिवासिनी की आवाज़ में भरपूर आत्मविश्वास है।

जौलिंगकौंग में क़िस्सागोई और दारमा से आए दंपति

चूँकि नेपाली रानी का खेत शेषनाग के आशीर्वाद से वंचित रह गया था, उसकी पूजा अधूरी रह गई। इस वजह से हर साल आप उस खेत में धान के पौधों को उगता हुआ देख सकते हैं। पौधे अपनी पूरी लंबाई तक बढ़ते हैं पर उनमें दाने नहीं लगते। कुटी गाँव में तिब्बती रानी की नमक की खदान भी पत्थर में तब्दील हो गई।

“जब आप कुटी जाएँ आप किसी से पूछकर उस जगह पर जा सकते हैं जहाँ यह नमक की खान हुआ करती थी। कुटियाल लोग उस जगह को छागानी या छागा कहते हैं।”

फर्त्याल जी यानी मैनेजर साहब भी इस दौरान बातचीत का हिस्सा बन जाते हैं। कथा पूरी हो चुकने पर वे हमें बताते हैं कि पिछले साल पंतनगर कृषि विश्वविद्यालय के कुछ वैज्ञानिक यहाँ से सैंपल ले गए थे और उन्होंने पाया कि पौधे वास्तव में धान के थे।

मैं कथा और धान के खेत की बाबत असमंजस में पड़ा रहता हूँ। शाम उतर रही है। हम महिलाओं को धन्यवाद देते हैं और अपने इगलू की तरफ़ बढ़ते हैं। सबीने एक बार और पार्वती सरोवर की तरफ़ चलने की ज़िद करती है।

इस दफ़ा हमारी मुलाक़ात एक बुज़ुर्ग दंपति से होती है। दारमा के सौन गाँव के मूल निवासी ये लोग फ़िलहाल आगरा से व्याँस घाटी के रौंगकौंग गाँव मे किसी रिश्तेदारी में आए हुए हैं। चूँकि वे जौलिंगकौंग के इतना नज़दीक थे, उन्हें लगा की दारमा तक हो आने में क्या हर्ज़ है। फ़िलहाल बिचारे तीन दिनों से कुटी में अटके हुए हैं। लोग उन्हें सिन-ला चढ़ने में आने वाली मुसीबतों को लेकर आगाह कर चुके हैं। वे अभी ही जौलिंगकौंग पहुँचे हैं– दूसरी मर्तबा। हुआ तो वे कल सिन-ला चढ़ने की कोशिश करेंगे।

अपनी दुस्साहसिक यात्रा के बाद मैं उनसे आग्रह करता हूँ कि वे अपने निर्णय पर पुनर्विचार करें।

"दो दिनों में पूरा चाँद होगा!" विचारों में डूबी, सोने में नहाए सामने पसरे नज़ारे को देखती सबीने अचानक कहती है। कहानी सुनने के बाद धान के खेत अब एक अलग आयाम ले चुके हैं। हम खेत के पास जाकर उसे थोड़ा नज़दीक से देखते हैं। कैंप पहुँचकर हमें अच्छा लगता है कि वे तीन महिलाएँ भी कैंप में ही रहने वाली हैं- दूसरे इगलू में। कैंप की रसोई में जलती आग के गिर्द बैठकर हम देर तक व्याँस घाटी की कुछ लोकगाथाओं के बारे में बातें करते हैं। उन्हें आश्चर्य होता है कि हम उनके देवताओं और परंपराओं के बारे में इतना कैसे जानते हैं। मैं उन्हें अपने पिछले फ़ील्डवर्क के बारे में कुछ जानकारियाँ देता हूँ।

इस दौरान फर्त्याल जी अपने साथ एक खासे दिलचस्प दिखाई देने वाले सज्जन के साथ आकर आग की बग़ल में बैठ चुके हैं। इन साहब को मैंने दोएक बार फर्त्याल जी के टेंट में देखा है।

जैसे ही उनका परिचय कराया जाता है वे बात करना चालू कर देते हैं। शर्मा जी यहाँ के वायरलेस ऑपरेटर हैं और बरेली के रहनेवाले हैं- काफ़ी दिमाग़दार हैं और विज्ञान में गहरी दिलचस्पी रखते हैं। वे बहुत बातूनी हैं और मुझे जबरन सापेक्षता के सिद्धांत और कंप्यूटर वग़ैरह पर केंद्रित एक बहस में फँसा लेते हैं।

फिर वे मुझे तक़रीबन घसीटते हुए अपने टेंट में ले जाते हैं और तफ़सील में बताते हैं कि उनकी मशीन किस तरह काम करती है। जल्द ही वे अपनी शिक्षा, परिवार, कैरियर इत्यादि के बारे में उसी उत्साह से बताने लगते हैं जिसका प्रदर्शन बीदांग के आई.टी.बी.पी. कमांडेंट ने उस रात किया था। मिलिटरी साइंस में पोस्ट ग्रेजुएशन के बाद फ़िलहाल वे दस सालों से इस सरकारी नौकरी में हैं और ख़ुश हैं...

मैं कुछ बहाना बनाकर दुम दबाए कुत्ते जैसा उनके तंबू से बाहर निकल पाता हूँ। सबीने जर्मन में नोट्स लिखने में तल्लीन है। मुझे अक्सर यह जिज्ञासा होती है कि वह क्या लिखती होगी- अपने चश्मेदार चेहरे पर ऐसा विचारमग्न भाव लिए हुए। क्या मैं कभी भी उसके लिखे को पढ़ सकने में सक्षम हो पाऊँगा!

मैं भी अपनी डायरी निकाल लेता हूँ।

कल सुबह हम कुटी के लिए रवाना होंगे।

जौलिंगकौंग से कुटी और रास्ते में हिमालय का समुद्र

जौलिंगकौंग से निकलते-निकलते हमें बारह बज गया है। जौलिंगकौंग छोड़ते हुए मैं किसी छोटी-मोटी फ़तह की धुँधलाई प्रसन्नता में एक दफ़ा पलटकर सिन-ला पर निगाह डालता हूँ। जीवन में देखे गए सुंदरतम लैंडस्केप हैं ये!

कुटी के रास्ते में हमें विचित्र भूगर्भीय संरचनाएँ नज़र आती हैं– ये पुराकालीन टैथीज़ महासागर के अवशेष हैं। चट्टानें मुझे कुरासाओ द्वीप में देखे समुद्रतटों की याद दिलाती हैं। वे खुरदरी हैं और उनमें तमाम फ़ॉसिल्स धँसे हुए हैं। मैं आँखें बंद करता हूँ और कल्पना करता हूँ कि कुरासाओ की समुद्री गुफा बोका ताब्ला के सम्मुख खड़ा हूँ। एक संक्षिप्त क्षण को मुझे वह असंभव जादू घटता हुआ भी महसूस होता है।

विशाल लहरों की सुदूर ध्वनियाँ सुनाई देती हैं और मैं प्रस्तरयुग से पहले की सड़ी मछलियों की बदबू तक सूँघ पा रहा हूँ। मेरा दिमाग़ मार्केज़ के उपन्यासों सरीखी जादुई छवियों से अट जाता है जिनमें तमाम सूख चुके महासागरों की स्मृतियाँ हैं। मुझे एक पल को लगता है मैं इस दुनिया में ही नहीं हूँ।

सब इतनी तेज़ी और संक्षिप्तता के साथ हुआ है कि मैं हक्का-बक्का हूँ।

हम कोशिश करते हैं कि कुछ फ़ॉसिल्स स्मृति के वास्ते अपने साथ रख लें लेकिन वे बेहद मजबूती के साथ चट्टानों में खुभे हुए हैं। उन्हें निकाल पाने के लिए छैनी-हथौड़ी की ज़रूरत पड़ेगी। इसी सूखे समुद्रतट का रास्ता कुछ देर साथ चलता है। इस संपूर्ण बंजर इलाक़े में हमें अचानक एक बौना-सा भोजपत्र का वृक्ष दिखता है।

"तुम्हें अहसास है, चोको।" सबीने पूछती है, "पिछले तीन दिनों में हमने यह पहला पेड़ देखा है।"

मैं तुरंत इस बौने गाँठदार पेड़ के तने को ग़ौर से देखने लगता हूँ।

जौलिंगकौंग से कुटी के बीच के चौदह किलोमीटर के फ़ासले के दौरान कोई भी, किसी भी तरह की बस्ती नहीं है। चाय की एक दुकान तक नहीं। रास्ते में कई जगह भूस्खलन हुआ है। इनमें से कई ताज़े लग रहे हैं। और अब पेड़ हैं– काफ़ी सारे। हम कुटी यांग्ती की बग़ल-बग़ल चल रहे हैं। लैंडस्केप थोड़ा-सा घुमावदार होने लगा है– दोनों तरफ़ विशाल पर्वत हैं। नदी अब भी शांत बहती जाती है।

जौलिंगकौंग के दो ख़ुशनुमा दिनों ने हमारी थकान काफ़ी हद तक दूर कर दी है। दो स्थानीय लोग नज़र आते हैं– यानी हम कुटी पहुँचने को हैं। दोनों लोग जयसिंह के पास जाकर हमारे बारे में सवाल करते हैं। मुझे यह जानकर हँसी में फूट पड़ने की इच्छा होती है कि वे मुझे भी फ़िरंगी समझे हुए हैं।

व्याँस घाटी में सबसे ज़्यादा ऊँचाई पर स्थित गाँव है कुटी। कुटी जब आपके सामने आता है वह उतना नाटकीय तरीक़े से हतप्रभ कर देने वाला सुंदर नहीं होता जितना दारमा घाटी का बालिंग गाँव। अलबत्ता छतों के ठीक सामने दो विशालकाय पहाड़ हैं। इन्हें देखकर पीठ के बल लेटे दो बूढ़े और प्राचीन रोमन योद्धाओं की छवि उभरती है। उनकी आँखें बंद हैं और वे एक-दूसरे की उपस्थिति से बेपरवाह हैं।

कुमाऊँ मंडल विकास निगम का कैंप गाँव के प्रवेश पर अवस्थित है। हम क़रीब पाँच बजे वहाँ पहुँचे हैं। वही दो इगलू, वही तीन लोगों का स्टाफ़– एक मैनेजर, एक कुक और एक वायरलेस ऑपरेटर। तीनों ताश खेलने में मगन हैं और हमें आता हुआ देख चुकने के बाद भी बहुत बेरुख़ी दिखलाते हैं।

मुझे तीन बार अपनी उपस्थिति जतानी होती है तब जाकर उनमें से एक बेमन से उठता है और हमें इगलू का रास्ता दिखाता है। जब मैं उसे बतलाता हूँ कि हम जौलिंगकौंग से आ रहे हैं, उसके व्यवहार में अचानक बदलाव आ जाता है।

"ओ! सो यू आर मिस्टर पांडे? कल रात शर्माजी ने मुझे वायरलेस किया था। तुमूंल पैली किलै नी बताय? (आपने पहले क्यों नहीं बताया)।"

वह तीन भाषाओं में तीन वाक्य बोलता है– क्रमशः अँग्रेज़ी, हिंदी और कुमाऊनी में।

"वन मोर ब्रदर फ़ॉर यू चोको।" सबीने मेरी टाँग खींचना शुरू करती है।

दोनों इगलू ख़ाली हैं। हम उनमें से एक चुन लेते हैं।

मैं मैनेजर से पूछता हूँ कि कुटी में आई.टी.बी.पी. की चैकपोस्ट है या नहीं। हाँ सुनने पर हम तुरंत आई.टी.बी.पी. कैंप का रुख़ करते हैं। जौलिंगकौंग जैसी घटना की पुनरावृत्ति नहीं होनी चाहिए।

आई.टी.बी.पी. कैप इन सारी घाटियों में देखा गया सबसे बड़ा है। बहुत सारे सिपाही हैं। सारे किसी-न-किसी काम में लगे हुए हैं। दस मिनट के भीतर तमाम औपचारिकताएँ पूरी हो जाती हैं और कोई भी हमें किसी तरह के उबाऊ वार्तालाप में नहीं घसीटता।

इगलू के दरवाज़े पर खटखट होती है। कोई बेहद नफ़ीस अँग्रेज़ी में कह रहा है: "मे आई डिस्टर्ब यू फ़ॉर अ व्हाइल सर?"

कुटी गाँव, शांति काकी और छागानी की खान

तीन नवयुवक हैं। उनकी पोशाकें बतला रही हैं कि वे पेशेवर ट्रैकर हैं। वे अपना परिचय देते हैं– महाराष्ट्र से आए कोई दर्ज़न भर ट्रैकर्स के टीम लीडर्स हैं। उनके चेहरों पर एक ख़ास तरह की चमक है। उनकी दाढ़ियाँ हफ़्ते भर से बग़ैर हजामत के आवारा उगी हुई हैं। इससे वे और भी ज़्यादा जोशीले और मज़बूत नज़र आ रहे हैं।

"हमें किसी ने बताया आप लोग दारमा से आ रहे हैं। तो... आप ने सिन-ला पार कर लिया?" उनमें सबसे बड़ा नज़र आ रहा युवक विनम्रता से पूछता है। जब मैंने हाँ में जवाब दिया तो वह हमारी माउंटेनियरिंग गीयर देखने की इच्छा प्रकट करता है। मैं उसे बताता हूँ कि हमारे पास ऐसी कोई चीज़ नहीं है। लग नहीं रहा उसे मेरी बात पर यक़ीन आया है। वह चाहता है कि वह हमारी रस्सियाँ, हार्नेसेज़, कैराबाइनर्स, बर्फ़ काटने की कुल्हाड़ियाँ वग़ैरह देखे। मैं उसे तहज़ीब से बतलाता हूँ कि मैंने सच कहा था।

"चलिए, ठीक है।" वह कुछ पल सोचकर कहता है- "क्या मैं आप लोगों के बूट्स पर निगाह डाल सकता हूँ?"

मैं तुरंत झुकता हूँ और अपने वॉकिंग शूज़ खोलना शुरू करता हूँ।

"नहीं, मेरा मतलब है जिन बूट्स से आपने एक्सपिडीशन पूरा किया था।"

अभियान! मैं नहीं समझता हमारे दुस्साहसभरे कृत्य को 'अभियान' कहा जा सकता है।

"मैंने यही जूते पहन के सिन-ला पार किया था भाई। और मेरे पास बस यही जोड़ी है।"

वह सवालिया निगाहों से मुझे देखता है और मुझे पक्का यक़ीन है अब वह मुझ पर ज़रा भी भरोसा नहीं कर रहा।

"आप लोग भीतर क्यों नहीं आते। एक चाय हो जाए।"

इगलू के भीतर आकर वे बहुत क़रीब से हमारे तीन मासूम दिख रहे बैग्ज़ को देखते हैं। उनकी आँखें किसी जासूस की तरह हमारे बड़े रक्सैक्स और बाक़ी उपकरण तलाश रही हैं जिन्हें शायद हमने कहीं छिपा दिया है।

चाय पीने के दरम्यान हुई बातों के बाद ऐसा लग रहा है उन्हें हमारी बातों पर थोड़ा-बहुत भरोसा हो गया है।

"हम सुबह रास्ते की टोह लेने जौलिंगकौंग गए थे लेकिन इधर की तरफ़ जितनी बर्फ़ है उसे देखकर सिन-ला चढ़ना तो नामुमकिन लगता है। आपसे मिलना चाहते थे पर तब आप लोग सो रहे थे... बहुत मुश्किल रहा होगा न?"

मैं सबीने की तरफ़ निगाह डालता हूँ, जो निश्छल तरीक़े से मुस्कुराती है और ट्रैकरों के मुखिया से मुख़ातिब होकर कहती है "हाँ, थोड़ा मुश्किल था।"

कुटी गाँव के मकानों की छतें मिट्टी से ढकी हुई हैं। बहुत अधिक लोग नज़र नहीं आते। शानदार नक़्क़ाशी वाले दरवाजों पर उदास ताले लगे हुए हैं। गुंजी गाँव के कुछ मकानों को छोड़ दिया जाए तो मुझे नहीं लगता इन घाटियों में हमने इतने अच्छे घर और कहीं देखे हैं। शांति काकी का घर ढूँढने में अधिक समय नहीं लगता।

जौलिंगकौंग में जो तीन बहनें हमें मिली थीं उन्होंने हमसे बार-बार आग्रह किया था कि हम कुटी गाँव की शांति काकी से अवश्य मिलें जिनका पूरे इलाक़े में बड़ा प्रभाव है।

वे सत्तर के आस-पास की हैं। उनके व्यक्तित्व में एक नैसर्गिक दर्प है। हम उनके साथ आवश्यकता से अधिक विनम्र होकर बात करने की कोशिश करते हैं। उनके चेहरे का भाव हर उस चीज़ को अस्वीकार करता है जिसके बारे में वे नहीं जानतीं। वे हमारे प्रति एक स्पष्ट लेकिन निश्छल उपेक्षा से भरा व्यवहार करती हैं। गाँव और उसके इतिहास को लेकर जिस तरह के हलके-फुल्के सवाल मैं उनसे पूछ पाता हूँ वे उनके वैसे ही उड़ते हुए से उत्तर भी देती हैं। वे बहुत व्यस्त होने का दिखावा करती हैं और बहुत ही सूखे लहजे में

हमसे कहती हैं कि हम लोग शाम को उनके घर आएँ जब उनके पति के भाई भी आने वाले हैं।

थोड़ा निराश होकर उनके घर से बाहर निकलते हैं। उनके आँगन में हमें एक बूढ़ा आदमी नज़र आता है जो सूखे हुए मांस की मालाएँ धूप में सुखाने के लिए टाँग रहा है। मैं उस से नमक की मिथकीय खान अर्थात छागानी का रास्ता पूछता हूँ। वह हमें थोड़ी देर संदेह की निगाह से देखता है और ढेर सारे सवाल पूछता है। हमारी बातों और हमारे उद्देश्य की बाबत सुनिश्चित हो जाने के बाद ही वह हमें रास्ता बताता है।

"ठहरो!" सबीने की तरफ़ देखता हुआ वह कहता है- "यहाँ खेतों के बीच एक छोटी-सी पहाड़ी पर पांडव स्येरा नाम की एक जगह है। उसमें आपकी दिलचस्पी हो सकती है। जब पांडवों को देशनिकाला मिला था तब वे यहाँ आए थे। लेकिन... वहाँ औरतों का जाना निषिद्ध है। सो आप पक्का कर लें कि जब भी वहाँ जाएँ अकेले ही जाएँ।"

थोड़ा आगे चलकर रास्ता दो हिस्सों में बंट जाता है। दुर्भाग्यवश मैं ग़लत रास्ता पकड़ लेता हूँ और हम पाते हैं कि एक घंटा चलने के बाद हम भटक गए हैं। मुझे उम्मीद है कि सबीने चिल्लाकर कुछ कहेगी लेकिन ऐसा नहीं होता और हम नीचे उतर कर दोबारा दूसरे रास्ते पर चढ़ना शुरू करते हैं।

छागानी कुटी से क़रीब दो किलोमीटर की दूरी पर है। यह नमक की किसी खान जैसी ही दिखाई देती है। चट्टानों का रंग गंधक की रंगत वाला पीला है जबकि धरती पर गंदले-सफ़ेद कंकड़ बिखरे हुए हैं। वे नमक की डलियों के आलावा तिब्बती याक के दूध से बने पनीर, जिसे छिरबी कहा जाता है, के टुकड़ों जैसे भी दिखाई दे रहे हैं।

क़रीब पाँच बजे हम लोग वापस गाँव के प्रवेश द्वार पर हैं। सामने देखने पर आपको हरे खेतों का एक विशाल विस्तार नज़र आता है। खेतों के एक सुदूर कोने पर एक छोटी-सी पहाड़ी है जिसके ऊपर पत्थर के कुछ ढेर दिखाई देते हैं। यह पांडव स्येरा है।

हमें उम्मीद नहीं थी लेकिन शांति काकी के घर पर इस दफ़ा हमारा बाक़ायदा स्वागत होता है हालाँकि अब भी हम खासे सहमे हुए हैं।

उनके पति के बड़े भाई यानी उनके जेठ शानदार व्यक्तित्व के स्वामी

निकलते हैं। उनकी घनी सफ़ेद मूँछें हैं और आँखें बच्चों जैसी मासूम। श्रीमान देव सिंह कुटियाल की स्मृति आश्चर्यजनक है और हम उनके साथ क़रीब तीन घंटे बैठे रहते हैं। वे हमें कुटी से जुड़ी अनेक दिलचस्प कहानियों और परंपराओं से अवगत कराते हैं।

माता कुंती, पांडव और कुटी के वेद व्यास

छिहत्तर साल के कुटियाल जी सारी व्याँस घाटी में एक विख्यात धामी के रूप में जाने जाते हैं। धामी स्थानीय धार्मिक, चिकित्सकीय व आनुष्ठानिक विशेषज्ञ होते हैं। धामी बनने के लिए व्यक्ति के भीतर कुछ परामानवीय शक्तियों का होना अनिवार्य है। वर्ष 1950 में देव सिंह कुटियाल जी को भान हुआ था कि उनके कुलदेवताओं ने उन्हें धामी बनने हेतु आवश्यक शक्तियों से लैस करके धरती पर भेजा है। कैलाश-मानसरोवर की अपनी पहली यात्रा के बाद उनका यह विश्वास और भी दृढ़ हो गया। वे अब तक दस बार कैलाश-मानसरोवर की यात्रा कर चुके हैं। रं समाज में यह मान्यता है कि ग्यारह, तेरह या पंद्रह बार इस यात्रा को कर लेने के बाद मनुष्य मोक्ष प्राप्ति का अधिकारी बन जाता है।

अपनी इन परामानवीय शक्तियों के माध्यम से वे अपने जीवनकाल में असंख्य लोगों का उपचार कर चुके हैं। रोगी को दवा बताने के लिए उन्हें बस एक बार उसकी नब्ज़ को महसूस भर करना होता है। विशिष्ट अवसरों पर वे देवताओं को अपने भीतर प्रविष्ट होने देते हैं। ऐसा होने पर वे आवेशित हो जाते हैं। इस आवेशावस्था में होने की उन्हें कोई स्मृति नहीं बचती। ऐसे में उनके मुख से निकले हुए हर वचन को ग्रामवासी देवताओं का आदेश मानते हैं।

आस-पास के संसार को लेकर कहने के लिए उनके पास अनेक दिलचस्प बातें हैं। वे कहते हैं कि अमूमन देवताओं का अपना कोई बँधा-बँधाया इलाक़ा नहीं होता। उन्हें राक्षसों के साथ ही रहना होता है। कुटी ग्राम सभा के विशाल मैदान में होने वाली वार्षिक पूजा के समय उन्होंने अपनी असाधारण शक्तियों के बल पर देवताओं और राक्षसों को भी वैसे ही उत्साह से हिस्सेदारी करते हुए देखा है जैसे आम लोग किया करते हैं। ग्रामीण जन सभा के बीच में बैठे होते

हैं। बड़े राक्षस उनके पीछे बैठे होते हैं जबकि वरिष्ठ देवतागण आगे स्थान ग्रहण करते हैं। ये सभी उत्तर दिशा की तरफ़ मुँह किए होते हैं। राक्षसों के लिए अलग से पूजाएँ किए जाने का प्रावधान है।

कुटियाल जी ने कुटी गाँव में होने वाली हर पूजा में ज्यूंती गलंदी नाम के एक शक्तिशाली राक्षस को आया हुआ देखा है। चौंदास घाटी का रहने वाला ज्यूंती देवताओं से भी अधिक शक्तिसंपन्न माना जाता है। उसके माथे पर बाकायदा एक अर्ध-चंद्र सुसज्जित रहता है।

अपने जीवनकाल में कुटियाल जी ने अनेक अविश्वसनीय कारनामों को अंजाम दिया है। इनमें सबसे ताजा कारनामा इसी वर्ष घटा है। निरंतर हो रही बारिशों की वजह से इस साल का एक बड़ा अनुष्ठान बाधित होने की आशंका थी। आने वाले कुछ दिनों में बारिश के थमने के कोई आसार नहीं थे। ऐसे में देव सिंह कुटियाल जी ने अपनी दैवीय शक्तियों के साथ हस्तक्षेप किया और गाँव की देवी कुंती को विशेष पूजा-आराधना अर्पित की। प्रसन्न होकर कुंती माता ने उन्हें पाँच सूखे दिनों की मोहलत देना स्वीकार कर लिया।

उनके द्वारा कुंती का नाम लिए जाने से मेरे मन में उत्सुकता जाग जाती है क्योंकि कुछ ही समय पहले मैंने पांडव स्येरा का नाम भी सुना है। मैं उनसे पूछता हूँ कि कुटी गाँव का महाभारत के साथ क्या संबंध है।

"हाँ! उस भयंकर युद्ध के बाद दुखी पांडव भाई कुटी आए और अपनी अंतिम यात्रा पर निकलने से पहले उन्होंने यहाँ अपना महल बनाया। उनके साथ उनकी माता कुंती, उनकी पत्नी द्रौपदी और उनका कुत्ता भी साथ आया था।" वे बताना शुरू करते हैं।

कथा है कि पाँचों भाइयों में सबसे अधिक धर्मपरायण और पवित्र माने जाने युधिष्ठिर सबके आगे-आगे चल रहे थे जब अचानक उन्होंने स्वर्ग की दिशा में उड़ जाने का फ़ैसला किया। बाक़ी भाइयों ने भी वैसा ही करने की कोशिश की लेकिन ऐसा होने से पहले गंधर्व योद्धाओं ने उनका कड़ा इम्तहान लिया। अर्जुन और भीम ने पूर्व और पश्चिम की दिशाओं में अलग-अलग जाकर उनका पीछा कर उन्हें खदेड़ा।

"आपने उस पहाड़ को ग़ौर से देखा होगा जिसके नीचे हमारा गाँव बसा हुआ है। उसके बीचो-बीच लाल रंग की धारियाँ हैं। ये धारियाँ गंधर्वों के रक्त से

बनी थीं।" कुटियाल जी बताते हैं।

चिंताग्रस्त कुंती ने अपने दो अन्य बेटों और बहू से कहा कि वे जाकर देखें कि हो क्या रहा है। वे तीनों भी लौटकर नहीं आए। कुछ समय बाद जब कुंती को अहसास हुआ कि वे अकेली रह गई हैं उन्होंने देवताओं से अनुरोध किया कि वे उन्हें अमरत्व प्रदान करें। देवताओं ने उसी पर्वत की चोटी पर उनकी मूर्ति स्थापित कर दी। तभी से माता कुंती को कुटी गाँव की देवी के रूप में पूजा जाता है।

जब मैं उनसे उनके गाँव के उद्गम के बारे में पूछता हूँ वे हमें एक और लोकगाथा सुनाते हैं। यह लोकगाथा 'महाभारत' के लेखक वेद व्यास के बारे में है।

इस गाथा के अनुसार वेद व्यास सबसे पहले कुटी में आ कर बसे थे।

पहले पूर्वजों को लेकर सभी रं गाथाओं में एक दिलचस्प तत्व है। यह पहला मिथकीय पूर्वज बसने के लिए उपयुक्त स्थान की खोज कर रहा एक यात्री हुआ करता था। उसके पास हमेशा एक तराज़ू भी होता था। वह इस तराज़ू के एक पलड़े में मुट्ठी भर सोना रखता और अपनी पूरी यात्रा के दौरान पड़ने वाली जगहों की मुट्ठी भर मिट्टी दूसरे पलड़े में। जहाँ भी दोनों का भार एक होता, वह वहीं बस जाता। बताया जाता है वेद व्यास के साथ भी कुटी में यही हुआ।

इसके बाद कुटियाल जी वेद व्यास और बागेश्वर के रहने वाले एक निर्धन ब्राह्मण की एक लंबी कथा सुनाते हैं। बाद में हमें यह बता चुकने के बाद कि पांडव किस तरह कुटी पहुँचे थे, कुटियाल जी घोषणा करते हैं कि कुटी के वेद व्यास जी के नाम पर ही घाटी का नाम व्याँस पड़ा है।

यह पूरा वार्तालाप बेहद दिलचस्प, ज्ञानवर्धक और मनोरंजक रहा है। हम उन्हें धन्यवाद कहते हैं और जाने की तैयारी करने लगते हैं। तभी शांति काकी कहती हैं कि हमें रात के खाने के लिए ठहरना चाहिए। हमें सुखद आश्चर्य होता है कि उनका मूड और हमारे प्रति उनका रवैया बदल गया है।

इसके अलावा देव सिंह कुटियाल जी ने कुटी की राठों और देवताओं के बारे में हमें जो सूचनाएँ दी हैं मैं उन्हें डायरी में नोट करता जाता हूँ– कुटियालों के परिवार यरपा और पंग्पा दो समूहों में वर्गीकृत किए गए हैं। पंग्पा समूह में तुम्पदी

लामा, वेचिम, च्युंगच्यू, चिनचिन, पीकूलामा और बरचिम राठें सम्मिलित हैं जबकि यरपा के अंतर्गत यल्लो, पंग्लो, यरच्यल, खर्पा और चित्कपा राठें आती हैं।

कुटी के प्रमुख देवताओं में माता कुंती के अलावा जगतगुरु, कल्यागंज, कलिकाका, शिलदंग्दू, गुलच, मापंग, गबला और खरसै प्रमुख हैं।

इन सबके अलावा कुटी के धार्मिक विश्वासों में पत्थर के एक शिवलिंग का बहुत बड़ा महत्त्व है जिसे स्थानीय बोली में श्यबजेकलिन कहते हैं। जनश्रुति है कि स्वयं भगवान शिव ने श्यबजेकलिन कुटी के निवासियों को प्रदान किया था। कुछ लोग यह भी मानते हैं कि यह सीधा स्वर्ग से यहाँ पहुँचा था।

मूल रूप से श्यबजेकलिन के दो हिस्से थे लेकिन कुटी के हिस्से में उनमें से एक ही आया क्योंकि दूसरा दुष्ट शक्तियों द्वारा छीन लिया गया। स्थानीय लामाओं ने इस दूसरे हिस्से को वापस लाने के अनेक असफल प्रयास किए हैं।

श्यबजेकलिन का मिथक

दैवीय शक्तियों द्वारा कुटी को प्रदत्त यह सबसे पवित्र वस्तु मानी जाती है जिसके सम्मान में हर साल कुटी में एक उत्सव आयोजित होता है।

कथा है कि बिल्कुल आरंभ में श्यबजेकलिन को श्यंग-सै के थान के समीप मुख्य वेदी पर रखा रहता था। घाटी के अन्य समस्त गाँवों के लोग उसकी महिमा से परिचित थे और कुटी में उसका होना उनके लिए आदर और ईर्ष्या का विषय था। एक बार किसी और गाँव के एक लामा ने उसे वहाँ से चुराकर ले जाना चाहा। वह उसे थोड़ी दूर तक ले जा पाने में सफल भी हुआ। जब कुटी के लामाओं को इस चोरी का पता लगा उन्होंने गाँव के सभी लोगों को इकट्ठा कर अपनी परामानवीय शक्तियों का प्रदर्शन करना शुरू किया। इसके परिणामस्वरूप श्यबजेकलिन इतना भारी हो गया की उसे आगे ले जा सकना असंभव था। बाद में चोरों ने श्यबजेकलिन को एक याक की पीठ पर लादकर ले जाने की कोशिश की लेकिन दुर्भाग्यशाली याक की रीढ़ ही टूट गई। उन लोगों के पास इसके सिवा कोई विकल्प नहीं बचा था कि श्यबजेकलिन को गुंजी और नाबी गाँवों के बीच च्यरम झारा नामक जगह पर छोड़कर चले जाएँ।

यह सुनिश्चित करने के बाद कि और अधिक हानि न हो, कुटी के

लामाओं ने आदेश दिया कि एक नौ-वर्षीय बालक को च्यरम झारा भेजा जाए। श्यबजेकलिन को अपनी पीठ पर लादे यह नन्हा बालक च्यरम झारा से कुटी तक की चौदह किलोमीटर की दूरी आसानी से पार कर आया। इसके बाद कुटी के निवासियों ने तय किया कि श्यबजेकलिन की सुरक्षा गाँव के लिए सबसे महत्त्वपूर्ण है और गाँव के एक-एक परिवार को उसकी सुरक्षा की ज़िम्मेदारी लेनी होगी। तब से हर वर्ष श्यबजेकलिन को एक साल के लिए एक परिवार को सौंपा जाता है।

कुटी में क़रीब सौ परिवार रहते हैं। इसका अर्थ हुआ कि एक परिवार को एक शताब्दी में एक ही बार यह जिम्मा सँभालने का अवसर मिलता है। एक जीवनकाल में एक बार घटने वाला यह महत्त्वपूर्ण अनुष्ठान हर वर्ष एक नियत दिन संपन्न किया जाता है।

पवित्र श्यबजेकलिन को बहुत कम लोगों के द्वारा देखा गया है।

मैं सबीने से कहता हूँ कि रं सभ्यता के बारे में जितना ज्ञान देव सिंह कुटियाल जी को है, उसे देखते हुए मैं उन्हें वेद व्यास से कम नहीं समझ रहा। रात के खाने के बाद हम देव सिंह कुटियाल जी से अगली सुबह मिलने का वायदा करते हैं। शांति काकी ने हमें नाश्ते का न्यौता भी दे दिया है।

कुटी गाँव का पांडव स्येरा, जयराज और भोजपत्र का जंगल

कोई तीन सौ साल पहले कुटी गाँव अपनी वर्तमान स्थिति से थोड़ा ऊपर की तरफ़ च्यमल्ती नाम की जगह पर अवस्थित था। सारे रं गावों में कुटी का अपना अलग महत्त्व और महात्म्य माना जाता रहा है। क़रीब साढ़े बारह हजार फ़ीट की ऊँचाई पर बसे इस ख़ूबसूरत गाँव में तैंतीस करोड़ देवी-देवताओं का वास बताया गया है। इस गाँव के बाशिंदे कुटियाल कहलाते हैं और कुंती के अलावा स्थानीय देवताओं जैसे गुलच, मापंग और मुजी प्या की पूजा करते हैं। गबला, स्यंगसै और न्युंगटांग जैसे देवी-देवता समूची व्याँस घाटी के आराध्य हैं।

यहाँ के धामियों और लामाओं की चमत्कारिक मानवेतर शक्तियों के बारे में स्थानीय लोग बहुत उत्साह से बातें करते हैं। पिछली यात्रा में धारचूला में रहने वाले एक कुटियाल जी ने मुझे शौक्पो लामा की हैरतअंगेज़ कथा सुनाई थी।

शौक्पो लामा पक्षियों की तरह उड़ना जानते थे। उनके सबसे पक्के दोस्त एक और पहुँचे हुए प्रख्यात लामा थे जिनका नाम था त्यिंद लामा। त्यिंद लामा व्याँस घाटी के सबसे निचले गाँव बूदी के रहने वाले थे। आगे जाकर हमें उनकी कहानियाँ सुनने को मिलेंगी। घाटी के विस्तार में हर शाम किसी निश्चित जगह पर दोनों दोस्त मिला करते थे। शौक्पो लामा के पास इच्छानुसार मौसम बदल सकने की शक्ति थी। पाँच मिनट के भीतर वे तपती धूप को बर्फ़बारी में तब्दील कर सकते थे। धारचूला वाले कुटियाल जी बताते थे कि उनके दादाजी ने शौक्पो लामा को देखा था। दादा जी के मुताबिक़ जब भी शौक्पो लामा अपनी बाँहें पसारते, पंखों के फर्र से खुलने की आवाज़ आया करती थी। शौक्पो लामा की असमय मृत्यु के बाद दरजे लामा उनके उत्तराधिकारी बने। यह और बात है कि दैवीय शक्तियों के मामले में दरजे लामा शौक्पो लामा के सामने कहीं नहीं ठहरते थे।

जिस यक़ीन और आत्मविश्वास के साथ ये कथाएँ सुनाई जाती हैं, उनसे मुझे हमेशा बड़ी हैरत हुई है।

चार्ल्स ए. शेरिंग ने इन घाटियों के बारे में लिखा है- "इन ख़ूबसूरत वादियों में अब भी जीवन का रूमान और कविता बचे हुए हैं; हर पेड़ का अपना देवता है, हर झाड़ी की अपनी आत्मा।"

यहाँ मुझे शेरिंग के बारे में थोड़ा बहुत बताना ज़रूरी लगता है। बीसवीं शताब्दी के शुरुआती वर्षों में डिप्टी कमिश्नर रहे चार्ल्स ए. शेरिंग ने रं घाटियों की विस्तृत यात्रा की थी और अपने अनुभवों को अपनी महत्त्वपूर्ण पुस्तक 'वेस्टर्न तिब्बत एंड ब्रिटिश बॉर्डरलैंड' में दर्ज किया था। यह पुस्तक 1906 में लंदन के एडवर्ड आर्नल्ड प्रकाशन से छपी थी। शेरिंग ने रं समाज की परंपरा, सामाजिक ताने-बाने और धार्मिक अनुष्ठानों का विस्तृत वर्णन करने के साथ ही क्षेत्र की अर्थव्यवस्था और अन्य पहलुओं पर भी अपनी निगाह डाली है। इन घाटियों की प्राकृतिक सुंदरता और इन में रहनेवाले लोगों की जीवंतता से सम्मोहित शेरिंग लिखता है–

'हम स्त्रियों के बीच हैं जो कुछ-कुछ जापानियों जैसी हैं, वे हर बात पर और हर किसी पर हँसती हैं। वे हड़बड़ी में शर्मा कर कहीं छिपने की कोशिश नहीं करतीं, न ही दक्षिणवासियों की तरह अपने चेहरे पर पर्दा करती हैं: हम प्रार्थना-ध्वजों, देवस्थलों और प्रार्थनाओं के प्रतीक काष्ठ-खंभों के देश में हैं जहाँ पत्थरों की ढेरियों को देखकर बुरी आत्माएँ भाग जाती हैं, जहाँ पुरुष सीटियाँ बजाकर भेड़ों को क़ाबू करते हैं और बकरियाँ अपने कंधों पर बहुमूल्य सामान लादे चलती हैं, जहाँ छींकते हुए खच्चर और गधे हैं, जहाँ निचली पहाड़ियों के बैलों का स्थान याक और झुप्पू जैसे पशुओं ने लिया हुआ है। यह एक अनजाना देश है जो पहली निगाह में आपको सम्मोहित कर लेता है और जिसके लिए आपके भीतर एक ऐसा आकर्षण पैदा हो जाता है जो कभी बूढ़ा नहीं होता।'

शेरिंग एक जगह यह भी लिखता है- 'भोटिया (तमाम इतिहासकारों ने रं जाति को इसी ग़लत नाम से संबोधित किया है) लोग एक मेहनती और व्यावहारिक समुदाय के हिस्से हैं। वे हमेशा काम करते रहते हैं– चाहे स्त्रियाँ हों चाहे पुरुष, और अपने फ़ुर्सत के क्षणों में बुनाई-कताई के लिए ऊन कातते रहते हैं और अपने सभी कार्यों के प्रति बेहद स्पष्ट और समर्थ होते हैं।'

‘वेस्टर्न तिब्बत एंड ब्रिटिश बॉर्डरलैंड’ का उपशीर्षक है– ‘द सेक्रेड कंट्री ऑफ़ हिंदूज एंड बुद्धिस्ट्स विद एन अकाउंट ऑफ़ द गवर्नमेंट, रिलीजन एंड द कस्टम्स ऑफ़ इट्स पीपल’। यह किताब वर्तमान पिथौरागढ़ जिले की धारचूला तहसील की व्यॉंस घाटी से होकर तकलाकोट में चलने वाले तिब्बत-भारत व्यापार के रास्ते भर के विस्तृत विवरण प्रस्तुत करती ही है, इसमें तत्कालीन तिब्बत के पश्चिमी इलाक़ों की शासन प्रणाली का भी ब्यौरा उपलब्ध कराया गया है। पुस्तक की शुरुआत में असकोट में रहने वाले वनराजियों पर एक महत्त्वपूर्ण अध्याय है जिसमें अनेक दुर्लभ तस्वीरें भी प्रकाशित हैं। अपने धार्मिक महात्म्य की वजह से पवित्र माने जाने वाले पूरे इलाक़े पर एक और अध्याय है जबकि रं सभ्यता और उसकी सांस्कृतिक, धार्मिक परंपराओं को विस्तार में वर्णित करते पाँच अध्याय हैं। ये पाँच अध्याय हमको आज से एक शताब्दी पूर्व से भी पहले के समय में इस अर्ध-घुमंतू रं समुदाय के जीवन की बारीकियों को बहुत विस्तार से परिचित करवाते हैं।

रं घाटियों से तिब्बत व्यापार के मार्ग का ब्यौरा देने के बाद शेरिंग हमें तकलाकोट और ज्ञानिमा मंडियों के दृश्य तो दिखलाते ही हैं, वहाँ के आधिकारिक नियम-क़ानून वग़ैरह से भी परिचित करवाते चलते हैं। तिब्बत के धर्म और शासन के बारे में भी एक अलग अध्याय है। पवित्र कैलाश-मानसरोवर को देवताओं का वास बताते हुए ‘द अबोड ऑफ़ गॉड्स’ शीर्षक अध्याय में अनेक दुर्लभ जानकारियाँ मिलती हैं। पुस्तक में एक अध्याय चार्ल्स शेरिंग के दोस्त टी.जी. लॉन्गस्टाफ द्वारा लिखा गया है जिसमें तिब्बत के कैलाश इलाक़े में अवस्थित गुरला मांधाता पर्वत पर चढ़ाई करने के एक अभियान का वर्णन है। विषयवस्तु में इतना विस्तार होने के बावजूद इस पुस्तक को आज सबसे अधिक ख्याति उसमें वर्णित उस समय के रं समाज की जीवनशैली और धार्मिक-सामाजिक मान्यताओं की बारीकियों की वजह से मिली है। इस समाज की अनूठी परंपराओं पर शोध करने वाला हर शोधार्थी सबसे पहले जिन किताबों की शरण में जाता है, उनमें शेरिंग की ‘वेस्टर्न तिब्बत एंड ब्रिटिश बॉर्डरलैंड’ का नाम काफ़ी ऊपर आता है।

हम जल्दी उठकर सुबह आठ बजे शांति काकी के घर पहुँच जाते हैं। आज हमने धारचूला में रहने वाले अपने प्रिय मित्र, पूर्व ब्लॉक प्रमुख जवाहर सिंह

नबियाल के गाँव नाबी पहुँचने का मन बनाया है।

देव सिंह कुटियाल जी हमें गाँव दिखाने ले जाते हैं और अनेक मकानों से जुड़ी दिलचस्प कहानियाँ सुनाते हैं। उसके बाद हम साथ-साथ पांडव स्येरा की तरफ़ चलना शुरू करते हैं।

जैसी कि गाँव की परंपरा है, महिला होने की वजह से सबीने को पांडव स्येरा के मिथकीय खंडहरों को देखने जाने की इजाज़त नहीं है। सो मैं कुटियाल जी के साथ पहाड़ पर चढ़ना शुरू करता हूँ। खंडहरों को देखकर लगता है कि पांडव स्येरा एक औसत आकार की इमारत रही होगी जिसकी बुनियाद अभी भी सुरक्षित है। सलीक़े से काटे गए पत्थरों की ढेरियाँ यहाँ-वहाँ बिखरी पड़ी हैं। हम 'इमारत' के भीतर दाख़िल होते हैं। कुटियाल जी सभी कमरों के बारे में इतने आत्मविश्वास और विस्तार के साथ बताते हैं जैसे उसका निर्माण ख़ुद उन्होंने अपने हाथों से किया हो- "तो ये हुआ रहा युधिष्ठिर भगवान जी का सोने का कमरा और ये कुंती माता की रसोई। स्वर्ग जाने से पहले यहीं बैठकर बनाया था देवी माता ने अपना आख़िरी भोजन।"

ये रहे बाक़ी के शयनकक्ष, यह छोटा-सा पढ़ाई-लिखाई का कमरा, यह बैठक, यह छज्जा, ये गोदाम और यह छोटी रसोई। रसोई के भीतर एक काला पड़ा हुआ गोल पत्थर है- "यह चूल्हे की जगह हुई।" कुटियाल जी बताते हैं। पूरा इलाक़ा वीरान और बोझिल है। सबीने ने मुझे अपना कैमरा थमा दिया था– मैं कुछ तस्वीरें उतारता हूँ।

आयु हो चुकने के बावजूद देव सिंह कुटियाल जी बहुत उत्साह के साथ लगातार बातें करते रहे हैं। मैं पांडवों के किले का नक़्शा तैयार करता हूँ। ज़मीन पर एकाध छोटी चिड़ियाँ, चोंच मारती भोजन तलाश रही हैं, सूरज तेज चमक रहा है और हवा में फूलों और औषधियों की तीखी महक है। कुटियाल जी एक छोटी-सी पत्ती तोड़कर मुझे दिखाते हैं- "यह वज्रदंती है। दाँतों के इलाज में काम आती है। इस पवित्र जगह पर न जाने कितनी तरह की जड़ी-बूटियाँ उगती हैं! मुझे अपने मरीज़ों के लिए दवाइयाँ तैयार करनी होती हैं। उनके लिए इन जड़ी-बूटियों को इकट्ठा करने मैं अक्सर यहाँ आता रहता हूँ। जैसे वो देखिए वो सालमपंजा है।" वे एक पौधे की तरफ़ इशारा करते हैं- "और वो हत्थाजड़ी। बाज़ार में ये सब बहुत महँगी दवाइयाँ होती हैं। पता नहीं सरकार इनके बारे में

कुछ करती क्यों नहीं!"

जब हम नीचे पहुँचते हैं, सबीने अपनी डायरी में कुछ लिखने में मशगूल है। इस दौरान हमारा सामान लेकर जयसिंह भी पहुँच गया है। नाबी की तरफ़ प्रस्थान करने से पहले हम देव सिंह कुटियाल जी से विदा लेते हैं– उन्हें शुक्रिया कहते हैं और तस्वीरें भेजने का वायदा करते हैं।

हम अपने साथ धारचूला से थोड़ी बहुत डाक-सामग्री लेकर चले थे लेकिन वह सारी दारमा में निबट गई। तीदांग में गुमानसिंह ने हमें जो भोजपत्र की छालें दी थीं, जौलिंगकौंग में उनकी मदद से मैंने कुछ लिफ़ाफ़े बना दिए थे। उम्मीद थी कुटी के डाकख़ाने में टिकट मिल जाएँगे लेकिन संयोगवश वे वहाँ ख़त्म हो गए थे। अंतर्देशीय और पोस्टकार्ड भी नहीं मिले। जौलिंगकौंग में लिखी चिट्ठियाँ अब शायद गुंजी से ही रवाना हो सकेंगी।

कुटी छोड़ते ही सामने से आते हलकारा ज्यू दिखाई देते हैं। तीन दिन पहले वे धारचूला के पोस्ट ऑफ़िस से डाक बाँटने निकले हैं। उनका इरादा आज ही जौलिंगकौंग की चिट्ठियाँ पहुँचाकर रात वापस कुटी आ जाने का है। मैं उन्हें अपनी चिट्ठियों के बारे में बताता हूँ। "लेकर तो मैं ही जाऊँगा न!" वे हँसते हुए कहते हैं।

वे प्रस्ताव देते हैं कि हम उन्हें चिट्ठियों के लिफ़ाफ़े और डाक टिकट का पैसा दे दें। वे उन्हें अपने हाथों पोस्ट कर देंगे। उनकी बात हमें जँचती है।

ऐसी विकट ऊँचाई पर स्थित गाँवों में दशकों से चिट्ठी लाने-ले जाने की बेहतरीन सरकारी व्यवस्था बनी हुई है। गाँव की इकलौती दुकान डाकख़ाने का काम भी करती है जहाँ ज़रूरत भर के पोस्टकार्ड, अंतर्देशीय और डाकटिकट वग़ैरह मिल जाते हैं। देश-विदेश से आने वाली चिट्ठियाँ पहले गाड़ियों के माध्यम से धारचूला के मुख्य पोस्ट ऑफ़िस पहुँचती हैं जहाँ से हर रोज़ एक डाकिया चिट्ठियों का बंडल बनाकर पैदल चलना शुरू करता है। मैराथन धावकों जैसी काठी वाले ये डाकिए अमूमन स्थानीय लोग ही होते हैं और एक दिन में बीस से चालीस किलोमीटर की चढ़ाई चढ़ और उतराई उतरकर चिट्ठियों को उनके ठिकानों पर पहुँचाने का अकल्पनीय काम करते हैं। धारचूला से क़रीब 140 किलोमीटर दूर कुटी पहुँचने में उन्हें तीन से चार दिन का समय लगता है। क़िस्मत ठीक हुई तो तवाघाट तक गाड़ी मिल जाती है वरना धारचूला से ही

पूरा रास्ता पैदल। इन डाकियों को गाँवों में फ़रिश्तों की-सी इज़्ज़त मिलती है। हर घर में उनका ठिकाना होता है और लोग उन्हें हरकारा ज्यू या हलकारा ज्यू कहकर संबोधित करते हैं।

उदार हलकारा ज्यू को चिट्ठियाँ थमाकर चलने के थोड़ी ही देर बाद हमें जौलिंगकोंग वाली तीनों महिलाएँ आराम करती हुई मिल जाती हैं। इस दफ़ा उनके साथ बारह साल का एक लड़का भी है– जयराज। वे हमें देखकर ख़ुश होती हैं और खाना और च्यक्ती प्रस्तुत करती हैं। रास्ते की बग़ल में एक समतल पर बैठ हम उनके साथ एक आलीशान लंच करते हैं।

भेड़-बकरियों और खच्चरों का एक बड़ा झुंड लेकर एक व्यापारी कुटी की तरफ़ जा रहा है। पशुओं की पीठों पर आई.टी.बी.पी. और कुमाऊँ मंडल विकास निगम के कैंपों का राशन और बाक़ी सामान लदा हुआ है।

व्यापारी हमसे नमस्ते कहता है और महिलाओं के साथ बातचीत करने के लिए कुछ देर ठहर जाता है। उसके पीछे आ रहे खच्चर अटपटे तरीक़े से रास्ते के बीचो-बीच थम जाते हैं। भेड़-बकरियों की अनुशासित कतारें अभी तक उनके पीछे चली आ रही थीं। खच्चरों के थम जाने से वे अब ज़रा भी आगे नहीं जा सकतीं। पीछे से लगातार चली आ रही भेड़-बकरियों ने धीरे-धीरे एक बड़े झुंड की सूरत लेना शुरू कर दी है। रास्ता बहुत सँकरा है और हम भी सामने खड़े खच्चरों के कारण आगे नहीं बढ़ सकते।

झुंड में जितने भी नवजात हैं, बेचारे किसी तरह अचानक मच गई इस अफ़रा-तफ़री से दो-चार होने की कोशिश कर रहे हैं। यह सब हमें दिखाई दे रहा है अलबत्ता धारचूला में पिछले हफ़्ते घटी किसी घटना पर गहन मंत्रणा कर रहे व्यापारी और स्त्रियों पर इसका कोई प्रकट प्रभाव दीखता नजर नहीं आ रहा। क़रीब दस मिनट तक उनका वार्तालाप चलता रहता है। झुंड में अब और भी भेड़-बकरियाँ आ जुड़ी हैं। अच्छा ख़ासा जाम लग चुका है। रास्ते के कोनों पर जो भेड़-बकरियाँ थीं, उनके पास यही विकल्प था कि वे नीचे ढाल पर उतर जाएँ।

आधी दर्ज़न से ज़्यादा विशाल पहरेदार बकरियाँ सर उठाए शांत खड़ी हो गई हैं। वे थोड़ा चिंतित दिखाई दे रही हैं और उनकी आँखें चौकन्नी होकर इधर-उधर देख रही हैं। झुंड के सबसे आगे चल रहा झबरीला कुत्ता अपने मालिक के

पैरों पर खड़ा हो गया है। नीचे ढाल की तरफ़ उतर गई भेड़ों में कुछ काफ़ी दूर चली गई हैं और ख़तरनाक तरीक़े से नदी के पास पहुँचकर बड़े-छोटे पत्थरों पर संतुलन बनाए खड़ी हैं। इस तरह रास्ते पर चलते-चलते बिखर जाने वाले भेड़-बकरियों के झुंड को हम पहली दफ़ा नहीं देख रहे हैं। हम जानते हैं झुंड के किसी भी सदस्य के लिए चिंता करने की कोई ज़रूरत नहीं। यह रोज़मर्रा का काम है।

हमारे साथ चल रहा लड़का भयंकर बातूनी निकलता है। वह नाबी तक लगातार मेरे साथ चलता है। वह गर्ब्यांग गाँव का रहने वाला है। कुटी अपने रिश्ते के मामाओं के यहाँ आया था। आज वह नाबी में एक और रिश्तेदार के घर रहने वाला है। वह इस बात को लेकर दुखी है कि मामाओं ने उसे अकेले नहीं जाने दिया।

"मामू समझते हैं मैं अभी बच्चा हूँ।" रास्ते पर पड़े एक पत्थर को फटने को तैयार अपने जूते से ठेलता हुआ वह कहता है। "मैंने तो बीड़ी-सिगरेट भी पी रखी है और वो चीज़ भी।" वह महिलाओं के थैले में धरी च्यक्ती की बोतल के बारे में इशारे से बताता है।

मैं उसे कहना चाहता हूँ कि उसे इन सब आदतों से फ़िलहाल दूर रहना चाहिए पर वह अपनी बक-बक जारी रखता है। किताबें उसे पसंद नहीं हैं सो उसने स्कूल जाना बंद कर दिया है। बड़ा होकर वह अपने इलाक़े का सबसे बड़ा चरवाहा बनना चाहता है। मैं इसकी वजह जानना चाहता हूँ तो वह बताता है कि ज़्यादातर बड़े चरवाहों के पास ख़ूब पैसा होता है और उन्हें घूमने को बहुत मिलता है। उनमें से कुछ तो इतने अमीर हैं कि जाड़ों में काठगोदाम तक पहुँच जाते हैं जहाँ से रेल में बैठकर दिल्ली जाया जा सकता है। वह मुझसे पूछता है, "आपने रेल देखी है?" मेरे हाँ कहने पर उसकी आँखों में क्षणिक कौंध आती है और वह अपने विचारों में खो जाता है।

हम भोजपत्र के एक शानदार जंगल से होकर गुज़रते हैं– शानदार पेड़, पारदर्शी पत्तियाँ, हरी धूप और संपूर्ण निर्जनता। अचानक तारी हुए जंगल के इस तिलिस्म से जयराज भी हकबका-सा गया है और उसकी बातों पर विराम लग जाता है।

नाबी गाँव और पागल मामू

शाम के पाँच बजे हम नाबी पहुँचते हैं। यह धारचूला में रहने वाले हमारे अज़ीज़ जनाब जवाहरसिंह नबियाल का गाँव है जिन्होंने हमें यहाँ के बारे में कितनी ही कहानियाँ सुना रखी हैं।

पूरी व्याँस घाटी में यही एक गाँव है जहाँ दूर तक फैले हुए सपाट हरे खेत देखने को मिलते हैं। तमाम जल स्रोतों के चलते नाबी में खेतों के लिए पानी इफ़रात में उपलब्ध है। रं भाषा में नाबी को ङाबी कहा जाता है। यह शब्द 'ङा' और 'बी' से मिलकर बना है। ङा माने पाँच और बी माने चट्टानी पहाड़ी। तो नाबी गाँव पाँच चट्टानी पहाड़ियों की छाँह में बसा है।

नाबी के साथ एक और शब्दपद जुड़ा हुआ है– ङासा मरती यानी जल के पचास स्रोत। नाबीवासी मानते हैं कि जल के ये पचास स्रोत चट्टानी पहाड़ियों के पीछे एक झरने का निर्माण करते हैं जिसे जंग-ती-था कहा जाता है। हिमालयी ग्लेशियरों से निकलने वाले इस पानी को लोकगाथाओं में जंगती-मुलती (चाँदी और सोने जैसा पानी) का नाम मिला है। इस पानी का रखवाला गंग्या देवता है, गाँव में जिसका मंदिर भी स्थापित है।

नाबी के प्रमुख देवताओं में ह्या गबला, थकपंग, नमज्युंग, माबर, हिम्यी, अन्ये गुरमा और नायल मंगला शामिल हैं।

नाबी से अगर सामने दक्षिण की तरफ़ देखें तो ख़ूबसूरत रौंगकौंग गाँव दिखाई देता है। उत्तर-पूर्व और उत्तर-पश्चिम की तरफ़ देखने पर पर्वत-शृंखलाएँ दिखाई देती हैं। बिल्कुल पूर्व में दिखाई देने वाली चोटी किसी पुरुष की आकृति जैसी है और उसे ङाबी स्यंकम कहा जाता है। ङाबी स्यंकम के ऐन सामने की चोटी का नाम गुंजी स्यंकम है और उसकी आकृति किसी स्त्री जैसी है।

लोककथाओं में एक-दूसरे को देखती रहने वाली इन दोनों चोटियों को मानवीय भावनाओं से जोड़ा गया है। क़िस्सों में है कि समय बीतने के साथ ङाबी

स्यंकम को गुंजी स्यंकम की सुंदरता और शालीनता से मोहब्बत हो गई। बहुत लंबे समय तक उचित क्षण का इंतज़ार करने के बाद अंततः ङाबी स्यंकम ने गुंजी स्यंकम के सम्मुख अपने प्रेम का प्रस्ताव रख ही दिया।

गुंजी स्यंकम को यह बात ज़रा भी पसंद नहीं आई और उसने ङाबी स्यंकम को बहुत शालीनता से मना कर दिया। धृष्टता की सारी सीमाएँ पार करते हुए जब ङाबी स्यंकम ने इस पर ज़रा भी तवज्जो नहीं दी तो एक दिन क्रोध में आकर गुंजी स्यंकम ने अपने रिल से उस पर आक्रमण कर दिया। उल्लेखनीय है कि सभी रं स्त्रियाँ गलीचे वग़ैरह बुनने का काम जानती हैं। इसके लिए ताने-बाने पर वे बांस का बना एक तलवारनुमा उपकरण इस्तेमाल करती हैं जिसे रिल कहते हैं। इस आक्रमण के चलते ङाबी स्यंकम को अपनी बाईं बाँह गँवानी पड़ी। ङाबी स्यंकम का बायाँ हिस्सा गुंजी स्यंकम के इस आक्रमण की गवाही देता है।

नाबी पहुँचकर हम सबसे पहले जवाहर सिंह जी के पैतृक घर पहुँचते हैं। कुछ ही दिनों में वहाँ एक महत्त्वपूर्ण पारिवारिक पूजा होने जा रही है जिसके सिलसिले में अनेक रिश्तेदार देश के कोने-कोने से पहुँचे हुए हैं। हमारे स्वागत में च्यक्ती मंगाई जाती है और देर तक बातचीत चलती रहती है। हमारा सामान अभी आँगन में रखा हुआ है। अँधेरा घिरने लगता है तो घर के एक बुज़ुर्ग हमसे कहते हैं कि हमारे रहने का प्रबंध किन्हीं तुलाराम सिंह नबियाल की टूरिस्ट लॉज में कर दिया गया है। खाना उन्हीं के घर से लॉज में पहुँचाया जाएगा।

टूरिस्ट लॉज एक बड़ा धोखा निकलती है। गाँव की सीमा पर बने एक तिमंज़िले मकान की सबसे निचली मंज़िल की गौशाला को लीप-पोत कर उसके भीतर दो बिस्तर धर दिए गए हैं। तक़रीबन अँधेरे कमरे में मिट्टी तेल का एक दिया जलाया गया है जिसमें से रोशनी कम धुआँ ज़्यादा निकल रहा है। चूँकि यहाँ सिर्फ़ एक रात काटनी है, हम शिकायत नहीं करते और अपना सामान भीतर रखकर बाहर का रुख़ करते हैं।

सामने एक सार्वजनिक नल है जहाँ जाकर हाथ-पैर धोए जा सकते हैं। नल पर कोई दर्ज़न भर लड़कियाँ इकट्ठा हैं जिनका वहाँ आने का उद्देश्य पानी भरना नहीं दिन भर की गतिविधियों को लेकर गप्पें मारना लग रहा है। हमारे आते ही वे चुप होकर नल से दूर खड़ी हो जाती हैं। हम 'नमस्ते' कहते हैं और बग़ैर उत्तर का इंतज़ार किए अपने काम में लग जाते हैं। लौटते हुए देर तक लड़कियों

के खिलखिलाने की आवाज़ आती रहती है।

सात-सवा सात बजे जयसिंह दो थालियों में ख़ूब सारा भोजन लेकर आ जाता है। कमरे के भीतर धुआँ ही धुआँ है। हम जल्दी-जल्दी खाना निबटाकर जैसे ही अपने स्लीपिंग बैग फैलाना शुरू करते हैं, भीतर से एक दरवाज़े के खुलने की आवाज़ आती है। चौकन्ना होकर मैं अपनी आँखों को स्थिर करने की कोशिश करता हूँ। भीतर से गंदे कपड़े पहने हुए एक अजीबो-ग़रीब बूढ़ा आदमी कुछ बड़बड़ाता हुआ बाहर निकलता है और हमारी ऐन बग़ल से गुज़रकर प्रवेशद्वार की साँकल खोलता है और खुले में निकल जाता है। हमारी तरफ़ देखता तक नहीं।

यह सब इतनी तेज़ी से घटा है कि हमें किसी तरह की प्रतिक्रिया करने का अवसर तक नहीं मिला है। बूढ़े के बाहर जाने पर ही सबीने का मुँह खुलता है, "इसका मतलब टूरिस्ट लॉज में हम अकेले नहीं हैं। वी हैव गॉट अ नेबर!"

मेरी प्रतिक्रिया असमंजस और खीझ की होती है। इसके पहले कि कुछ कहूँ, बूढ़ा गला खँखारता भीतर घुसता है और फिर से हमारी बग़ल से रास्ता बनाता बिना कुछ कहे भीतर अपनी गुफा में चला जाता है। हम दरवाज़े का बंद होना और उसका हौले से बिस्तर पर ढहना सुन पाते हैं।

"मेरे ख़याल से आज कुछ ज़्यादा हो गई श्रीमान जी की!" सबीने कुछ हल्की-फुल्की बात कर कालिख से लगातार भर रहे कमरे के माहौल को बदलने की कोशिश करती है।

दरवाज़े पर खटखट होती है। जयसिंह थालियाँ वापस लेने आया है। उसके साथ एक स्थानीय ग्रामीण भी है जिसके हाथों में खीर से भरी दो कटोरियाँ हैं।

मैं झटके में बाहर आकर दोनों से उस आदमी के बारे में बात करने लगता हूँ। खीर लाने वाला मुस्कुराकर कहता है, "अरे वो तो पागल मामू हुए। बोल-सुन नहीं सकते। पता नहीं कितने सालों से अंदर वाले कमरे में रह रहे हैं। आप डरना मत बिल्कुल भी। एक़दम लाटे हुए बिचारे, बच्चों जैसे।"

पागल मामू ने रात में कई बार अंदर-बाहर किया। शुरू में बहुत तकलीफ़ हुई लेकिन फिर आदत पड़ गई। दिन भर की थकान के चलते रात के किसी पल आँख लग गई।

गुंजी, सरकारी अफ़सर और विचित्र क़िस्से

अगली सुबह जल्दी-जल्दी उठे और नाबी से कुल तीन किलोमीटर दूर गुंजी गाँव के लिए रवाना हो गए।

कोई चार दशकों के अंतराल के बाद 1992 में भारत और चीन की सरकारों ने व्याँस घाटी से होकर तिब्बत जाने वाले लिपूलेख दर्रे को व्यापार के लिए पुनः खोल दिया था। सीमा के दोनों तरफ़ मंडियाँ स्थापित की गईं। तिब्बत में यह मंडी तकलाकोट में बनाई गई जबकि भारत में इसे गुंजी में स्थापित किया गया।

शुरू के एकाध वर्षों तक तिब्बत के व्यापारी गुंजी आए ज़रूर पर जब उनके साथ भारतीय अधिकारियों ने कथित तौर पर बदसलूकी की और उनका सामान छीन लिया उन्होंने यहाँ आना बिल्कुल बंद कर दिया। रं व्यापारी अलबत्ता लगातार तकलाकोट जा रहे हैं।

इस व्यापार के सुचारु संचालन के लिए भारत सरकार ने गुंजी में तमाम दफ़्तर खोले। तमाम सैन्य और गुप्तचर संस्थाओं के कैंप भी स्थापित हुए। भारतीय सेना के अलावा यहाँ भारत तिब्बत सीमा पुलिस, रॉ, सीआईडी, पासपोर्ट अधिकारी, बैंक इत्यादि की सुविधाएँ जुटाई गईं। जरूरी काग़ज़ात से लैस होकर स्थानीय व्यापारी फिर से सदियों पुराने भारत-तिब्बत व्यापार मार्ग को आबाद कर सकते थे।

इसमें एक दिलचस्प चीज़ हुई। व्यापारियों को अपने साथ सीमित संख्या में सहायकों को लेकर जाने की भी इजाज़त है। चूँकि तकलाकोट से कैलाश-मानसरोवर की दूरी कुल पचास-साठ किलोमीटर है, इस पवित्र स्थान को देखने के इच्छुक बहुत से नौजवान पर्वतारोहियों और उत्साही यात्रियों ने जुगाड़ दस्तावेज़ों और जान-पहचान के चलते आधिकारिक रूप से किसी व्यापारी का

सहायक बन सकने में सफलता हासिल कर ली। इसके चलते बहुत से लोग भी कैलाश-मानसरोवर की यात्रा कर आए। मैं ख़ुद ऐसे तीन-चार लोगों को जानता हूँ।

हमें गाँव की सीमा में प्रवेश करता देखते ही कई तरह की चौकियों में तैनात कई तरह के सुरक्षाकर्मी चौकन्ने हो जाते हैं। हमसे कई तरह के रजिस्टरों में एंट्री कराई जाती है। यह प्रक्रिया चल ही रही थी जब ख़ासा मनहूस दिखाई देने वाला एक बुढ़ाता हुआ आदमी मुझे पहचानकर मेरे पास आता है, "मुझे नहीं पहचाना सर!"

आवाज़ सुनते ही मैं उसे पहचान जाता हूँ। वह यहाँ के पासपोर्ट दफ़्तर में तैनात एक अफ़सर है। पिछले साल हमने अक्टूबर-नवंबर के दौरान क़रीब दो हफ़्ते गुंजी में बिताए थे। तभी से मुझे उसकी याद है।

अचानक मैं देख रहा हूँ कि अलग-अलग आयु के क़रीब बीस पुरुष हमें घेरे खड़े हैं– कोई फ़ौजी है, कोई सरकारी जासूस है, कोई कस्टम वाला है। अपने घरों के इतनी दूर सरकारी नौकरी करने भेजे गए ये सारे लोग किस क़दर उदास और मनहूस बन चुके हैं। उनके जीवन में कोई रस नहीं बचा है। डिब्बाबंद मुरब्बे, पाउडर के दूध और सस्ती शराब के सहारे समय काट रहे इन लोगों के पास मनोरंजन के नाम पर रेडियो है जो सिर्फ़ नेपाली गाने पकड़ता है या स्थानीय लोगों के क़िस्से हैं।

ऐसे में कोई ख़ूबसूरत फिरंगी औरत आ जाए तो उन्होंने जैसा करना चाहिए वे वैसा ही कर रहे हैं। जासूसी डिपार्टमेंट का एक अफ़सर है जिसे थोड़ी-सी अँग्रेज़ी आती है। वह सबीने के साथ फ़िज़ूल की किसी बात पर बहस करना शुरू कर देता है। दरअसल हम लोग इस साल पिथौरागढ़ में ज़िलाधिकारी के दफ़्तर से कैमरा परमिट बनवाकर लाए हैं जिसे वह मानने को तैयार नहीं है।

पासपोर्ट अफ़सर जासूसी डिपार्टमेंट के अफ़सर से उलझ जाता है कि वह हमको पिछले साल से जानता है। हो दरअसल यह रहा है कि कम से कम बीस बौराए हुए मर्द लपलपाती नज़रों से सबीने को ताड़ रहे हैं। हमें इसकी आदत है। सबीने मुस्कुराती है। धीरे-धीरे सब ठीक हो जाता है।

गुंजी में पीडब्लूडी का एक कमरे का डाकबंगला है जिसमें कोई सरकारी अफ़सर क़ाबिज़ है। हम पिछले साल उसी में रहे थे। ठहरने की वैकल्पिक

व्यवस्था कुमाऊँ मंडल विकास निगम की टीन की छत वाली बैरकों में है, जो सरकारी कैलाश-मानसरोवर यात्रा में जाने वाले वालों के काम आती है। हम उस तरफ़ रुख़ करने को हो ही रहे थे जब पासपोर्ट अफ़सर हमें अपने पीछे आने को कहता है।

वह हमें पीडब्लूडी डाकबंगले ले जाता है। डाकबंगला अंदर से बंद है। वह दरवाज़ा खटखटाता है। हम बाहर बैठ जाते हैं और चौकीदार से गप्पें मारने लगते हैं। चौकीदार हमें पहचान जाता है और तुरंत चाय के लिए अपनी रसोई में आमंत्रित करता है। गुंजी खुले में स्थित है जिससे यहाँ दिन भर तेज़ हवाएँ चलती हैं। हवा से बचने के लिए हम उसकी रसोई में घुस जाते हैं।

थोड़ी देर बाद पासपोर्ट अफ़सर आकर कहता है कि उसने हमारे वास्ते डाकबंगला ख़ाली करा दिया है। जब तक हम गुंजी में हैं, वह उसमें रह रहे अफ़सर को अपने साथ एडजस्ट कर लेगा। यह सुनकर मैं सोचने लगता हूँ कि वह उतना भी मनहूस नहीं है। चौकीदार भी उत्साह में आ जाता है और भीतर जाकर साफ़-सफ़ाई में जुट जाता है।

इस बीच में पासपोर्ट अफ़सर ने हमारे साथ रात के खाने का कार्यक्रम भी तय कर लिया है।

काली और कुटी यांग्ती नदियों के संगम पर बसे गुंजी गाँव के पूर्व में तल्ला और मल्ला कौव्वां गाँव हैं जबकि पश्चिम की तरफ़ नाबी है। दक्षिण की तरफ़ देखने पर नपल्च्यू गाँव दिखाई देता है जबकि उत्तर की तरफ़ विशाल हिमालयी पर्वत-श्रृंखलाएँ हैं जिनके बीच अवस्थित लिपूलेख दर्रे से होकर तिब्बत जाया जा सकता है।

गुंजी से लिपूलिख जाने के लिए पहले नौ किलोमीटर दूर कालापानी और फिर कालापानी से नौ किलोमीटर आगे नाबीढांग जाना होता है। नाबीढांग से आपको ओम पर्वत के दर्शन होते हैं और यहीं से लिपूलेख का नौ किलोमीटर लंबा बेहद मुश्किल रास्ता शुरू होता है। लिपूलेख से मानसरोवर क़रीब 65 किलोमीटर की दूरी पर है।

गुंजी में हर बारह सालों में जुमली ह्या सामो नाम का एक उत्सव मनाया जाता है जिसकी कहानी इस प्रकार है–

बहुत पुराने समय में गुंजी के निवासी तिंगगोंग्पा या थुंगगोंग्पा कहलाए जाते थे। उनका निवास गुंजी के समीप दुंग्जा नाम की जगह में था। कालांतर में अम्यरचंग और अम्पच्यंग नामक दो भाई वर्तमान गुंजी में आ बसे।

वर्तमान भारत-नेपाल सीमा पर बहने वाली काली नदी के उस पार एक गाँव था जिसका नाम खा-कव्वां था। इस गाँव के प्रधान को अधिकार मिला हुआ था कि आस-पास के तमाम गाँवों से टैक्स की वसूली करे। यह टैक्स तिब्बत से लाए गए स्वर्ण के रूप में दिया जाना होता था। धीरे-धीरे यह प्रधान दुष्ट होता चला गया और उसकी क्रूरता यहाँ तक बढ़ी कि वह धरती से निकाले जाने वाले एक-एक पत्थर तक पर टैक्स वसूलने लगा। बुद्धिमान अम्यरचंग की अगुवाई में पड़ोसी गाँवों के प्रधानों ने तय किया कि खा-कव्वां के प्रधान की हत्या करनी होगी। इस योजना की भनक खा-कव्वां के प्रधान को लग गई। उसने भी अम्यरचंग को मारने के लिए एक योजना बनाई और सभी प्रधानों समेत उसे अपने गाँव एक सामूहिक पूजा के लिए आमंत्रित किया।

अपने बारह साल के मासूम बेटे को साथ लेकर अम्यरचंग पूजा में हिस्सा लेने गया। पूजा के दौरान खा-कव्वां के कुछ लोगों ने दोनों को धोखे से एकांत जगह में बुलाकर उन पर आक्रमण कर दिया। अम्यरचंग की नृशंस हत्या कर दी गई जबकि उसके बेटे ने किसी तरह लाली-थांग के खेतों में उगी घनी झाड़ियों के पीछे छिप कर अपनी जान बचाई।

जब अम्यरचंग वापस नहीं लौटा तो उसके गाँव वालों ने खा-कव्वां का रुख़ किया जहाँ जाकर उन्हें सारी बात मालूम हुई।

अम्यरचंग की मृत्यु के बाद गुंजी गाँव में एक के बाद एक दुर्भाग्यशाली घटनाएँ घटने लगीं। इससे परेशान होकर गुंजी के लोगों ने तय किया कि अम्यरचंग की हत्या का बदला लिया ही जाना होगा। उन्होंने पूरी ताक़त जुटाकर खा-कव्वां पर आक्रमण कर दिया। खा-कव्वां के निवासियों को इस आक्रमण की ख़बर पहले ही लग गई और वे पिछली ही रात अपना गाँव छोड़कर नेपाल के जुमला गाँव चले गए। अपना गाँव छोड़ने से पहले उन्होंने अपने आभूषण और कीमती वस्तुएँ जंगलों और गुफाओं में गाड़कर छिपा दिए। गुंजी निवासियों ने उनका दूर तक पीछा किया लेकिन वे बच निकले। खा-कव्वां पर आक्रमण करने की गुंजी वालों की इच्छा धरी रह गई।

कुछ समय बाद जुमला पहुँचे खा-कव्वां के लोगों पर एक के बाद एक विपत्तियाँ पड़नी शुरू हुईं। उनके ज्योतिषी ने सलाह दी कि उन्होंने गुंजी गाँव के एक चबूतरे पर धरे कल्यिन नाम के पत्थर को अपने गाँव में लाकर स्थापित करना होगा। एक याक और एक घोड़ा लेकर खा-कव्वां के कुछ लोग इस प्रयोजन से गुप्त रूप से गुंजी पहुँचे तो सही लेकिन कल्यिन इतना भारी था कि उसे लादते हुए दोनों पशुओं की रीढ़ टूट गई। उनका अभियान असफल रहा।

उधर गुंजी में भी विपत्तियाँ ख़त्म होने को नहीं आती थीं। प्राकृतिक आपदाएँ और अकाल मौतें रोज़मर्रा के जीवन का हिस्सा बन गई थीं। अंततः नज़दीकी गाँवों– कुटी और बूदी– के सभी देवताओं का आह्वान किया गया। देवताओं ने बताया कि उनके दुर्भाग्य का कारण यह तथ्य था कि अम्यरचंग की मृत्यु के बाद उसके भाई अम्पच्यंग ने अम्यरचंग की ज़मीन हड़पकर उसे जोतना शुरू कर दिया था। पुजारी लामाओं ने उपाय बताया कि गाँव की ख़ुशहाली के लिए गुंजी के लोगों ने प्रतिशोध के तौर पर जुमला के राजा जुमली ह्या का पुतला बनाकर उसे नष्ट करने का अनुष्ठान करना चाहिए क्योंकि जुमली ह्या ने ही खा-कव्वां के दुष्ट लोगों को शरण दी थी।

तब से हर बारह वर्षों के अंतराल पर गुंजी के लोग अपने अस्त्र-शस्त्र चमकाकर फसदंग की चट्टान के नीचे जमा होते हैं जहाँ स्यिल्यी के आटे और बकरे की आँतों की मदद से जुमली ह्या का पुतला बनाया जाता है। उसके बाद एक अनुष्ठान के रूप में इस पुतले को तहस-नहस किया जाता है। रं भाषा में सामो को अर्थ होता है पूर्ण विनाश। इसीलिए इस उत्सव को जुमली ह्या सामो कहा जाता है।

यह दिलचस्प कथा हमें गुंजी में कुलदीप सिंह गुंज्याल के ढाबे में एक बूढ़े आदमी ने सुनाई। कहानी के कुछ सिरे खुले हुए थे मसलन अम्यरचंग के उस बारह साल के बेटे का क्या हुआ? या यह कि अम्पच्यंग ने अपने भाई के खेतों को जोतना बंद किया कि नहीं? खा-कव्वां के लोगों का क्या हुआ? मैंने विनम्रतापूर्वक अपनी जिज्ञासा सामने रखीं तो बूढ़ा बोला- "अब कुछ तो हुआ ही होगा। है न! मेरे दादाजी ने इतना ही सुनाया ठहरा मुझे।"

बूढ़े की कथा निबटते-निबटते जौलिंगकौंग में मिली वे तीन बहनें एक बार

फिर सामने से नमूदार होती हैं। ज़ाहिर है कुलदीप सिंह उन्हें जानता है। वह उन्हें भीतर आकर चाय पीने का न्यौता देता है। वे खिलखिलाती हुईं हमारे साथ आकर बैठ जाती हैं और इधर-उधर की बातें करने लगती हैं। मैं उनसे जयराज के बारे में पूछता हूँ। पता लगता है वह अपने गाँव गर्ब्यांग जा चुका।

हमारी बातों को विराम लगाते हुए ढाबे में एक सज्जन का प्रवेश होता है। उनकी चाल और बोलने का ढंग बताता है वे अच्छी तरह से धुत्त हैं। वे अपना परिचय देते हैं। जनाब सीआईडी में हैं और गुंजी में यह उनका चौथा साल है।

"मैं आपको जानता हूँ!" वे बग़ैर किसी तरह की औपचारिकता के सबीने से मुख़ातिब होकर अँग्रेज़ी में बोलना शुरू करते हैं। फिर हिंदी में मुझसे कहते हैं- "मैं आपको भी जानता हूँ।" मैं कुछ कहूँ उसके पहले वे तीनों बहनों की तरफ़ निगाह डालकर कहते हैं- "मैं आप को भी जानता हूँ। और मैं तो..." वे काफ़ी देर से मुँह में लगी हुई, हवा से बुझ चुकी बीड़ी को सुलगाते हुए ठहाका लगाते हैं- "मैं तो इस कुलदीप को भी जानता हूँ। आई नो एवरीबॉडी... हा-हा-हा..."

"अरे साब आपको कौन नहीं जानता। आपको भी सब जानने वाले हुए।" चूल्हे को कुरेदता कुलदीप मुस्कुराता है।

सीआईडी एक बार आँखें मिचमिचाकर देखता है कि कहीं उसका मज़ाक़ तो नहीं बनाया जा रहा। सुनिश्चित कर लेने के बाद उसकी देहभाषा बदल जाती है और वह कुलदीप से कहता है- "विदेशी मेहमानों को तुमने वो अपनी मक्खन वाली चाय पिलाई कि नहीं? क्या कहते हैं उसको..."

"मरज्या!" कुलदीप उनकी बात पूरी करता है।

"हाँ मरज्या। देखो एक काम करो तुम इन मेहमानों के लिए मरज्या तैयार करो। पैसे मेरी तरफ़ से।" अब वह लड़खड़ाती ज़ुबान में सबीने से कहता है- "लुक दिस टी दैट दे मेक विद बटर इज़ वेरी गुड फ़ॉर हेल्थ। इट्स वेरी गुड। प्लीज़ हैव सम।"

"नो थैंक्यू! वी आर फ़ाइन।" सबीने विनम्रता के साथ कहती है।

"नो, नॉट फ़ाइन। मैडम दिस टी विद बटर इज़ वेरी गुड फ़ॉर हेल्थ।"

हमारी अच्छी-ख़ासी बातें चल रही थीं, शराबी सीआईडी ने सब गोबर बना दिया है।

टालने की नीयत से कुलदीप कहता है उसके पास मक्खन नहीं है। सीआईडी

झुँझलाता हुआ कहता है- “मेरे होते हुए तुमको मक्खन की क्या कमी है ब्रदर। तुम अभी के अभी मेरे कैंप जाओ और वहाँ जो रावत है ना उससे जितना चाहो मक्खन माँग कर ले आओ। कहना साहब ने बोला है।”

कुलदीप अपने काम में लगा रहता है। उसे देखकर साफ़ होता है कि उसके लिए यह रोज़ की घटना है।

मरज्या पुराण क़रीब आधे घंटे चलता है। हम उकताए हुए बैठे रहने को विवश हैं। अंततः सीआईडी अचानक उठता है और हमसे हाथ मिलाकर विदा लेता है- “ओके बाय बाय! सी यू! नेक्स्ट टाइम यू कम हीयर ओनली आस्क फ़ॉर मरज्या। वेरी गुड फ़ॉर हेल्थ। वेरी गुड।”

उसके जाते ही हम भी ढाबे से बाहर निकल आते हैं और गुंजी की सँकरी गलियों में देर तक टहलते रहते हैं। इन गलियों को देखकर बार-बार मुझे ईरानी फ़िल्मकार अब्बास कियारोस्तामी की फ़िल्म ‘ख़ाना-ए-दोस्त कोज अस्त’ की याद आती है जिसमें अहमद नाम का एक बच्चा ऐसे ही एक गाँव की गलियों में अपने दोस्त का घर ढूँढ रहा है। मैं सबीने को इस बारे में बता ही रहा हूँ कि सामने के मोड़ से हमारी दिशा में आ रहा एक बहुत ही बूढ़ा आदमी नमूदार होता है। कियारोस्तामी की फ़िल्म में भी बच्चे को ऐसे ही एक अंधा बूढ़ा मिल जाता है।

बहुत मोटे काँच का चश्मा लगाने वाले ये वृद्ध श्रीमान हर साल गर्मियों में अकेले अपने गाँव आते हैं। उनके परिवार के बाक़ी लोग काम और नौकरी के सिलसिले में देश के दूरस्थ हिस्सों में जा बसे हैं। उनके बार-बार इसरार करने पर भी उनसे न अपना गाँव छूटता है न धारचूला। वे बहुत धीमी आवाज़ में बोलते हैं। जैसे ही हम उनसे तिब्बत व्यापार के बारे में पूछना शुरू करते हैं, उनकी आँखों की चमक कई गुना बढ़ जाती है और वे उत्साह में आ जाते हैं। उन्हें साठ-पैंसठ साल पुराना वह दिन याद आता है जब उनके चाचा उन्हें पहली बार तकलाकोट लेकर गए थे। उन्हें खाँसी आ जाती है और वे वहीं ज़मीन पर बैठ जाते हैं। सबीने अपने बैग से पानी की बोतल निकालकर उन्हें प्रस्तुत करती है। वे शालीनतापूर्वक मना करते हैं और अपने खुरदरे कोट की जेब से च्यक्ती से भरी एक छोटी शीशी निकालकर उसकी एक ख़ुराक उदरस्थ करते हैं। उसके बाद वे शीशी हमें पकड़ा देते हैं। सबीने और मैं एक-एक घूँट लगाकर उसे पूरा निबटा देते हैं।

"बहुत स्वादिष्ट है!" सबीने कहती है।

"मैंने बनाई है।" किंचित गर्व के साथ वे कहते हैं।

बूढ़े सज्जन ज़िद करके हमें अपने घर ले जाते हैं। बाक़ी घरों की तरह उनके घर पर भी ताला नहीं लगा है। हमें एक जर्जर तिब्बती क़ालीन पर बिठाकर वे भीतर के कमरे से एक नई बोतल निकाल लाते हैं।

देर तक च्यक्ती का आनंद लेते हुए हम उनके साथ बातचीत करते रहते हैं। हमारे तमाम सवालों का वे धीरज के साथ उत्तर देते हैं। बहुत आनंद आता है। दरअसल हम काम कर रहे हैं जिसे अकादमिक भाषा में शोध संबंधी फ़ील्डवर्क करना कहते हैं।

हम शाम होने से पहले-पहले अपने डाकबंगले पहुँच जाते हैं। प्रशस्त मात्रा में च्यक्ती पी लेने के बाद हमारी देहें नींद माँग रही हैं।

सात बजे के आस-पास दरवाज़े पर खटखट होती है। मैं भूल गया था कि हमें पासपोर्ट अफ़सर के साथ रात का भोजन करना है। वह हमें बुलाने आया है। मैं उससे आधे घंटे का समय माँगता हूँ।

पासपोर्ट अफ़सर के पास एक पिद्दी कैमरा है। वह बार-बार उसे हाथ में पकड़ता है फिर मेज़ पर धर देता है। उसने हमारे लिए तिब्बत से स्मगल कर लाई गई घटिया चीनी व्हिस्की की बोतल की व्यवस्था कर रखी है। सुंदर पैकेजिंग वाली चीनी व्हिस्की की इस बोतल को हम ख़ूब पहचानते हैं। इसके ढक्कन के ऐन नीचे लाल रंग का एक पतला-सा रिबन बो-टाई की सूरत में बाँधा गया रहता है। इस साज-सज्जा के चलते तीनों रं घाटियों यह बोतल रिबन के नाम से जानी जाती है।

पासपोर्ट अफ़सर के तंबू की भारी हवा में मैले मोज़ों की स्थाई बास ठहरी हुई है। ऊपर से उसकी आत्ममुग्ध बातें। मैंने यह किया मैंने वह किया। थोड़ी देर में वह आदमी भी भीतर आ जाता है जिसे हमारी वजह से डाकबंगले से बेदखल होना पड़ा है।

रिबन के ख़ाली होने के साथ-साथ पासपोर्ट अफ़सर वाचाल होता जा रहा है और यह समझ में नहीं आ रहा कि उसकी बातों में दंभ ज़्यादा है या मूर्खता। किसी तरह पीना निबटता है फिर उसके बाद खाना। अब फ़ोटोग्राफ़ी होगी।

पासपोर्ट अफ़सर अपने साथी को कैमरा थमाकर फ़ोटो खींचने को कहता

है और अपनी स्थूल तोंद समेत हम दोनों के बीच स्थापित हो जाता है। पहली क्लिक होती है। फ़्लैश नहीं चमकता। वह सश्रम उठकर फ़्लैश ऑन करता है और कैमरा-चालक को खुस-फुस स्वर में कुछ हिदायत देता है। वह भरसक कोशिश करता है कि मैं उसकी बातें न सुन सकूँ लेकिन मैं जान जाता हूँ कि उसने अपने साथी से इस तरह फ़ोटो खींचने को कहा है कि उसमें वह और सबीने ही आएँ। पिछले साल धारचूला के एसडीएम के यहाँ भी ठीक ऐसा ही हुआ था। अपनी जड़ों से कटे, समाज के नियम-क़ानूनों से ख़ुद को बड़ा समझने वाली सरकारी अफ़सरों की इस ख़ास प्रजाति को मैं अच्छी तरह जानता हूँ। ऐसे लोगों के प्रति मेरे मन में दया और तरस के अलावा कुछ नहीं आता। मैं बिना बुरा माने सिगरेट पीने के बहाने से तंबू से बाहर आ जाता हूँ। नदी की समतल ध्वनि के ऊपर चाँदनी पसरी हुई है। हिमालय की चोटियाँ भी चमक रही हैं। यह दिव्य है!

अगले कुछ दिन हम गुंजी में फ़ील्डवर्क करते हुए बिताते हैं। सबीने के पास कई सवाल हैं। स्वादिष्ट च्यक्ती बनाने वाले बूढ़े के अलावा हमें तीन-चार दिलचस्प लोग मिले हैं जिनके पास बताने को बहुत सारा है। पीडब्लूडी डाकबंगले के चौकीदार गगनसिंह उनमें से एक हैं।

रं सभ्यता के गाँवों में अनूठी तरह की गोत्र और जाति व्यवस्था बनी हुई है। गोत्र अथवा जाति को राठ कहा जाता है और इन राठों के उपवर्गों को सौरा। इस लिहाज़ से गुंजी गाँव की प्रमुख राठों में लामा, बुड़ा, तम्यर, लेच्यिम, लैबा, गुंदा और खरकू शामिल हैं। इन राठों को तीन मुख्य सौरा में वर्गीकृत किया गया है– थामोच्यंग-गुंदकच्यंग, लैबा-लेच्यिमच्यंग और खरकूच्यंग। गुंज्यालों के खेत गुंजी के अलावा नज़दीकी कव्वां गाँव में भी हैं। तीनों अलग-अलग सौरा के लिए तल्ला नपल्च्यू गाँव के किनारे बहने वाली नपल्च्यू-पीयर नदी के किनारे आटा पीसने के अलग-अलग घराट (पनचक्कियाँ) बने हुए हैं।

गुंजी के प्रमुख देवताओं में तिप्पा च्यब्जे, गुरु सै, त्यित्यी कल्यिनदरजे, बा जंगलारू, न्हा नमती, ताता बिजली, ग्याम्जूसूरा, जगमल और न्युंगटांग इत्यादि को गिना जा सकता है। जल की देवी न्युंगटांग मुझे सबसे आकर्षित करती है। उसका थान अमूमन घर के प्रवेशद्वार पर ही होता है। न्युंगटांग जल के अलावा परिवार की समृद्धि की भी देवी मानी जाती है।

रौंगकौंग और नपल्च्यू

गुंजी से थोड़ा आगे जाने पर फैले हुए खेतों का विस्तार है जिससे लगा हुआ चीड़ का घना जंगल है। इस जगह को च्यरम कहा जाता है। व्याँस घाटी के सबसे पुराने प्राइमरी स्कूलों में से एक यहीं खोला गया था। इस स्कूल में नाबी, कुटी, गुंजी नपल्च्यू और रौंगकौंग के बच्चे पढ़ने आते थे। फ़िलहाल इस प्राचीन स्कूल परिसर के खंडहर ही देखे जा सकते हैं।

आज हमारे साथ गगनसिंह भी आए हैं। उनकी ससुराल निकटवर्ती गाँव रौंगकौंग में है। रास्ते के एक-एक मोड़ से उनका पुराना परिचय है।

च्यरम को पार करते ही गगनसिंह सामने इशारा करते हैं- "वो देखिए सामने जो खेत दिख रहे हैं आपको वो नबियालों के हैं।" हम खेतों के बीच की पगडंडी से आगे बढ़ रहे हैं। खेतों में गड़ा हुआ एक विशाल पत्थर दिखाई देता है। "ये पत्थर किसी ज़माने में रौंगकौंग का डुडला पैकू नाम का वही पहलवान अपने कंधे पर बोक के लाया रहा जिसकी कहानी मैं कल आपको सुना रहा था।"

गगनसिंह शक्तिशाली डुडला पैकू की कहानी दोहराते हैं जिसने आस-पास के गाँव वालों को डराने और अपनी अकल्पनीय शारीरिक शक्ति का प्रदर्शन करने के उद्‌देश्य से एक विशाल चट्‌टान को रौंगकौंग गाँव के कुंगकंग नामक स्थान से लाकर यहाँ खेत के बीचो-बीच गाड़ दिया था।

डुडला पैकू की चट्‌टान से थोड़ा आगे मुख्य रास्ते के बाईं तरफ़ एक छोटा-सा पुल है जिसके नीचे से एक नन्ही-सी धारा बहती है जिसका उद्‌गम सुदूर ग्लेशियरों में है। यह धारा नाबी और रौंगकौंग के बीच की सीमारेखा का काम करती है। आगे जाकर काली गंगा में मिलने से पहले यही धारा गुंजी और नपल्च्यू के बीच की सरहद भी तय करती है। सीधा रास्ता नाबी को जाता है जबकि पुल पार करने पर सामने रौंगकौंग गाँव नज़र आता है- स्लेट की ढलवाँ छतों वाले छोटे-बड़े मकानों का एक छोटा-सा झुरमुट जिसके प्रवेशद्वार से पहले

चीड़ के विशाल पेड़ों की छाँह में देवता का थान बनाया गया है। गाँव वाले मानते हैं कि इस स्थान से आगे कोई भी दुष्ट ताक़त उनके घरों में प्रवेश नहीं कर सकती।

ज़्यादा समय नहीं बीता जब रौंगकौंग के विशाल उपजाऊ खेतों में अच्छी मात्रा में अनाज उगाया जाता था। इस नए समय में गर्मियों में रहने को लोगों का अपने गाँव आना बहुत कम हो गया है। ख़ास तौर पर रौंगकौंग और उससे लगते नपल्च्यू गाँव में जाकर देखेंगे तो परित्यक्त और उजड़े हुए घर पलायन की दुखी कर देने वाली कहानियाँ सुनाते नज़र आएँगे।

गाँव में प्रवेश करते ही गगनसिंह को पहचानने वाले अनेक लोग मिलते हैं और हमसे अपने घरों में आने का आग्रह करते हैं। गगनसिंह की एक बहन यहीं ब्याही है। उसे हमारे आने की सूचना है और उसके घर में हमारे लिए भोजन बन रहा है।

कुछ गुब्बारे और टॉफ़ियाँ सबीने के बैग के भीतर हमेशा धरे रहते हैं। कुछ घरों के बाहर खेलते छोटे बच्चों को देखकर वह लाड़ से उनके साथ जर्मन में कुछ भी अगड़म-बगड़म बतियाती हुई उन्हें ये चीज़ें देती है। गुब्बारे को फुलाया जाता देख साल-डेढ़ साल का एक बच्चा बुरी तरह घबरा जाता है और रोना शुरू कर देता है। उसकी माँ बाहर आकर हमें देखती है और बच्चे को गोदी में ले लेती है। गुब्बारे को पूरी तरह फुला चुकने के बाद सबीने उसमें गाँठ बाँध रही है। माँ के आँचल में पहुँचते ही बच्चा चुप हो जाता है और उत्सुक निगाहों से हमें देखने लगता है। उसकी आँखों के निकली आँसुओं की छोटी-सी धार उसके गालों पर ठहर गई है। सबीने पास जाकर उसे गुब्बारा पेश करती है। बच्चा रोने की शुरुआत करता-करता रुक जाता है। चेहरा फेरकर वह अपना हाथ आगे बढ़ाता है। जब सबीने उसे गुब्बारा पकड़ाती है वह चेहरा मोड़कर हमारी तरफ़ करता है। उसकी निगाहें पहले गुब्बारे पर पड़ती हैं फिर हम पर। वह एक और दफ़ा रोने-रोने को होता है पर लंबे डग भरती हुई सबीने उससे काफ़ी दूर जा चुकी है। वह गुब्बारे को दोनों हाथों से भींच लेता है और किलकारी भरता है। माँ उसे फिर से नीचे आँगन के फ़र्श पर रख देती है।

पूरी यात्रा में इस तरह के छोटे-छोटे मिठासभरे वाकये हमारे सामने अक्सर घटते रहते हैं और उनकी याद देर तक बनी रहती है।

गगनसिंह की बहन के यहाँ हमारा इंतज़ार हो रहा है। दिल्ली में इंजीनियरिंग की पढ़ाई कर रही उसकी एक बेटी छुट्टी लेकर गाँव पहुँची है। चमकीली आँखों वाली बीस-बाईस साल की यह होशियार लड़की सबीने को देखते ही उससे इस तरह गले मिलती है जैसे उनकी आपस में बरसों की पहचान हो। वह उसे अपने साथ लेकर भीतर के कमरे में चली जाती है।

बाहर के कमरे में दो पुरुष बातचीत कर रहे हैं। गगनसिंह उनसे मेरा परिचय कराते हैं। खिड़की से लगी जगह पर ड्रैगन डिजायन वाले एक सुंदर नीले-सफ़ेद क़ालीन पर मुझे बिठाया जाता है और चाँदी के प्याले में च्यक्ती दी जाती है। मैं किसी सिंगल-माल्ट व्हिस्की विशेषज्ञ की अदा से उसे साँस भर सूँघता हूँ और झटके में पी जाता हूँ। प्याला फिर से भर दिया जाता है। अब मैं भी उनकी बातचीत का हिस्सा हूँ। किसी को भी अपनी महफ़िल में जोड़ लेने का यह नितांत देसी तरीक़ा मुझे बहुत भाता है।

पारंपरिक रं च्युंग-बाला और च्युकला पहने, चाँदी के भारी आभूषणों से सुसज्जित दो स्त्री आकृतियाँ अचानक भीतर के कमरे से बाहर आती हैं। पहली निगाह में मैं ध्यान नहीं देता लेकिन फिर तुरंत सबीने और गगनसिंह की भांजी को पहचान लेता हूँ। तो सबीने को इसलिए भीतर ले जाया गया था!

कैमरा निकाला जाता है और बाहर आँगन में ख़ूब सारी तस्वीरें उतारी जाती हैं। खाने के बाद घर में मौजूद सारे लोग हमें गाँव के भ्रमण पर ले जाते हैं।

ह्या गंगकंग, ह्या नमज्युंग और जलदेवी न्युंगटांग को पूजने वाले रौंगकौंग के बाशिंदे अपने आप को रौंगकली कहते हैं। गाँव में मुख्यतः दो राठ के लोग रहते हैं– पंग्पा और यरपा।

गाँव और उसके आस-पास तुतरन झारा, बूदी गल्जा, क्वालदंग और सुल्लू जैसी कई सारी ख़ूबसूरत जगहें हैं जिनके साथ कैसी-कैसी कहावतें और कहानियाँ जुड़ी हुई हैं। रिम्खा राखू और रौंगकौंग राखू की कहानी सुनाता हूँ-

कई सौ बरस पहले धंगज्युंग नदी के आर-पार दो गाँव थे। एक तरफ़ आज का रौंगकौंग और दूसरी तरफ़ सौ मवासों वाला रिम्खा राखू। दोनों गाँवों के लोगों में ख़ूब सौहार्द था और वे अपनी सारी सामूहिक पूजाएँ मिल-जुलकर किया करते थे। रौंगपा रायतू नामक एक पहलवान को दोनों गाँवों में होने वाली सभी

गतिविधियों को शांतिपूर्वक करवाने की ज़िम्मेदारी मिली हुई थी। दोनों गाँवों के बाशिंदे उसकी हर बात मानते थे।

रौंग्पा रायतू की मृत्यु के बाद दोनों गाँवों के बीच का संतुलन बिगड़ने लगा और आपस में वाद-विवाद होने लगे। कभी-कभार किसी की हत्या तक हो जाती थी। यह क्रम कई वर्षों तक चला जिसके फलस्वरूप इतने लोग मारे गए कि दोनों गाँवों के सम्मुख अस्तित्व का संकट पैदा हो गया। दोनों उजाड़ हो चले थे।

अंततः एक दिन रिम्खा राखू के सारे लोग गाँव छोड़कर किसी अज्ञात जगह को पलायन कर गए। एक ख़तरनाक दौर से गुज़र चुके रौंगकौंग गाँव की हालत भी ख़ासी ख़राब हो चली थी। खेतों में काम करने वाले हाथों की संख्या घट गई थी। शनैः-शनैः खेतों और संपत्ति का आकर्षण दिखाकर दूसरी जगहों के लोगों को रौंगकौंग में लाकर बसाया गया। संपन्नता का न्यूनतम स्तर हासिल करने और पड़ोसी गाँवों के साथ अच्छे संबंध पुनर्स्थापित करने में कुछ साल और लगे। रौंगकौंग के निवासी छोड़ दिए गए रिम्खा राखू पर अपना स्वामित्व बनाना तो चाहते थे पर वैसा करने के लिए उनके पास पर्याप्त लोग नहीं थे। कालांतर में रिम्खा राखू खंडहरों में तब्दील हो गया जिनके निशान आज भी देखे जा सकते हैं।

कोई भी सटीक नहीं बता सकता कि ये त्रासद घटनाएँ किस कालखंड में घटी होंगी। हमारे साथ आए एक बुज़ुर्ग रौंगकली सज्जन ने अपने दिवंगत दादाजी के हवाले से बताया कि रिम्खा राखू के कुछ लोग भागकर या तो गढ़वाल चले गए जबकि कुछ ने लद्दाख के पित्ती रंगच्यिम में नई बस्तियाँ बनाईं।

रौंगकौंग गाँव में पहलवानों की लंबी मिथकीय परंपरा रही है। उनमें से एक डुडला पैकू की कथा गगनसिंह ने पिछले दो दिनों में हमें दो बार सुनाई है।

रौंगकौंग के आस-पास के इलाक़े में टहलते-घूमते शाम ढल आई है। "हमें वापस जाना चाहिए।" मैं गगनसिंह से कहता हूँ।

गगनसिंह की भांजी अधिकार से कहती है कि उसके रहते हुए आज की रात हम रौंगकौंग से बाहर नहीं जा सकेंगे। वह अपनी माँ से बाहर वाले कमरे में हमारे रहने की पूरी व्यवस्था करने को कह कर आई है।

मैं सबीने की तरफ़ देखना शुरू करता ही हूँ कि वह इसरार से कहती है-

"आप लोग आज हमारे साथ ही रुक जाइए न। मैं आपको कोई तकलीफ़ नहीं होने दूँगी, प्लीज़!"

हल्की बूँदाबाँदी शुरू हो गई है। हम तय करते हैं आज की रात रौंगकौंग में ही बिताई जाए। रात होते-होते सारे गाँव में हमारे रात्रिविश्राम करने के फ़ैसले की सूचना प्रसारित हो चुकी है। नतीजतन रात के खाने के बाद नौ-साढ़े नौ बजे पड़ोसी स्त्री-पुरुषों-बच्चों का आना शुरू होता है। बाहर का कमरा उत्सुक और प्रसन्न चेहरों से अट जाता है। कोई अपने घर की बनी च्यक्ती लाया है कोई कुछ मीठा पकवान। दुनिया-जहान की बातें होती हैं। अचानक एक महिला उन्हीं दिनों लोकप्रिय हुआ नेपाली गीत गाना शुरू करती है–

तिमी पारि त्यो गाउँ मा
म वारि यो गाउँमा
आँखा तर्दै तिम्लाई नै हेरि राखे को
नशा लागिस के छ, व्यथा बनिस के छ
नशा लागिस के छ, माया बसिस के छ

एक-एक कर सभी उसकी आवाज़ से अपनी आवाज़ मिलाते हैं और कोई नाचना शुरू कर देता है। कमर और हाथों की शालीन लय और गति रं नृत्य की ख़ासियत होती है। ऐसा लगता है इस सभ्यता का हर व्यक्ति इस ख़ास नृत्य को सीखकर ही पैदा होता है।

नाचने-गाने का स्थान बाहर के कमरे से कब रसोई में शिफ्ट हो गया पता भी नहीं चला। रसोई के बीचो-बीच चूल्हे में कोयले अब भी सुलग रहे हैं। बाहर कड़ाके की ठंड है लेकिन इस गर्म रसोई में इतने सारे प्रसन्न लोगों के साथ उसका विचार तक नहीं आ रहा।

मुझे भान होता है कि पिछले आधे घंटे से उसी नेपाली गीत को दोहरा-दोहरा कर गाया जा रहा है। कोई अगले अंतरे को भूल जाता है तो दूसरा शुरू हो जाता है–

रिमझिम पानीमा रम्दै रुझौंउला
उकाली-ओराली मा भुल्दै हिंडौउला

तिमी हांसे हांसि दिउंला, रोए फकाउंला
तिमी हांसे हांसि दिउंला, रोए फकाउंला

बिना किसी तैयारी के घटा यह उत्सव कब तक चलता है याद नहीं। उसका हिस्सा बना हुआ मैं बार-बार ख़ुद को उस आदमी जैसा महसूस करता रहा जो बहुत दिनों तक एक कमरे में बंद रहने के बाद एक रात सीढ़ियाँ चढ़कर छत पर जाने का फ़ैसला करता है और बहुत देर तक आसमान में उगे अनगिनत सितारों को देखता रहता है।

अगली सुबह नाश्ते के बाद गगनसिंह हमें रौंगकौंग की दक्षिणी बग़ल में स्थित नपल्च्यू गाँव लेकर जाते हैं। नपल्च्यू से आगे दक्षिण की तरफ़ गब्र्यांग और नेपाल का छांगरू गाँव हैं। पूर्व की तरफ़ गुंजी और कव्वां हैं जबकि पश्चिम की दिशा में भगवान यारोंग ह्या रूव्से की पवित्र भूमि है। इस पवित्र पश्चिमी इलाक़े में ही अय्या मरती और बीरू क्वलसिन जैसी दैवीय चीज़ें हैं जिनका ज़िक्र आगे भी आएगा।

नपल्च्यू गाँव दो हिस्सों से बना हुआ है– तल्ला यानी निचला और मल्ला यानी ऊपरी नपल्च्यू। गाँव के नाम की उत्पत्ति 'नपल' से हुई है जिसका अर्थ पहाड़ी गेहूँ होता है। 'च्यो' लंबाई नापने की एक पारंपरिक इकाई है। यह माना जाता रहा है कि इस गाँव में उगने वाला गेहूँ पूरी घाटी में सबसे बेहतरीन और स्वादिष्ट होता है।

इस साल नपल्च्यू में बहुत कम लोग आए हैं।

खेत में काम कर रहा एक प्रौढ़ व्यक्ति गगनसिंह के कहने पर काम छोड़कर हमसे मिलने आ जाता है। हम उसे अपने आने का प्रयोजन बताते हैं तो वह अपने गाँव के बारे में बताने को तैयार हो जाता है। हम उसके सुंदर घर के आँगन में बैठकर कुछ देर बतियाते हैं।

नपल्च्यू में परंपरागत रूप से चार राठ के लोग बसे हैं– पंगछ्यंग न्यूचिम्पा, यरछ्यंग न्यूचिम्पा, गुंदग्पा और यरतोग्पा। ह्या रुव्से नपल्च्यू का भूमि-देवता है। गाँव में पूजे जाने वाले अन्य देवताओं में ह्या कीपंग, ह्या गंगरी लबचन, ह्या यारम्यी, ह्या लंगा और न्युंगटांग हैं।

हमें बातें करता देख नज़दीक के खेत से एक महिला भी आ जाती है और दिलचस्पी से काफ़ी देर सुनने के बाद पूछती है- "आप लोग पिछले साल भी इस इलाक़े में आए थे न?"

"हाँ।" मैं उत्साह से कहता हूँ।

"मैंने आप लोगों को गुंजी में देखा था।" फिर वह सबीने के कैमरे की तरफ़ इशारा करती हुई कहती है- "मैडम ने मेरी और मेरी दोस्त की फ़ोटो भी खींची थी।"

सबीने फिर से उसका फ़ोटो खींचती है। वह बेहद निश्छल हँसी हँसती है, हमसे कुछ देर ठहरने को कहती है और भागकर अपने घर से थोड़ी मरती, कुछ रोटियाँ, शहद और हरी सब्ज़ी लेकर आ जाती है। उसकी काँख के नीचे एक छोटा-सा क़ालीन दबा हुआ है।

वह आँगन की दीवार पर क़ालीन बिछाती है और ज़िद करके सबीने और मुझे उस पर बिठा देती है- "यहाँ यही सब मिल सकने वाला हुआ। शहर होता तो आप लोगों के लिए चाय-बिस्कुट का इंतज़ाम करती।"

हमारा आज का दूसरा नाश्ता परोसा जा चुका है। साधारण जन का ऐसा भलापन हमें हर जगह देखने को मिलता रहा है। महिला अपने बेटों के बारे में बताती है– एक बैंक में नौकरी कर रहा है, एक हल्द्वानी में पढ़ाई। पति जयपुर में हैं। उसे मैदानों में अच्छा नहीं लगता। सारे घरवालों से लड़-झगड़ कर वह हर साल तीन-चार महीनों के लिए नपल्च्यू आ जाती है।

मैं उससे गाँव से जुड़ी कोई कथा सुनाने को कहता हूँ। वह हमें जैनच्यंग राखू का मिथक सुनाती है।

एक समय यारोंग पर्वत की तलहटी में पवित्र अय्या मरती और बीरू क्वलस्यिन का वास था। पास ही दो ग्रामीण बस्तियाँ थीं– सौ परिवारों वाला जैनच्यंग राखू और नपलच्याल पितर। दोनों गाँवों में बड़े-बड़े उपजाऊ खेत थे। एक छोटी-सी जलधारा दोनों के मध्य सीमा का काम करती थी। दोनों गाँव बहुत संपन्न थे लेकिन जैनच्यंग राखू अपेक्षाकृत ज़्यादा समृद्ध था क्योंकि वहाँ रहने वालों की संख्या अधिक थी।

एक रात अचानक भारी प्राकृतिक विपदा आई और समूचा जैनच्यंग राखू गाँव नेस्तनाबूद हो गया। उसमें रहने वाले सभी लोग मारे गए। केवल दो सगे भाई बच गए क्योंकि विपदा की रात वे गाँव से बाहर गए हुए थे। गाँव में घटी त्रासदी के कारण दोनों इतने दुखी हुए कि उन्होंने सब-कुछ छोड़छाड़ कर नेपाल के जुमला-हुमला में जा बसने का फ़ैसला किया। कहते हैं उन दो भाइयों का कुनबा आज फिर से सौ मवासों वाला हो गया है। पीढ़ियों से नेपाल में रहने के बावजूद इन लोगों ने अपनी प्राचीन रं परंपराओं को बचाए रखा है।

नपलच्याल पितर पहले से भी अधिक संपन्न हो गया क्योंकि अब उसके पास जैनच्यंग राखू की ज़मीन भी थी। पूरी व्याँस घाटी में उतनी समृद्धि किसी और गाँव में न थी। दूर-दराज़ के लोग इस गाँव के बारे में बातें किया करते।

इसी दौरान पड़ोसी दारमा घाटी में एक निर्धन और बूढ़ी विधवा रहती थी। गाँव वाले उसकी निर्धनता का उपहास करते थे और उसका जीवन बहुत त्रासकारी था। जब घर में रह सकना असंभव हो गया तो बुढ़िया बेहतर जीवन की तलाश में निकल गई। कई दिनों तक चलने के बाद वह च्यरम झारा पहुँची। लंबी यात्रा से थककर उसकी आँख लग गई। उसके स्वप्न में देवता आए जिन्होंने उसे नज़दीक ही एक ऐसी जगह के बारे में बताया जहाँ पुरातन समय में अय्या मरती और बीरू क्वलस्यिन का स्थान था। देवताओं ने उससे कहा कि वही जगह उसका नया घर बनेगी जहाँ चौड़े खेत हैं जिनके बीच से स्वच्छ जलधारा बहती है।

नींद से जागने पर बुढ़िया ने च्यरम के आस-पास देखना शुरू किया तो उसकी निगाह नपल्च्यू गाँव पर पड़ी। उसने सपने में ठीक वैसी ही जगह देखी थी। गाँव पहुँचने पर उसने लोगों से पूछताछ की तो उसे बताया गया कि बहुत पुराने समय में नपल्च्यू में ही अय्या मरती और बीरू क्वलस्यिन का स्थान था। ईश्वर की इच्छा जान उस स्त्री ने तय किया कि उसी गाँव के किसी घर में नौकरानी बनकर रह लेगी। उसने अपनी वफ़ादारी, मेहनत और अच्छे स्वभाव से नपल्च्यू वालों का दिल जीत लिया। शेष जीवन को शांति से बिता सकने के लिए गाँव वालों ने उसे एक नया घर बनाकर दे दिया और उसके खाने-पीने की अच्छी व्यवस्था कर दी।

मैंने ग़ौर किया है कि तमाम रं गाँवों में सुनाई जाने वाली इस तरह की अधिकतर कहानियों में न कोई नाटकीयता होती है न किसी तरह के उपदेश। अधिकतर कहानियों में प्रकृति से लड़ते, पराजित होते, गिरते और गिर कर उठते साधारण जन होते हैं जिनके सादगीपूर्ण जीवन में अच्छाई के लिए भरपूर जगह होती है। बस!

डूबता हुआ गाँव गर्ब्यांग

पिछले कोई पचास साल से गर्ब्यांग को 'धँसता हुआ गाँव' की ख्याति मिली है। एक ज़माने में यह गाँव एक विशाल चौरस मैदान पर बसा हुआ था लेकिन 1950-55 के आस-पास से इसने धँसना शुरू किया। परिणामस्वरूप व्याँस घाटी के कुछ सबसे सुंदर घर नेस्तनाबूद हो गए। धँसने की यह प्रक्रिया आज भी जारी है और लकड़ी की बेहतरीन नक़्क़ाशी वाले अनेक पुराने मकान बहुत ख़तरनाक ढंग से बची-खुची साबुत ज़मीन से अटके और टँगे हुए देखे जा सकते हैं।

गर्ब्यांग गाँव के भूगोल को वर्णन करते हुए एटकिंसन ने लिखा है- "ऊपरी व्याँस घाटी का पहला गाँव है काली नदी के समीप 10,320 फीट की ऊँचाई पर बसा गर्बिया अथवा गर्ब्यांग। मकान दोमंज़िले हैं और एक-दूसरे के नज़दीक बनाए गए हैं। घरों के बाहर लकड़ी के खंभे लगाए गए हैं जो या तो सज्जा के लिए हैं या संभवतः किसी अंधविश्वास के कारण। यहाँ से थोड़ा आगे छिन्दू गाँव के अवशेष हैं जिसका बाक़ी हिस्सा नदी अपने बहाव में बहा कर ले जा चुकी है। इस घाटी का आधार आस-पास के पहाड़ों की पुरानी मिट्टी और पत्थरों से खासे बड़े हिस्से में बना हुआ है अलबत्ता इसकी बुनावट बहुत ढीली है। गाँव की सतह से कोई तीन-चार सौ फीट नीचे नदी इसके एक बड़े हिस्से को काट चुकी है। नदी के ठीक किनारे बसे मकानों को इससे बहुत ख़तरा है।"

1962 से पहले गर्ब्यांग गाँव कुमाऊँ के संपन्नतम गाँवों में से एक था। एक समय में तिब्बत से होने वाले अंतर्राष्ट्रीय व्यापार का केंद्र रहा यह गाँव चहल-पहल का केंद्र हुआ करता था। 1882 में छपे एटकिंसन के गजेटियर में लिखा हुआ है कि खसदेश के तत्कालीन राजा बाजबहादुर चंद ने इस व्यापार की तरक़्क़ी में बहुत दिलचस्पी दिखाई और व्यापार के मार्ग के रख-रखाव के लिए बहुत काम किया।

गाँव का धँसना गर्ब्यांगवासियों के लिए बहुत बड़े सदमे की तरह था जिन्हें सरकार ने कुमाऊँ की तराई के सितारगंज के अजनबी मैदानों में पुनर्वासित किया। यदि यहाँ से गुज़रते हुए एक यात्री के तौर पर आपकी क़िस्मत अच्छी हो और आपको यहाँ रात बिताने का मौक़ा मिले तो आपको उस छोटे विलायत या मिनी यूरोप के अनेक क़िस्से सुनने को मिल सकते हैं जिस नाम से यह गाँव एक ज़माने में जाना जाता था।

स्विट्ज़रलैंड के यात्री आर्नल्ड हाईम और ऑगस्ट गैंसर ने 1936 में इस गाँव का भ्रमण किया था। गर्ब्यांग गाँव के अपने अनुभवों को उन्होंने अपनी पुस्तक 'द थ्रोन ऑफ़ द गॉड्स: एन अकाउंट ऑफ़ द फ़र्स्ट स्विस एक्स्पेडीशन टू द हिमालयाज' में लिखा है।

एक समय था जब इस बेहद संपन्न गाँव में क़रीब ढाई सौ परिवार रहा करते थे। परिवारों की सामाजिक संरचना के हिसाब से गाँव तीन सौरा में बसा हुआ है। ये तीन सौरा हैं– यरपच्यंग (ऊपरी हिस्सा), गुन्दा सौरा (मध्य का हिस्सा) और पंगपच्यंग (निचला हिस्सा)।

ये परिवार विभिन्न परंपरागत राठ से वास्ता रखते हैं। यरपच्यंग सौरा में रहने वाली राठें हैं– छिन्ज्यल, बुड़ा, निम्फन और खोसा। गुन्दा सौरा में स्यंगच्यिम, खकच्यिम और न्यूच्यिम रहते हैं जबकि पंगपच्यंग में लंगो, रंजन, छम्यल, गुमा और निमा राठें रहती हैं।

गर्ब्यांग गाँव के सबसे बड़े देवता हैं ह्या नम्ज्युंग। ह्या नम्ज्युंग इस गाँव के भूमि देवता हैं और उनकी उपासना सभी राठों के लोगों द्वारा की जाती है। ऊपरी सौरा की यरपच्यंग राठ और मध्य सौरा की गुन्दा राठ मिलकर एक समूह का निर्माण करते हैं जिसे स्यंगयरपच्यंग कहा जाता है। ये लोग अलग से अपने कुल देवता ह्या कुंगर की पूजा करते हैं। ह्या कुंगर बरसात के देवता हैं जिन्हें आज भी अतिवृष्टि या अकाल के समय में विशेष रूप से पूजे जाने की परंपरा है। इसके लिए गाँव के एक नियत स्थान पर ग्रामवासी इकट्ठा होते हैं और रं घाटियों में उगने वाले मोटे अनाज फाफर के आटे को उस स्थान पर बिखेरकर वृष्टि के इस देवता को जागृत करते हैं। निचले सौरा की पंगपच्यंग राठ के लोग ह्या यंगलाधर नाम के देवता को पूजते हैं। माना जाता है कि ह्या यंगलाधर ह्या नम्ज्युंग के ही अंश हैं।

गाँव में पूजे जाने वाले अन्य देवी-देवताओं में निम्नलिखित प्रमुख हैं– ह्या थिम्पा नम्ज्युंग, छैंतो गुरु, व्यास देव, करजंग गुंग्का, ह्या गबला, लायर कुटी, लारौंग-काकौंग, आपी गुठी, ह्या लारौंगपा, ह्या छिपला, ह्या कल्याबीर, ह्या बप्पा, बुंगज्युंग गुरु, दारमा गुंगरू, जोशीमठ गुरू, ह्या सिद्धा, ह्या गंगरी, लीपू चान, तिल्सी न्युंगटांग, देवी माई, ह्या तादंग (जिन्हें ह्या च्यूंती भी कहा जाता है), यिसौं गम्बो, ह्या लंगा, दुर्खू न्युंगटांग और सौंग्पो न्युंगटांग इत्यादि।

गर्ब्यांग के बारे में इतनी जानकारी हमने पिछले साल इकट्ठा की थी। तब हमारे पास बहुत समय नहीं बचा था क्योंकि आसन्न जाड़े के मौसम के कारण ऊपरी गाँवों के कुंचा वापस धारचूला लौटना शुरू कर चुके थे। एक मौसम में रहने के लिए अपना सारा माल-असबाब और भेड़-बकरियाँ जब एक परिवार यात्रा पर निकलता है तो उसे स्थानीय बोली में कुंचा कहा जाता है।

इस दफ़ा हमारा इरादा कुछ दिन फ़ुर्सत में गर्ब्यांग की लोकगाथाएँ इकट्ठा करना और पिछले कुछ दिनों के काम को नोट्स की सूरत देना है।

गुंजी से गर्ब्यांग की दूरी कुल नौ किलोमीटर है। रास्ता तक़रीबन समतल है और हम आराम से बग़ैर थके वहाँ पहुँच जाते हैं। हमारे पास धारचूला में रहने वाले जनाब चंद्र सिंह गर्ब्याल का महीनों पहले लिखा हुआ एक सिफ़ारिशी पत्र है जिसे उनके एक संबंधी को दिखाकर रात में हमारे रहने का प्रबंध होने वाला है।

एक घर के बाहर पोस्ट ऑफ़िस का बोर्ड लगा है। हम उसके बाहर जाकर आवाज़ लगाते हैं। अठारह-बीस साल का एक लड़का बाहर आता है। लिफ़ाफ़े पर लिखा नाम देखते ही वह कहता है- "हमारे चाचा लगते हैं ये लेकिन पिछले ही हफ़्ते वापस धारचूला जा चुके हैं। कुछ काम था?"

मैं पहले उसका परिचय सबीने से कराता हूँ क्योंकि वह आँखें फाड़े उसी को घूरे जा रहा है। जान-पहचान हो जाने के बाद मैं उसे अपनी शोध-यात्रा के बारे में संक्षेप में बताता हूँ। यह भी कि हम कुछ दिन गर्ब्यांग में रहना चाहते हैं जिसके लिए हमें एक ठौर चाहिए होगी।

"एक मिनट रुकिए।" कहकर वह भीतर जाता है और एक चाभी लेकर आता है।

"हमारे एक-दूसरे चाचा हैं। बाहर नौकरी करते हैं। उनका घर ख़ाली रहता है। आपको पसंद आए तो जितने दिन चाहें वहाँ रहिए। मैंने कल ही वहाँ साफ़-

सफ़ाई की है।"

लड़के का नाम प्रकाश है और वह धारचूला में परचूने की छोटी-सी दुकान चलाता है। एक सप्ताह बाद उसे धारचूला जाना है।

प्रकाश के चाचा का दोमंज़िला घर आलीशान है। दरवाज़े-खिड़कियों की चौखटों पर बेहतरीन नक़्क़ाशी की गई है। प्रकाश ने वाकई घर को साफ़ किया है। ऊपर की मंज़िल का बाहरी कमरा दिखाकर वह हमसे पूछता है- "ठीक है?"

"ये तो बहुत ही शानदार है भाई, शुक्रिया!" मैं ख़ुश होता हुआ कहता हूँ।

सबीने भी ख़ुश नज़र आ रही है। जयसिंह सामान उतारकर भीतर रख चुका है और रात के खाने की जुगत के बारे में सोच रहा है। प्रकाश उसे बता रहा है कौन-सी चीज़ गाँव में कहाँ मिलेगी।

गर्ब्यांग में आने वाले परिवारों की संख्या साल-दर-साल कम होती जा रही है। इस साल भी बहुत कम लोग आए हैं लेकिन जितने भी आए हैं अगले कुछ दिनों में उन सब ने हमारे लिए बहुत ख़ास बन जाना है।

गाँव में घूमते हुए मेरी निगाहें जयराज को खोजती हैं। मैं प्रकाश को उसका हुलिया बताकर पूछताछ करता हूँ।

"मेरा भाई है जयराज, सगा भाई। बहुत बदमाश हो गया है। स्कूल भी नहीं जाता। बस इधर से उधर भटकता रहता है। कल नाबी वाले एक परिवार के साथ उसे धारचूला भेज दिया मैंने।"

जयसिंह ने गाँव के किसी घर में खाना बनाने की व्यवस्था कर ली है। और बेहतरीन च्यक्ती की भी। अपने स्लीपिंग बैग्स में घुसे, मोमबत्ती की मद्धिम रोशनी में हम अपने नोट्स बना रहे हैं। दरवाज़े पर आहट होती है। एक उम्रदार सज्जन हैं।

"प्रकाश ने आपके बारे बताया। मेरा भतीजा लगता है प्रकाश। सुना आप हमारे इलाक़े पर रिसर्च कर रहे हैं। इसीलिए आ गया। भीतर आ जाऊँ?"

उन्हें बताता हूँ कि हम पिछले साल कुछ दिन गर्ब्यांग में रहे थे।

"पिछले साल मैं नहीं आया था।" क़ालीन पर बैठते हुए वे कहते हैं।

सबीने चौकस होकर अपनी डायरी निकाल लेती है।

प्रकाश के चाचा के पास भी क़िस्सों-कहानियों का ज़खीरा है। वे हमें बहुत

सारी कथाएँ सुनाते हैं। गब्यांग गाँव की उत्पत्ति को लेकर चलने वाली दो भाइयों की कथा भी।

एक समय गब्यांग गाँव की चोटी पर छिन्दू तोक में तसोंग ह्या और गुंगसुंग ह्या नाम के दो भाई रहा करते थे। उन्हीं दिनों व्याँस घाटी के नाबी और रौंगकौंग गाँवों में डुडुला-पैकू नामक एक दुष्ट राक्षस भी रहता था। समूची घाटी में डुडुला-पैकू का आतंक छाया हुआ था। एक भीषण संघर्ष के उपरांत डुडुला-पैकू को तसोंग ह्या और गुंगसुंग ह्या ने मार गिराया। उनके इस वीरतापूर्ण कारनामे से पूरी व्याँस घाटी में इन दो भाइयों का सम्मान बहुत बढ़ गया।

एक बार तसोंग ह्या और गुंगसुंग ह्या की बकरियों को चराने के लिए एक चरवाहा गढ़वाल गया हुआ था। नीती-माणा के लोगों ने अन्यायपूर्ण तरीक़े से इस चरवाहे को मार डाला। इस दुखद घटना की ख़बर सुनकर दोनों भाई गढ़वाल को रवाना हुए और उन्होंने नीति-माणा के लोगों को मारकर उसकी हत्या का बदला ले लिया। बड़ा भाई तसोंग ह्या अपनी बकरियों को लेकर वापस गब्यांग गाँव चला आया और छोटा यानी गुंगसुंग ह्या एक वीरान पड़े घर में शराब से भरी सुराही देखकर उसके लालच में आ गया और उसे पीकर उसने वहीं रहने का फ़ैसला कर लिया। माना जाता है कि इन दोनों क्षेत्रों में भाषाई समानता होने का मूल कारण यही घटना रही है।

गब्यांग गाँव के लोग अपने गाँव के अस्तित्व का सारा श्री इन्हीं दो भाइयों को देते हैं। तसोंग ह्या और गुंगसुंग ह्या को स्थानीय स्तर पर न्याय करने में निपुणता हासिल थी। वे बुद्धिमान, तर्कशील, सभी का पक्ष सुनने वाले, शक्तिशाली और वीर थे। उन्होंने व्याँस घाटी में फैली अनेक बुराइयों को समूल नष्ट किया और शांति स्थापित की। वे अपने गाँव के मुखिया और न्यायाधीश थे। सारी व्याँस घाटी के विवादों को सुलझाने के लिए यही दो भाई ज़िम्मेदार थे। जब वे बूढ़े हुए उन्होंने अपनी पदवी गब्यांग गाँव की बुड़ा राठ के हवाले कर दी।

लोकमानस में यह विश्वास है कि जब तसोंग ह्या और गुंगसुंग ह्या बूढ़े हुए तो उनकी शारीरिक शक्ति काफ़ी कम हो गई थी और उनके लिए मुकदमों की सुनवाइयों के लिए गब्यांग गाँव तक जा सकना मुश्किल हो गया था। इन भाइयों के सम्मान के लिए उन्हें छिन्दू से गब्यांग लाने के लिए एक पालकी की

व्यवस्था की गई थी।

समूची व्याँस घाटी में तसोंग ह्या और गुंगसुंग ह्या को लेकर अनेक कथाएँ और मिथक प्रचलित हैं और अपने अद्वितीय गुणों के कारण ये गर्ब्याल पितर बहुत सम्मान के साथ पूजे जाते हैं।

बीच-बीच में हम लोग च्यक्ती की एक पूरी बोतल पी चुके हैं। प्रकाश के चाचा जी अचानक हमसे पूछते हैं- "आपको पता है हमारी लोकगाथाओं के हिसाब से आसमान में एक नहीं नौ सूरज होते हैं। और ये नौ सूरज आपस में सगी बहनें हैं।"

"और..." आगे बोलने से पहले वे उठने का उपक्रम करते हैं- "चलिए बाहर चलिए आपको कुछ दिखाता हूँ।"

बाहर ख़ासी ठंड है लेकिन हमारे पास अपनी जैकेटों और च्यक्ती की पर्याप्त गर्मी है। कृष्णपक्ष के दिन हैं और साफ़, खुला आसमान सितारों से भरा हुआ है।

"वो तारा देखते हैं..." वे एक काफ़ी चमकदार तारे की तरफ़ इशारा करते हैं- "उसका नाम है सौंग। हमारी भाषा में सौंग का मतलब होता है घर। अभी देखिए कैसे स्थिर होकर चमक रहा है। यह हमेशा ऐसे ही रहता है। हाँ अगर कभी यह झिलमिल करना शुरू कर देता है तो समझिए गाँव पर बड़ी आफ़त आने वाली है। तीन-चार साल पहले एक रात मैंने ऐसा होते हुए देख लिया लिया था। अगले दिन मेरी दर्ज़न भर बकरियाँ नदी में डूबकर मर गईं।"

"और वो पाँच तारों का समूह देखिए!" वे दोनों हाथों से मेरा कंधा घुमाते हुए कहते हैं- "उसका नाम है ल्हक्सर।"

इतने सारे तारे हैं कि मुझे वह नज़र नहीं आता। मैं हाँ-हूँ करता हूँ।

"इस ल्हक्सर में जो पाँच तारे हैं ना उनके भी अलग-अलग नाम हैं– नी सोंग, ख्वेन दार, पीरु झंकर, लम छंकर मा और ल्हाकर। इनकी गति देखकर मैं बता सकता हूँ कि इस साल पहली बर्फ़ किस पहाड़ पर पड़ेगी और किस ढलान की घास सबसे हरी होगी।"

मैं अचरज में भरा उनको सुनता रहता हूँ, "जब शुक्ल पक्ष शुरू होगा तो उसके पहले दिन को हम ल्हक्चप कहते हैं। पूर्णिमा को ल्हच्यबंग कहते हैं और अमावस को लह्सी।"

कुछ देर चुप रहने के बाद वे कहते हैं- "पुच्छलतारा जीवाजंगरू कहलाता है। हमारे यहाँ कहावत है- हे ईश्वर, आकाश में कोई पुच्छलतारा न हो न धरती पर कोई सौतेली माँ।"

फिर हम बहुत देर तक चुप रहते हैं।

अगले कुछ दिन हम प्रकाश के चाचाजी की संगत में बिताते हैं और रं सभ्यता के अनेक विवरणों के बारे में जानकारी इकट्ठा करते हैं।

करजंग गुंग्का की कथा

करजंग गुंग्का के वंशज मूलतः नेपाल के जुमला के रहनेवाले थे और किसी समय आकर गब्यांग बस गए। करजंग गुंग्का का पिता शारीरिक रूप से बहुत शक्तिशाली था और उसकी धौंस पर समूचे गाँव में लूटपाट और मारपीट किया करता था। करजंग गुंग्का की एक बहन थी जिसका विवाह तसोंग ह्या के साथ हुआ था। करजंग गुंग्का ने अपने पिता के मरने बाद उसी के कार्यों का अनुसरण किया और नेपाल के राजा जुमली ह्या के साथ मिलकर समूचे गब्यांग गाँव के लोगों को आतंकित करना शुरू किया।

इससे त्रस्त ग्रामीणों ने तसोंग ह्या के पास जाकर इस बात की शिकायत की। त्सोंग ह्या ने अपनी पत्नी के भाई को समझाने की बहुत कोशिश की लेकिन कुछ लाभ न हुआ। करजंग गुंग्का ग्रामीणों की संपत्ति को लूटकर उसे करजंग नामक जगह पर छिपा दिया करता था। करजंग गुंग्का की करतूतों से तसोंग ह्या भी परेशान रहता था। उसने अपनी पत्नी को पितर-पूजा के बहाने से करजंग गुंग्का के पास जहरीली शराब का एक घड़ा लेकर भेजा. उसने पत्नी को हिदायत दे रखी थी कि वह पूजा समाप्त होते ही सीधी वापस घर लौट आए। उसने वैसा ही किया। बाद में जब तसोंग ह्या और उसका भाई गुंगसुंग ह्या मिलकर करजंग पहुँचे तो उन्होंने देखा कि करजंग गुंग्का शराब के नशे में चूर था। दोनों भाइयों ने उस जगह को आग लगा दी। अगले सात दिन तक करजंग से आग की लपटें उठती रहीं। इस तरह करजंग गुंग्का का अंत हुआ।

करजंग गुंग्का के दो बेटे थे जो उक्त घटना के समय अपने रेवड़ों के साथ व्यापार के प्रयोजन से मैदानी इलाक़ों में गए हुए थे। जब वे वापस अपने घर

लौट रहे थे, लामारी के नज़दीक थिन नामक जगह पर उनकी मुलाक़ात एक बूढ़ी स्त्री से हुई जिसका नाम थिन लला था। थिन लला ने उन्हें बताया कि उनके पिता की हत्या हो गई है और उनके घर को आग के हवाले कर दिया गया है। उसने उन्हें राय दी की वे अपने घर न जाकर उसी के साथ रहें। इस पर छोटा भाई एक नज़दीकी पहाड़ की चोटी पर चढ़ा और उसने करजंग से लपटें उठती हुई देखीं। जब उसने अपने भाई को यह बात बताई तो दोनों ने आपस में सलाह-मशविरा कर वहीं बस जाने का फ़ैसला किया। जल्द ही बूढ़ी स्त्री ने अपनी बेटी की शादी बड़े वाले से कर दी और उसे घरजमाई बना लिया। छोटा भाई कुछ समय बाद गढ़वाल की तरफ़ चला गया। गढ़वाल जाकर उसने तसोंग ह्या और उसके भाई गुंगसुंग ह्या के चरवाहों को मार कर अपना प्रतिशोध लिया, जो उन दिनों वहाँ अपने पशुओं को चराने ले गए थे।

1950 के दशक के पहले, जब तिब्बत के साथ व्यापार अपने शिखर पर था, समूचे इलाक़े में गर्ब्यांग गाँव की वही साख़ थी जो जोहार घाटी के मिलम गाँव की थी। ये दोनों ही गाँव आकार में काफ़ी बड़े थे और यहाँ के व्यापारी अपनी बिरादरी के सबसे अमीर लोगों में गिने जाते थे। तिब्बत से टैक्स वसूलने वहाँ के अधिकारी जोंगपेन का लगातार गर्ब्यांग आना-जाना लगा रहता था। उनके स्वागत में जश्न होता था, कई-कई दिनों तक उत्सव और नाच-गाना चलता था। इस गाँव के जितने भी बुज़ुर्ग हमें मिले हैं, सभी के पास उस बीत गए समय के तमाम क़िस्से हैं। उन्हें बताते हुए उनकी आँखों में ख़ुशी के साथ बराबर मात्रा में उदासी घुली रहती है।

गोबरिया पंडित की दास्तान

पिछली शताब्दी में इसी गाँव में एक बेहद सफल व्यवसायी ने जन्म लिया था। 1868 में जन्मे रायबहादुर गोबरसिंह गर्ब्याल ने अपने व्यापार की जड़ें लद्दाख, ल्हासा, काठमांडू, कानपुर, दिल्ली, बम्बई, कलकत्ता और कालिम्पोंग जैसी दूरस्थ जगहों तक फैला ली थीं। अपनी व्यवहारकुशलता के बूते पर उन्होंने नेपाल और असकोट के राजाओं के अलावा इलाक़े में तैनात अँग्रेज़ अफ़सरों के

साथ बहुत नज़दीकी संबंध बना लिए थे। उन्होंने अनेक भौगोलिक सर्वेक्षणों में ब्रिटिश सरकार की मदद की थी जिसके चलते 1912 में उन्हें एक स्वर्ण पदक के साथ रायबहादुर की पदवी से अलंकृत किया गया।

एक प्रयोगधर्मी उद्यमी के तौर पर उन्होंने रं व्यापारियों को तिब्बत से लाए जाने वाले ऊन को लाने-ले जाने में आने वाली परेशानियों को दूर करने के उद्द्देश्य से ऊन को नए तरीक़े से पैक करना सिखाया। अपने इलाक़े में महिलाओं द्वारा बनाए जाने वाले कालीनों की गुणवत्ता सुधारने के लिए उन्होंने धागे की रंगाई और गाँठ बाँधने के नए तरीक़े सुझाए।

जब वे बहुत छोटे थे और उन्होंने केवल छठी कक्षा तक पढ़ाई हासिल कर रखी थी, शिक्षा विभाग के डिप्टी की सिफ़ारिश पर उन्हें दारमा घाटी के एक स्कूल में पढ़ाने के लिए भेजा गया, जिसमें कार्य करने वाला अध्यापक छुट्टी पर गया हुआ था। इस उपलब्धि के चलते उन्हें पंडित कहा जाने लगा और जीवन भर वे गोबरिया पंडित के नाम से ही जाने गए।

अनेक देशी-विदेशी संस्थाओं ने उन्हें अपने प्रबंधन-मंडल का सदस्य बनाया। उनका प्रभाव ऐसा था कि नेपाल-भारत के बीच होने वाली कोई भी कूटनीतिक संधि उनके हस्तक्षेप के बग़ैर पूरी नहीं होती थी। जीवन के शिखर पर पहुँचने पर उन्होंने अपने व्यापार का मुख्यालय काठमांडू में स्थापित कर लिया था जहाँ 1930 में जब उनकी मृत्यु हुई, नेपाल सरकार ने राजकीय सम्मान के साथ उनका अंतिम संस्कार किया।

गर्ब्यांग से थोड़ी ही दूरी पर नदी के पार छांगरू गाँव है। छांगरू से आगे तिंकर है। ये दोनों नेपाल में अवस्थित परंपरागत बड़े रं गाँव हैं। इनके अलावा रापला, स्यंगकंग और दुमलिंग जैसे छोटे रं गाँव भी हैं। इन नेपाली गाँवों के बाशिंदों का रहन-रहन व्याँस घाटी के रं गाँवों से ज़रा भी फ़र्क़ नहीं है। भारत और नेपाल के इन गाँवों के बीच विवाह सहित हर क़िस्म के सामाजिक संबंध आज भी चलते हैं।

छांगरू गाँव अपनी एक शापित गुफा के लिए जाना जाता है जिसके भीतर सौ से भी अधिक स्त्री-पुरुषों और बच्चों के नरकंकाल देखने को मिलते हैं। इस

गुफा को छांगरू राखू कहा जाता है और इसे लेकर अनेक मिथक और कथाएँ प्रचलित हैं।

ऐसा लगता है किसी महामारी से बचने की नीयत से इन लोगों ने इस गुफा में शरण ले रखी थी। उसी दौरान भूकंप जैसी कोई आपदा आई और ये सभी काल-कवलित हो गए। इस रहस्यमय गुफा के बारे में बाहरी संसार को सबसे पहले 1930 के दशक में एक पर्वतारोहण अभियान पर स्विट्ज़रलैंड से आए आर्नल्ड हाईम और ऑगस्ट गेंसर ने अपने लेखन के माध्यम से बताया।

पिछले साल जिन दिनों हम धारचूला के एक होटल में रहकर इन घाटियों की यात्राओं की योजना बना रहे थे, हमें बार-बार एक जापानी शोधार्थी के बारे में बताया जाता था जो पिछले पाँच-सात सालों से छांगरू गाँव में रहकर शोध कर रहा था। यह भी बताया जाता था कि यह जापानी आवश्यक ख़रीदारी के लिए हर चार-पाँच महीने के बाद धारचूला का चक्कर लगाता था। उसने स्थानीय बोली भी सीख ली थी। यह और बात थी कि किसी को भी उसका नाम नहीं मालूम था।

व्याँस घाटी में घूमते हुए भी एक-दो दफ़ा उसका ज़िक्र आया था। अब जब हम उसके इतने नज़दीक हैं, हम उससे एक बार मिलना चाहते हैं। हम उससे मिलकर छांगरू राखू के कंकालों के बारे में ढेर सारे सवाल पूछना चाहते हैं जिन पर वह इतने बरसों से रिसर्च कर रहा है। लेकिन उसकी कोई राह नहीं है। अव्वल तो यूरोपियन होने के नाते सबीने को नेपाल की सीमा में घुसने की इजाज़त नहीं मिलेगी और अगर किसी तरह हम उसे मैनेज कर भी लें तो बारिशों की वजह से छांगरू जाने वाला पुल पिछले हफ़्ते बह गया है।

सारे काम कभी नहीं होते।

***

सुबह उठते ही सामने नीले आकाश के नीचे फैली धवल हिमालयी पर्वत-शृंखला दिखाई देती है। इनमें सबसे शानदार दिखाई देने वाली चोटी का नाम नमज्युंग है। गर्ब्यांग के लोग नमज्युंग को अपना सबसे बड़ा देवता मानते हैं और उसे ह्या नमज्युंग कहते हैं।

रं देवताओं के संदर्भ में ह्या शब्द बार-बार आता है। उनकी बोलचाल में भी यह शब्द ख़ूब इस्तेमाल होता है। ह्या शब्द का सबसे नज़दीकी अर्थ हुआ बड़ा

भाई। मिथकों में आने वाले राजाओं, जैसे पीपीह्या और देवताओं जैसे करजंग ह्या के साथ भी इसे जोड़ा जाता है। देवता और राजा को अपने बड़े भाई जैसा मानना कितनी सुंदर बात है!

ह्या नमज्युंग का मिथक

पर्वतों की बात करें तो गर्ब्यांग और सारी व्याँस घाटी के सबसे बड़े देवता माने जाते हैं ह्या नमज्युंग। उन्हें सज्या डाक्पो के नाम से भी जाना जाता है। कहा जाता है की ह्या गंगरी द्वारा उन्हें कैलाश-मानसरोवर मार्ग की सुरक्षा और पहरेदारी के लिए नियुक्त किया था। स्थानीय जनता का यह पक्का विश्वास है कि ह्या नमज्युंग की अनुमति के बिना किसी भी अच्छे या बुरे व्यक्ति अथवा जीव का कैलाश-मानसरोवर पहुँच सकना असंभव है।

जोहार घाटी की सबसे बड़ी देवी हैं नंदादेवी (उन्हें स्थानीय भाषा में च्यनम कहा जाता है) जबकि दारमा घाटी में दारमा नेवला को सबसे बड़ा माना जाता है। व्याँस घाटी में ह्या नमज्युंग को ऐसा ही समतुल्य स्थान प्राप्त है।

ह्या नमज्युंग अथाह संपत्ति और ऐश्वर्य का स्वामी होने के साथ-साथ बहुत आकर्षक व्यक्तित्व के स्वामी थे। वे अपने रूप से किसी को भी मोहित कर सकते थे। उनके सौ बेटे और पच्चीस बेटियाँ थीं। ह्या नमज्युंग की वीरता और महानता को लेकर सभी घाटियों के देवता एकमत थे और न्यायाधीश ह्या गंगकंग ने भी इस तथ्य पर मोहर लगाते हुए उन्हें महानतम घोषित किया था। ह्या गंगकंग के निर्णय की एक शर्त के चलते ह्या नमज्युंग को अपनी सारी संपत्ति दान देनी पड़ी थी जिसके बाद उनके शरीर पर केवल पगड़ी (बैंठलो) और कटिवस्त्र (ज्यूज्यंग) रह गए थे। आपी (अन्नपूर्णा) पर्वत श्रेणी के जिस पर्वत को ह्या नमज्युंग का प्रतिरूप माना जाता है, उसकी आकृति इन्हीं दो वस्त्रों को धारण किए हुए व्यक्ति के जैसी दिखती है।

ह्या नमज्युंग को सभी देवी-देवता बहुत सहयोग करते थे जिसकी कृतज्ञता में उन्होंने सभी को एक-एक पुत्र का आशीर्वाद दिया। इस शक्तिशाली देवता पर विश्वास करने वाले व्याँस घाटी के गाँवों में कीपंग और बड़ानी के अनुष्ठान

किए जाते हैं। दारमा घाटी में ह्या नमज्युंग को देवी के रूप में पूजा जाता है। व्याँस घाटी में जल और संपन्नता की देवी माने जाने वाली न्युंगटांग देवी को दारमा घाटी में नमज्युंग न्युंगटांग के नाम से संबोधित किया जाता है।

छियालेख और संजीवनी

गर्ब्यांग से निकलते हुए आज हमारा गंतव्य बूदी गाँव है। बूदी हमारे लिए इसलिए ख़ास है कि पिछले साल जब हमने अपने शोध की शुरुआत की थी, धारचूला से हम सबसे पहले बूदी ही पहुँचे थे। उस अनुभव को याद करना हमेशा सुखद होता है।

गर्ब्यांग से हल्की-सी चढ़ाई चढ़ने के तुरंत बाद हम मुख्य सड़क पर आ जाते हैं और जल्दी ही छियालेख पहुँच जाते हैं। 3350 मीटर की ऊँचाई पर स्थित छियालेख को स्थानीय भाषा रं-ल्वू में छ्येतो कहा जाता है। इस घाटी की आधिकारिक इनर लाइन इसी स्थान से शुरू होती है और यहाँ आई.टी.बी.पी. और भारतीय सेना की चौकियाँ हैं। घाटी में आने-जाने वालों को अपने काग़ज़ात दिखाकर इन चौकियों पर अपनी प्रविष्टि करानी होती है।

छियालेख से व्याँस घाटी के विस्तार और उसकी प्राकृतिक सुंदरता के बेहतरीन नज़ारे देखने को मिलते हैं। यहाँ के विशाल चारागाहों में कितने ही तरह की दुर्लभ औषधीय जड़ी-बूटियाँ और पौधे पाए जाते हैं। सामने देखने पर छियालेख से आपी और ह्या नमज्युंग पर्वत-शिखरों की अलौकिक छटा नज़र आती है।

पलटकर देखें तो यहाँ से गर्ब्यांग गाँव भी दिखाई देता है। नेपाल के छांगरू, छिन्दू और और गागा गाँव भी यहाँ से देखे जा सकते हैं। कहा जाता है कि छियालेख में धरती और आसमान का मिलन होता है। व्यास ऋषि को समर्पित एक दुर्लभ मंदिर के अलावा बरम देव का भी एक मंदिर भी यहाँ है।

भारतीय सेना की चौकी पर हम अपने नाम लिखवा रहे हैं। सिपाहियों का व्यवहार दोस्ताना है। इस औपचारिकता के बाद हम आगे निकल ही रहे थे कि पीछे से कोई बोला- "अरे हमसे मिले बिना चले जाइएगा पांडे जी!"

ये आज़मगढ़ के रहने वाले सूबेदार रामलायक सिंह हैं जिनसे हमारी पिछले

साल कई मुलाक़ातें हुई थीं। मुझे आश्चर्य होता है वे एक साल से यहीं जमे हुए हैं। उन्हें देखते ही मैं उनके गले से लग जाता हूँ। सबीने जानती है फ़ौजी कैंप से अब हमें बग़ैर खाना खिलाए नहीं जाने दिया जाएगा।

रामलायक सिंह अपने सारे साथियों से हमारा परिचय करवाते हैं और बताते हैं कैसे पिछले साल बूदी से छियालेख की खड़ी चढ़ाई में हमें कितनी ही बार ऊपर-नीचे करना पड़ा था।

दरअसल पिछले साल तक इनर लाइन धारचूला से क़रीब 25 किलोमीटर पहले पड़ने वाले छोटे से क़स्बे जौलजीबी से शुरू होती थी। यहाँ से आगे जाने के लिए बाहरी लोगों को पिथौरागढ़ स्थित जिला मुख्यालय से इनर लाइन परमिट बनवाना पड़ता था, आगे की यात्रा के लिए जिसे धारचूला में एसडीएम को दिखाना होता है। हमें जो परमिट जारी किया गया था, उसमें बूदी तक जाने की इजाज़त तो थी पर उसके आगे के लिए भारतीय सेना की अनुमति आवश्यक बताई गई थी। सबीने के यूरोपियन होने की वजह से यह शर्त लगाई गई थी।

बूदी के नज़दीक संचार का इकलौता साधन छियालेख की सैन्य चौकी का वायरलेस था। उसी के माध्यम से हमें आगे जाने की अनुमति दिए या न दिए जाने की सूचना हासिल होनी थी। उस बारे में पता करने के लिए हमें कम से कम आधा दर्ज़न बार बूदी से छियालेख की दुर्गम चढ़ाई चढ़नी पड़ी थी और हर बार निराश वापस लौटना पड़ा था।

एक बार बहुत तेज़ बारिश हो जाने के कारण रास्ता रपटीला हो गया था तो सूबेदार रामलायक सिंह के इसरार पर हम एक रात उनकी वीआईपी बैरक में ठहरे भी थे।

छियालेख से आगे जाने की अनुमति हमें कैसी हासिल हुई उसकी कहानी दिलचस्प है। उसे आगे सुनाया जाएगा।

छियालेख के हरे बुग्यालों में मिलने वाली जड़ी-बूटियों को लेकर एक रोचक दृष्टांत हमने कई गाँवों में सुन रखा है।

संजीवनी और छियालेख का मिथक

भगवान राम और रावण के मध्य हुए रण में लक्ष्मण बहुत बुरी तरह घायल होकर मूर्छित हो गए थे। वैद्य के कहने पर हनुमान को संजीवनी बूटी लाने के लिए हिमालय पर्वत पर भेजा गया। माना जाता है कि इस कार्य के लिए वे छियालेख ही आए थे।

कथा है कि एक बार एक संत व्याँस घाटी से गुज़र रहे थे। जब तक वे छियालेख पहुँचे शाम हो चुकी थी। उन्होंने रात वहीं बिताने के फ़ैसला किया। भोजन के लिए उन्होंने किसी तरह एक चिड़िया मार सकने में कामयाबी हासिल कर ली। उन्होंने आग जलाई और नज़दीक ही स्थित अय्या मरती नामक एक जलस्रोत से पानी लेकर आए और चिड़िया के मांस को पकाने के लिए एक बर्तन पर चढ़ा दिया। फिर उन्होंने पक रहे भोजन को हिलाने के लिए बीरू क्वलस्यिन नामक एक पेड़ की टहनी को तोड़कर उससे करछुल का काम लेना शुरू किया। उन्होंने जैसे ही पक रहे भोजन को इस टहनी से हिलाना शुरू किया पक रही चिड़िया जीवित होकर बर्तन से उड़ गई।

संत की समझ में आ गया कि जिस टहनी को उन्होंने तोड़ा वही संजीवनी थी। जब लोगों ने संत के साथ घटी घटना के बारे में सुना, सभी लोगों और जीवों में संजीवनी बूटी पाने की होड़ मच गई और छियालेख में आने वालों का तांता लग गया। संजीवनी बूटी को भय हुआ कि इतने सारे जीवों के, जिनमें मनुष्य, पक्षी, पशु, कीड़े, मकड़ियाँ और जूँएँ तक थीं, संसर्ग में आने से उसकी पवित्रता नष्ट हो सकती है। सो अपनी पवित्रता को बचाए रखने के उद्‌देश्य से वह छियालेख से उस पहाड़ की चोटी पर चली गई जिसके नीचे अब नेपाल का छांगरू गाँव है।

फ़ौजी भाइयों के साथ स्वादिष्ट भोजन के बाद विदा का समय आता है तो वे हमेशा की तरह हमें तोहफ़ों से लाद देते हैं– व्हिस्की की बोतल, अनन्नास का मुरब्बा, दूध और मछली के टिन। जयसिंह को ऊनी मोज़ों की जोड़ी मिलती है। मेरी ख़ाली कलाई देखकर रामलायक सिंह भागकर बैरक में जाते हैं। अपनी एचएमटी घड़ी मुझे पहनाते हुए कहते हैं- "आपका पढ़ने-लिखने का काम होता है पंडिज्जी। ये ज़रूर आपके काम आएगी। देखो मना मत करना।"

मेरा गाँव बूदी और सनम काकू

छियालेख से बूदी की तरफ़ उतरते हुए मैं बार-बार पलटकर देखता हूँ। एक सीधी पहाड़ी तक़रीबन साठ डिग्री की चढ़ाई पर उठती चली गई है जिस पर काटा गया घुमावदार रास्ता देखकर ही चक्कर जैसा आने को हो जाता है।

मैं और सबीने पिछले साल के उस समय को याद करते हैं जब हर दूसरे-तीसरे दिन हमें बूदी से छियालेख चढ़ना होता था।

"मैंने ज़िंदगी में ऐसी चढ़ाई कभी नहीं देखी।" सबीने कहती है।

"मैंने भी!" मैं कहता हूँ।

"पर अभी तो हम उतर रहे हैं।" उसकी आवाज़ में सुकून है।

"हाँ, और इस बार हमें चढ़ना भी नहीं है।" मैं उसकी हाँ में हाँ मिलाता हूँ।

"और हमारे पास सारे परमिट भी हैं। डैम दोज़ सिली परमिट्स।"

हम अँग्रेज़ी में बात कर रहे हैं। परमिट शब्द जयसिंह की समझ में आ जाता है। वह भी वार्तालाप में शामिल हो जाता है- "हाँ साहब बहुत परेशान किया था परमिट ने पिछले साल!"

पिछली बार जब हम सितंबर की शुरुआत में बूदी पहुँचे थे। शरद आने को था। यानी सब कुछ ठीक-ठाक रहा होता तो हम पूरी व्याँस घाटी के अध्ययन का पहला चरण पूरा कर चुके होते। लेकिन फ़ौज से अनुमति नहीं आ रही थी।

बूदी के छोटे से पीडब्लूडी डाकबंगले में रहते हुए हमें पूरा महीना होने को आ गया था जब एक सुबह किसी ने हमें आकर बताया कि सेना का कोई बड़ा अफ़सर छियालेख-गुंजी के दौरे पर जा रहा है। यह भी कि फ़िलहाल वह बूदी में है और उसके साथ आए सैनिक नाश्ते का प्रबंध कर रहे हैं।

सबीने झटके में उठी और जूते पहनती हुई बोली- "चलो चोको, फ़ैसले की घड़ी आ गई।"

हम गाँव के प्रवेशद्वार पर स्थित उस छोटे से मैदान पर पहुँचे जहाँ फ़ौजी अफ़सर के लिए खाना बनने की तैयारी चल रही थी। एक सिपाही अफ़सर के घोड़े की मालिश कर रहा था जबकि दो खच्चरों में लदा सामान उतार रहे थे। फ़ोल्डिंग मेज़-कुर्सी भी साथ चल रही थी।

अफ़सर युवा था। हमें अपनी तरफ़ आता देख वह कुर्सी से खड़ा हो गया और बड़े उत्साह से बोला- "हेलो! हेलो! वेलकम! आई वंडर व्हॉट आर यू पीपल डूइंग इन दिस गॉडफ़ोरसेकन प्लेस!"

सबीने सारे काग़ज़ात साथ लेकर आई थी। उसने पिछले एक महीने की कहानी सुना दी।

अफ़सर बोला- "बस इतनी-सी बात थी। हद हो गई। लाइए परमिट मुझे दीजिए।"

सबीने ने उसे परमिट के साथ कलम भी पकड़ा दी। उसने वही खड़े-खड़े परमिट पर लिख दिया कि हमें पूरी व्याँस घाटी में भ्रमण करने की इजाज़त दी जाती है।

"आप निकलिए यहाँ से अब। ऊपर छियालेख में इस पर किसी से भी मोहर लगवा लीजिएगा। मैं कह दूँगा। नाउ अ कप ऑफ़ इंडियन आर्मी कॉफ़ी फ़ॉर द ब्रेव लेडी!" उसका स्टाफ़ हमारे लिए कॉफ़ी बना चुका था।

हमारे डाकबंगले के बारे में सुनकर उसने उसे देखने की इच्छा व्यक्त की। स्टाफ़ को आदेश दिया गया कि नाश्ता बन जाने के बाद डाकबंगले में पहुँचा दिया जाए।

हमने साथ नाश्ता किया और अगले एक घंटे के भीतर मध्य प्रदेश में कहीं का रहने वाला कर्नल संजय हमारा दोस्त बन चुका था। काश वह पहले आ गया होता! हमें पूरा एक महीना बूदी में न रहना पड़ता।

उसके जाने के बाद सबीने ने परमिट पर निगाह डाली और खीझ और प्रसन्नता के मिले-जुले स्वर में बोली- "डैम दिस सिली पीस ऑफ़ पेपर!"

पिछली यात्रा के नोट्स

धारचूला से बूदी पहुँचने के लिए पहले धारचूला से उन्नीस किलोमीटर दूर तवाघाट पहुँचना होता है। तवाघाट में कालीगंगा और धौलीगंगा का संगम

होता है। धौलीगंगा के साथ-साथ चलने पर आप दारमा घाटी पहुँचते हैं जबकि कालीगंगा के साथ व्याँस घाटी। यही कालीगंगा भारत-नेपाल की सीमा को भी निर्धारित करती है।

तवाघाट से व्याँस घाटी तक जाने के लिए अनेक विकल्प खुलते हैं। तवाघाट से 32 किलोमीटर जीप यात्रा करके नारायण आश्रम पहुँचा जा सकता है जहाँ से पहले छह किलोमीटर चलकर सिरखा फिर वहाँ से 14 किमी ट्रेक के बाद रुंगलिंग टॉप और सिमखोला होते हुए गाला। दूसरे विकल्प के तौर पर तवाघाट से जीप लेकर 12 किमी दूर पांगला पहुँचकर 8 किलोमीटर की ऊँची चढ़ाई पार कर सिरखा के रास्ते गाला जा सकते हैं। तीसरा रास्ता पांगला से माँगती (5 किमी) होकर गरबा धार (माँगती से 2 किमी) और वहाँ से गाला (गरबा धार से 7 किमी) होते हुए जाता है। गाला से व्याँस घाटी के पहले गाँव बूदी की दूरी 18 किलोमीटर है जहाँ मालपा और लामारी होते हुए पहुँचा जाता है।

एक चौथा मार्ग भी है जो तवाघाट से पांगला, पांगला से गरबा धार, गरबा धार से लखनपुर (4 किमी) और लखनपुर से नज्यंग, लामारी और मालपा होते हुए बूदी पहुँचता है। लखनपुर से बूदी की दूरी 16 किलोमीटर है। पहले दिन की यात्रा किसी भी यात्री के लिए ख़ासी थकान भरी हो सकती है क्योंकि इसमें बहुत सारे उतार चढ़ाव आते हैं इसलिए यात्री को सफ़र से पहले आवश्यक तैयारियाँ करने के साथ-साथ ज़रूरी सावधानियाँ भी बरत लेनी चाहिए।

परंपरागत रास्ता सिमखोला, लखनपुर (स्थानीय भाषा में इसे लक्वर-फू कहते हैं), खान डेरा (या खान मंग डेरा) और नज्यंग होकर मालपा पहुँचता है। कई सौ वर्ष पहले जब मैसूर का तत्कालीन राजा कैलाश मानसरोवर की यात्रा से वापस लौट रहा था, उसे अहसास हुआ कि रास्ता बहुत मुश्किल और ख़तरनाक है। भविष्य में आने वाले यात्रियों की सुविधा के लिए उसने कश्मीर से बलिष्ठ और दृढ़ खान मज़दूरों को बुलवाया। ऐसे काम में महारत रखने वाले इन मज़दूरों ने ठोस चट्टानों को काट कर रास्ता तैयार किया। रात्रि विश्राम के लिए इन मज़दूरों ने एक गुफा भी बनाई। इसी वजह से इस जगह का नाम खान डेरा पड़ गया। किसी भी उत्साही, जिज्ञासु और साहसी यात्री के लिए सिमखोला गाड़ (घट्याबगड़) से ही मिथकों, फंतासियों और महान कथावाचकों का संसार

खुलना शुरू हो जाता है। यदि यात्री में सुनने का धैर्य हो तो उसे स्थानीय बुजुर्गों द्वारा सिमखोला में गाला बगेल और कालू बुड़ा और लखनपुर में तम्पा खुची श्यिना की कथाएँ सुनने का सौभाग्य हासिल हो सकता है।

लखनपुर से आप नज्यंग पहुँचते हैं जहाँ ग्लेशियर से एक धारा निकलती है। यह समूचा इलाक़ा दुर्लभ जड़ी-बूटियों, फूलों और वन्यजीवन से भरपूर है। नज्यंग से आगे मालपा नामक बसासत पड़ती है। इसे मालिपा भी कहा जाता है।

मालपा से आगे जाने पर पेलशिती नाम का झरना देखने को मिलता है। झरने के नज़दीक एक समतल मैदान है जिसे छंखन-री कहा जाता है। छंखन-री से थोड़ा ही आगे जाएँ तो लामारी नाम का छोटा-सा गाँव आ जाता है। व्याँस की मिथकीय धार्मिक परंपरा में लामारी का बहुत महत्त्वपूर्ण स्थान है। माना जाता है कि बूदी गाँव के विख्यात तिन्द-लामा का जन्म यहीं हुआ था। इस चमत्कारी लामा के बारे में अनेक कथाएँ प्रचलित हैं। लामारी से बूदी के रास्ते में न्युंगटांग-ती नाम की एक छोटी-सी जलधारा बहती है। इस धारा का ज़िक्र भी अनेक मिथकों में आता है क्योंकि समूची व्याँस घाटी में न्युंगटांग को पानी और समृद्धि की देवी माना जाता है और हर घर में उसकी पूजा होती है। इसी रास्ते पर इस महान देवी की प्राकृतिक रूप से निर्मित छोटी से प्रस्तर-मूर्ति भी देखने को मिलती है। आप कोठला और थक्ती जैसी जगहों से गुज़रते हैं। एक सुंदर जलप्रपात और चमत्कारिक औषधीय गुणों वाला गर्म पानी का चश्मा मिलता है। थक्ती से थोड़ा ही आगे जाने पर बूदी गाँव की पहली झलक दिखाई देना शुरू हो जाती है। इस बिंदु से आगे बूदी गाँव तक का रास्ता बहुत मुश्किल चढ़ाई वाला है। इसी जगह पर पलंग नाम की एक छोटी-सी नदी काली नदी से मिलती है। निकट ही अवस्थित गल्जा ग्लेशियर में पलंग का उद्गम है।

बूदी गाँव के प्रवेश द्वार पर निर्मित एक पनचक्की यात्री का उस भूमि में स्वागत करती है जिसे महान संपन्नता, मिथक, असाधारण प्राकृतिक सौंदर्य और प्रकृति माँ द्वारा यदा-कदा ढाई जाने वाली विकट आपदाओं से लड़ने के अति मानवीय हौसले से परिभाषित किया जा सकता है।

1884 में पहली बार छपे अपने 'द हिमालयन गजेटियर' में एडविन थॉमस एटकिंसन ने बूदी का परिचय देते हुए लिखा है- 'बूदी समुद्र की सतह से 9070

फीट की ऊँचाई पर पलंगाड़ी नदी की धारा के दाएँ किनारे पर उस बिंदु के ठीक ऊपर बसा हुआ है जहाँ काली नदी के साथ उसका संगम होता है। बूदी के ठीक ऊपर, उत्तर-पश्चिम के पहाड़ी क्षेत्र से लगी हुई एक सीधी ऊँचाई वाली पहाड़ी है जो पूरी घाटी के आर-पार पसरी हुई है जिसके कारण नदी के बहाव के लिए एक बेहद सँकरा रास्ता बचता है। क़रीब 1750 फीट की मुश्किल चढ़ाई के बाद चेतू-बिनायक (अब छियालेख) पहुँचकर आप ऊपरी व्याँस में प्रवेश करते हैं।"

बुदियालों, रायपाओं और लामाओं का घर बूदी इस घाटी के रं गाँवों में सबसे कम ऊँचाई पर अवस्थित है। यहाँ से हिमालय की पवित्र आपी चोटी का शानदार नज़ारा देखने को मिलता है। डाकबंगले से कोई 500 मीटर की दूरी पर मुख्य बूदी गाँव है।

रं सभ्यता का धार्मिक जीवन और तत्व-विज्ञान अनेक देवी-देवताओं के इर्द-गिर्द घूमता है जिन्हें सदियों से चले आ रहे धार्मिक-सामाजिक विश्वासों के आधार पर विभिन्न गुणों और शक्तियों से सुसज्जित माना जाता रहा है। कुछ देवता सीधे-सीधे प्रकृति और उसकी शक्तियों से जुड़े हुए हैं जबकि अनेक अन्य देवी-देवताओं के अस्तित्व के साथ मिथकीय धारणाएँ संलग्न हैं। एक शानदार वाचिक-परंपरा के माध्यम से ये धारणाएँ पीढ़ी-दर-पीढ़ी आगे ले जाई जाती रही हैं। संपर्कों और विश्वास का यह ऐसा सामाजिक समुच्चय है कि परंपराओं और धार्मिक विश्वास के बीच अंतर कर सकना मुश्किल हो जाता है। जीवन की धारा की दिशा निर्धारित करने वाला विश्वास और जीवन का यह मज़बूत और उत्तेजक मिश्रण सभी रं घाटियों में हर जगह महसूस किया और देखा जा सकता है।

चार्ल्स शेरिंग ने लिखा है– "सै-थान या ईश्वर का स्थान, एक गज लंबाई और उतनी ही चौड़ाई और एक या दो गज की ऊँचाई वाला एक छोटा-सा चैंबर होता है, जिसके भीतर एक सफ़ेद पत्थर रखा होता है। इसके ऊपर एक पेड़ की शाखा होती है जिसे सफ़ेद कपड़े की पतली पट्टियों (धजा) से सजाया गया होता है जो हवा में फर-फर करती रहती हैं। अलबत्ता ज़्यादातर जगहों पर कोई मंदिर जैसा नहीं होता बल्कि एक साधारण पत्थर भर होता है जिसकी बग़ल में धरती पर एक प्रार्थना-स्तम्भ अथवा दरच्यो (पेड़ का कटा हुआ तना जिसके

ऊपर की कुछ शाखाएँ छोड़ दी जाती हैं) स्थापित रहता है जिसमें बाँधी गई धजाएँ लटकी रहती हैं।"

वंशावली पर आधारित शताब्दियों पुरानी जटिल पद्धति के हिसाब से बूदी गाँव की मुख्य राठों में लामा, रैच्यंग और ख्वेनच्यंग प्रमुख हैं। लामा राठ की एक और उपशाखा है– गुन्दकच्यंग। रैच्यंग राठ की उपशाखाओं में पीकूरैच्यंग, पंग्पूरैच्यंग और जेखूरैच्यंग शामिल हैं।

गाँव में मनाए जाने वाले सबसे प्रमुख त्यौहारों में ह्या गबला-पूजा, किर्जी (जिसे चौंदास घाटी में कंगडाली कहा जाता है), व्यास मेला, नबू-साम और बुड़ानी प्रमुख हैं। बूदी के निवासियों के लिए प्रतापी त्यिंद लामा महानतम पितर और गाँव के संरक्षक हैं जिनके जीवन और कर्मों को लेकर प्रचलित असंख्य जनप्रिय क़िस्सों, कहानियों और मिथकों का संबंध आस-पास के अनेक स्थानों, दिनों, लोगों और गाँवों से जुड़ा हुआ है।

छियालेख से बूदी की उतार भी ख़ासी मुश्किल है। कई जगह बहुत ख़तरनाक ढाल है, जिसमें एक भी ग़लत क़दम आपको सैकड़ों मीटर नीचे खाई में पहुँचा सकता है।

और गाँवों की तरह बूदी की शुरुआत में भी एक सै-थान है। ताज़ा बाँधी गई धजाएँ इशारा कर रही हैं कि किसी परिवार में कोई पूजा चल रही है। हम अपना सामान रखने पहले डाकबंगले जाते हैं। वहाँ के चौकीदार अपने छोटे से खेत में काम कर रहे हैं जिसमें बंदगोभियाँ उगाई जा रही हैं। हम इस खेत और इन बंदगोभियों को अच्छी तरह पहचानते हैं। पिछली बार जब हमने डाकबंगले में प्रवेश किया था यह खेत बंदगोभियों से भरा हुआ था। एक माह बाद जब हमें आगे जाने की अनुमति मिल पाई थी, खेत वीरान हो चुका था। हमने उन तीस दिनों में हर दिन कम से कम दो बार बंदगोभी खाई थी। कभी नाश्ते में उसकी सूखी बंदगोभी और पराठे, कभी लंच में रसदार बंदगोभी और भात तो कभी डिनर में रोटी के साथ आलू वाली सूखी या रसदार बंदगोभी। बाज़ दिन, जब गाँव के किसी घर से खाने का न्यौता न आता हमें तीनों दफ़ा थाली में उसके दर्शन होते थे।

चौकीदार बूदी के ही रहने वाले हैं। वे हमें देखकर बहुत ख़ुश हो जाते हैं। काम-धाम छोड़कर सीधा हमारे पास आते हैं और पूछते हैं- "इस बार कागज-

पत्तर लाए हो ना आप लोग?"

मैं उन्हें बताता हूँ कि हम दारमा घाटी से आ रहे हैं और सारे काग़ज़ लेकर आ रहे हैं। वे अपनी निगाह छियालेख की चोटी की तरफ़ उठाते हैं और कहते हैं- "बहुत दिक़्क़त हुई रही आप लोगों को पिछले साल!"

वे हमारे लिए चाय बना रहे हैं। मैं उनसे बूदी गाँव के अपने मित्रों- गाँव के प्रधान पदम सिंह रायपा, बूदी के इकलौते कम्यूनिस्ट कॉमरेड धरम सिंह और मुझे और सबीने को सिरी-नमस्या (बेटा-बहू) कह कर संबोधित करने वाले सनम सिंह बुदियाल- की बाबत पूछताछ करता हूँ। इन सभी के साथ हमारी काफ़ी अंतरंगता हो गई थी। वे सभी का हाल बताते हैं। सभी गाँव में हैं। हम ख़ुश हैं जल्द ही सभी से मुलाक़ात होगी।

सनम सिंह बुदियाल साठ के फेरे में हैं। उन्होंने शादी नहीं की। अपने भाई के परिवार के साथ रहते हैं। बहुत मीठे आदमी हैं। घर की जो भी थोड़ी-बहुत खेतीबाड़ी है उसी से उनका गुज़ारा चल जाता है। बूदी में बने वे हमारे पहले दोस्त थे। उनकी और हमारी ऐसी घुटी कि हम बूदी में जहाँ-जहाँ गए वे हमारे साथ होते थे। हमने मिल कर च्यक्ती की दर्जनों बोतलें ख़ाली कीं और दुनिया-जहान के बारे में बातें कीं।

एक शाम वे हमसे बात करते-करते ख़ासे भावुक हो आए। बोले- "आप लोग ऐसे ही दुनिया में कब तक भटकते रहोगे?"

मैं जवाब सोच ही रहा था कि वे बोले- "इन मैडम से भी कहो ना, ये मेरी भाषा नहीं समझती हैं।"

मैंने उनकी बात अँग्रेज़ी में सबीने तक पहुँचा दी। वह बोली- "मैं समझी नहीं।" मैंने यह बात सनम सिंह जी तक पहुँचाई।

सनम सिंह बुदियाल जी, जिन्हें हमने मोहब्बत से सनम काकू कहकर संबोधित करना शुरू कर दिया था, मेरा हाथ थाम कर बोले- "अगर मेरी शादी हो गई होती तो आप दोनों की उम्र के मेरे बच्चे होते। इस लिहाज़ से आप मेरे बेटे के समान हो।"

"सही बात कह रहे हैं काकू।" मैंने हामी भरी।

"तो हर आदमी चाहता है कि उसके बच्चे एक जगह पर रहकर अच्छी तरह ज़िंदगी बिताएँ और... समय रहते शादी कर लें।"

"मतलब?" मैंने पूछा तो वे बोले- "मैं कहना चाहता हूँ कि आप मेरी बात इन मैडम से कहो। और इनसे यह भी कहो कि मैं चाहता हूँ ये मैडम और आप आपस में शादी कर लें। इस तरह भटकना ठीक नहीं होता!"

शराब के नशे के अतिरेक में सनम काकू की पनीली आँखें बहने-बहने को हो रही थीं, "मैंने तो एक हफ़्ता पहले तय कर लिया था कि आप दोनों के साथ मेरा कोई न कोई पिछले जन्म का संबंध है। नहीं तो कोई आदमी इतनी दूर से बूदी जैसी जगह में रहने को क्यों आता। और यहाँ बैठकर हम इस तरह से..." वे अपना गिलास एक साँस में खींचकर आगे कहते हैं- "... इस तरह से हम महफ़िल-पानी कर रहे हैं तो इसके पीछे हमारे श्यंग-सै देवता की कोई न कोई इच्छा ज़रूर होगी।"

मेरी समझ में नहीं आ रहा था उन्हें क्या उत्तर दिया जाए। मैंने मुस्कुराते हुए सबीने को काकू के प्रस्ताव के बारे में बताया। वह खिलखिलाती हुई बोली- "काकू से बोलो उनका आइडिया मुझे पसंद है।"

काकू सुबह से पी रहे थे। रात घनी हो रही थी और उनके घर जाने का समय हो रहा था। उनकी बात का कोई उत्तर दिए बग़ैर मैंने जयसिंह को आवाज़ लगाई कि सनम काकू को उनके घर तक छोड़ आए।

वे लड़खड़ाते हुए उठे और थोड़ी देर बाद स्थिर होकर बोले- "तो तय रहा?"

"क्या तय रहा काकू?" मैंने पूछा।

"यही कि आप दोनों शादी करने को राज़ी हैं।"

"अभी आप घर चलिए काकू। इस बारे में कल बात करेंगे।" मैंने जयसिंह को इशारा करते हुए कहा।

अगली सुबह नाश्ते के समय बग़ैर पिए काकू हमारे डाकबंगले में थे। मैंने अचरज जताया तो बोले- "अरे कल ही तो तय हुआ था। आज आपकी शादी करानी है।"

मैं हैरान हो गया। मुझे लग रहा था पिछली शाम वे नशे में बोल रहे थे।

मुझे सकपकाया देख हँसते हुए बोले- "कहीं जाना थोड़े ही है। आप लोगों के नाम की धजा मैं बाँध आया हूँ। पंडित जी भी आने ही वाले हैं। यहीं डाकबंगले में होगा सब कुछ।"

सामने से दो बोतलें थामे कॉमरेड धरम सिंह हँसते हुए आ रहे थे। इस पूरे तमाशे को दिलचस्पी से दखते हुए चौकीदार जी को भी सनम काकू ने वहीं बिठा लिया। अपने मैले कोट की भीतरी जेब से चाँदी के पुराने सिक्कों की बनी एक छोटी से माला निकालकर उन्होंने सबीने को देते हुए कहा, "यह मेरी माँ की निशानी है। आज से तुम्हारी हुई।"

सबीने संकोच करती रही पर जबरन उसे थमाते हुए वे बोले- "आप लोग मानो चाहे न मानो आज से मैंने तुम दोनों को अपना बहू-बेटा मान लिया। मतलब सिरी-नमस्या।"

संभवतः दुनिया के इतिहास में इतना संक्षिप्त वैवाहिक अनुष्ठान कहीं न हुआ होगा। सनम काकू के फ़ैसले पर मोहर लगाते हुए पुरोहित बनाकर लाए गए कॉमरेड धरम सिंह ने गिलास भर दिए। सुबह-सुबह दावत शुरू हो गई।

चाय पीते हुए हम सनम काकू के साथ उस सुबह को याद करते हुए ख़ूब हँसते हैं और कुछ देर बाद उनके घर का रुख़ करते हैं। सबीने उनके और उनके भाई के बच्चों के लिए ऑस्ट्रिया से तोहफ़े लेकर आई है। हमें अचानक आया देख काकू की आँखें छलक आती हैं।

वे हमें सिरी-नमस्या कहकर ही बुलाते हैं।

बूदी के त्यिंद लामा, रं परंपराएँ और कहावतें

बूदी हमें अपना गाँव लगता है। तक़रीबन हर परिवार से हमारी दुआ-सलाम है। सनम काकू को साथ लेकर हम बूदी के ग्राम प्रधान पदम सिंह रायपा के घर पहुँचते हैं। सबीने उनके लिए एक कलम और ऐसी ही कुछ छोटी-मोटी चीज़ें लेकर आई है। पदम सिंह रायपा इलाक़े के लोकप्रिय लोगों में गिने जाते हैं। शराब-नशे को हाथ नहीं लगाते और अपने काम को लेकर बेहद संजीदा रहते हैं।

बूदी के सरकारी स्कूल को लेकर वे एक दिलचस्प क़िस्सा सुनाते हैं। पिछली बरसातों में स्कूल का एक हिस्सा ख़तरनाक तरीक़े से धँस गया। जिला प्रशासन को ख़बर की गई। काफ़ी काग़ज़-पत्तर के बाद सरकारी खजाने से मरम्मत की रकम मंज़ूर हुई। ग्राम प्रधान होने के नाते इस आशय की सरकारी चिट्ठी की कॉपी उन्हें भी मिली। जिला मुख्यालय के अफ़सरों द्वारा तय की गई रकम इतनी कम थी कि उससे एक दीवार बनाने भर की ईंटें धारचूला से बूदी लाई जा सकती थीं। इन अफ़सरों को बूदी की दुर्गम भौगोलिक स्थिति के बारे में बिल्कुल भी ज्ञान न था। मरम्मत में लगाने वाली ईंटों को पहले ट्रकों से हल्द्वानी, पिथौरागढ़ होते हुए धारचूला लाया जाना होता, फिर धारचूला या तवाघाट से बकरियों की पीठों पर। एक बकरी एक बार में हद से हद दो ईंटें ढो सकती है। रायपा जी ने एकाध बार एसडीएम के दफ़्तर के चक्कर काटे तो बताया गया यही सरकारी रेट है। इसी से काम चलाना होगा।

पदम सिंह रायपा की अगुवाई में जिला प्रशासन को एक चिट्ठी लिखी गई कि बूदी गाँव के निवासी उसकी दी हुई सरकारी मदद को लेने से इनकार करते हैं। यह भी लिखा गया कि बूदी की ग्राम सभा स्कूल की सारी मरम्मत अपने ख़र्चे पर करवाने में सक्षम है। स्कूल की मरम्मत सरकारी अनुदान के बग़ैर ही की गई।

रं-घाटियों की परंपरागत ग्राम सभाएँ ठीक-ठाक संपन्न होती हैं। वे गाँव के ज़रूरतमंदों को समय-असमय छोटे-मोटे ऋण भी दिया करती हैं। एक अद्‌भुत परंपरा के चलते उनके पास अच्छा-ख़ासा पैसा रहता है। इस परंपरा का नाम है झुम्खो।

झुम्खो परंपरा

मनुष्य के जन्म से लेकर मृत्यु तक होने वाले सभी अनुष्ठान जैसे नामकरण, विवाह, मृत्यु आदि रं समाज में सामाजिक ज़िम्मेदारी के साथ निभाए जाते रहे हैं। यही बात व्यक्तिगत और सामूहिक पूजाओं के ऊपर भी लागू होती है।

मान लीजिए किसी परिवार में किसी बच्चे का कोई अनुष्ठान होना है। तीनों घाटियों में रहने वाले तमाम रिश्तेदारों को न्यौता जाता है। मेहमानों की संख्या अच्छी-ख़ासी होती है। काफ़ी रकम ख़र्च होती है। अनुष्ठान करने वाले परिवार पर इस ख़र्च का बहुत बोझ न पड़े इसे ध्यान में रखते हुए झुम्खो की परंपरा बनाई गई है। घर आने वाले हर मेहमान की अच्छी ख़ातिर और उसके रहने-सोने की व्यवस्था की जाती है। मेहमान अपने योगदान के तौर पर ग्राम सभा द्वारा नियुक्त व्यक्ति के पास दो अलग-अलग मदों में थोड़ा पैसा जमा कराता है। नज़दीकी रिश्तेदार ज़्यादा पैसे देते हैं। हमने इन यात्राओं में देखा है इन दो मदों में प्रति व्यक्ति अलग-अलग औसतन क्रमशः सौ और पच्चीस रुपये जमा होते हैं। इनमें से बड़ी वाली रकम को 'बाला' कहा जाता है, छोटी वाली को 'धलंग'।

अनुष्ठान की रात को होने वाले नाच-गाने के समय ग्राम सभा द्वारा नियुक्त उक्त व्यक्ति हिसाब लिखने की अपनी नोटबुक लेकर एक-एक व्यक्ति का नाम लेकर उसके द्वारा जमा की गई रकम की घोषणा करता जाता है। सामने दो परातें रखी रहती हैं जिनमें एक-एक कर यह रकम अलग-अलग रखी जाती है। यह देखना बहुत अच्छा लगता है क्योंकि बहुत कम समय में परातें पैसों से भर जाती हैं।

'बाला' में इकट्ठा हुई रकम के दो हिस्से किए जाते हैं। बड़ा हिस्सा गृहस्वामी को दे दिया जाता है जबकि छोटा हिस्सा (जो कुल बाला के दस से बीस प्रतिशत के हिसाब से अलग-अलग गाँवों में अलग-अलग तय है) ग्राम सभा को मिलता है। 'धलंग' की रकम के तीन हिस्से होते हैं– आधा हिस्सा गाँव

की महिलाओं के संगठन के लिए होता है जबकि शेष बची रकम का आधा-आधा गाँव के युवती और युवक संगठन का।

ग्राम सभा अपने पैसे का इस्तेमाल अपने विवेक से गाँव के विकास कार्यों में ऋण देने में लगाती है। महिला संघ अपने पैसे से ज़रूरतमंद स्त्रियों को गलीचे बुनने हेतु कच्चा माल ख़रीदने हेतु बग़ैर ब्याज का ऋण उपलब्ध कराता है। युवती और युवक संगठन गाँव की सामूहिक आवश्यकताओं के लिए चीज़ों का बंदोबस्त करने– जैसे गाँव में आने वाले मेहमानों के लिए ज़रूरी बर्तन, क़ालीन, बिस्तर, रोशनी वग़ैरह– का ज़िम्मा सँभालते हैं।

ग्रामीण बैंकिंग की यह महान सामूहिक परंपरा रं गाँवों में शताब्दियों से विद्यमान है।

पदम सिंह रायपा जी के घर उनके एक बहुत बूढ़े रिश्तेदार रहते हैं। रायबहादुर सिंह लामा नाम के ये सज्जन अपने समय में बड़े व्यापारी थे और तिब्बत के बाज़ारों में उनकी बड़ी साख़ होती थी। पिछली बार उनके साथ हमने उनके साथ ख़ूब बातें की थीं और बहुमूल्य शोध सामग्री इकट्ठा की थी। नाम से ज़ाहिर है वे अपने गाँव की लामा राठ के सदस्य हैं। हम उनसे विदा ले रहे हैं तो वे अपने पोपले मुँह से ठहाका लगाते हुए कहते हैं- “अब तो आप लोग पूरी तरह बूदी वाले हो गए हो। चलो आज से मैं आपको अपनी राठ में भी शामिल कर लेता हूँ।”

इस तरह मज़ाक़ ही में सही, बूदी गाँव के सबसे बुज़ुर्ग निवासी ने हम दोनों को लामा राठ के बुदियाल के तौर पर स्वीकार किया। सबीने बाद में कहती है- “गर्व किए जाने लायक बात है यह!”

शाम होने के साथ ही ठंड बढ़ने लगी है। हमारा रात का भोजन सनम काकू के घर बन रहा है। हमें अपनी जैकेटों की ज़रूरत पड़ेगी। उसके लिए गाँव से वापस डाकबंगले आना होगा।

डाकबंगले की सीढ़ियाँ उतरते ही जवाहरसिंह नबियाल जी की परिचित आवाज़ कानों में पड़ती है। वे धारचूला से तीन दिन पहले चले थे। रास्ते में पहाड़ टूटकर गिरने से रास्ता बंद हो गया था और उन्हें लामारी-मालपा में दो रातें बितानी पड़ी थीं। उनकी मंज़िल नाबी है, जहाँ उनके परिवार में एक बड़ी

पूजा है जिसके बारे में हमें पहले से पता है। फ़िलहाल आज की रात वे बूदी में रहने वाले हैं। कैलाश-मानसरोवर जाने वाले यात्रियों के लिए बनाए गए अस्थाई शिविर में उन्हें रहने की जगह मिल गई है।

जवाहरसिंह नबियाल शानदार आदमी हैं– हमारी निगाह में रं संस्कृति और उसके इतिहास के सबसे बड़े विशेषज्ञ। एक लोकप्रिय जननेता के रूप में वर्षों तक धारचूला के ब्लॉक-प्रमुख रहे इस आदमी ने हमें पिछले साल धारचूला में सबसे पहले अपने घर में रहने की ठौर दी थी जब हम वहाँ किसी को नहीं जानते थे। उनके साथ कई दिनों तक हुई बातचीत के बाद ही हम इस महान सभ्यता को ठीक से जान-समझ सके थे। उन्होंने ही हरीश रौतेला, हयात सिंह फकलियाल मास्साब, मंगल सिंह रौंगकली, रतन सिंह रायपा और चंद्र सिंह गर्ब्याल जैसे बेहतरीन लोगों से हमारा परिचय कराया था। इन महानुभावों से मिली सूचनाओं के बग़ैर हमारी यात्राएँ हर तरह से अधूरी रहतीं।

चौकीदार चाय बनाकर ले आते हैं। ज़ाहिर है वे भी नेताजी को जानते हैं।

जवाहरसिंह नबियाल पिछले चालीस सालों से अपने इलाक़े की कहावतों-मुहावरों का संग्रह कर रहे हैं और उनकी इच्छा है इसे शीघ्र ही पुस्तक के आकार में प्रकाशित कर पाएँ। अपनी बातों में वे अक्सर इन मुहावरों का बड़ा चुटीला प्रयोग करते हैं। रौ में होते हैं तो उनकी वाणी पर जैसे सरस्वती बैठ जाती है। वे सबीने से उसके शोध के संबंध में अनेक प्रश्न पूछते हैं। पूरा होने में कितना समय लगेगा, क्या उसकी किताब बनेगी, बनेगी तो कहाँ-कहाँ पहुँचेगी वग़ैरह-वग़ैरह। सारे प्रश्नों के संतोषजनक उत्तर हासिल कर लेने के बाद वे इस बीच जुट आए सात-आठ स्थानीय परिचित-अपरिचितों से मुख़ातिब होकर हमारी तारीफ़ करते हुए अपनी रं-ल्वू भाषा में एक मुहावरा कहते हैं जिसका अर्थ हुआ- "कौवे को घंटी बाँधोगे तो वह देश-विदेश उड़कर उसकी आवाज़ लोगों को सुनाएगा। अगर चूहे को घंटी बाँधोगे तो वह बिल में घुसकर अलोप हो जाएगा।"

***

नाईजीरिया के विश्वविख्यात उपन्यासकार चिनुआ अचेबे ने लिखा है- "एक आदमी अपने लोगों को दावत पर इसलिए नहीं बुलाता कि वह उन्हें

भुखमरी से बचाना चाह रहा है। उन सभी के अपने-अपने घरों में भोजन होता है। जब हम चाँदनी से नहाए गाँव के मैदान में इकट्ठा होते हैं तो हम ऐसा चाँद की वजह से नहीं करते। हर आदमी अपने-अपने बरामदे से चाँद को देख सकता है। हम इसलिए इकट्ठा होते हैं कि अपने साथ के लोगों के लिए ऐसा करना भला होता है।"

सनम काकू के घर खाने के बाद हमें जीवनसिंह बुदियाल जी के घर नाच-गाने के कार्यक्रम में शिरकत का न्यौता मिलता है। हम ख़ुशी-ख़ुशी उसमें शरीक होते हैं। तीखे महिला स्वरों के लयबद्ध गायन की संगत में नृत्यरत स्त्री-पुरुषों के उल्लास-भरे चेहरों में दिखाई देने वाली संतुष्टि अलौकिक है। वह अनमोल है, जादुई है। बाहर एक विशाल अँधेरी रात पसरी हुई है जिसके भीतर हिमालय की गोद के एक नन्हे से हिस्से में अटके हुए इस बूदी गाँव की नन्ही-सी धुएँ से भरी रसोई में नाचते-गाते ये साधारण जन मनुष्य की उस उद्दाम उत्कंठा के प्रतिनिधि हैं जो उसे विषम से विषम से परिस्थितियों में लड़ना, जीना और ख़ुश रहना सिखाती है।

छोटी-सी स्पेस में होने वाले इस नाच-गाने में कभी किसी तरह की कोई अव्यवस्था या अराजकता नहीं होती। लोग आग के चारों तरफ़ बैठे रहते हैं, घर की महिलाएँ गलीचा बुनती रहती हैं, छोटे बच्चे माँओं की गोदियों में सोये रहते हैं, गायन का साथ देने के लिए तीन-चार लोग एक बार में नाचते हैं। कोई थक कर बैठता है तो उसकी जगह दूसरा ले लेता है। कभी किसी ख़ास व्यक्ति को नाचने के लिए उकसाया भी जाता है। यह सब लगातार स्वतःस्फूर्त तरीक़े से होता रहता है।

हर पुराने समाज की तरह रं समाज में भी नाचने-गाने को एक ज़रूरी मानवीय गुण माना जाता है। जो इन कलाओं में निपुण होता है, उसे भरपूर इज़्ज़त मिलती है। क़रीब पैंसठ साल के प्रधान पदम सिंह रायपा जब नाचने को उठते हैं तो सनम काकू मेरे कान में कहते हैं- "यह आदमी देवताओं की तरह नाचता है!" प्रधानजी के क़दमों की मद्धम गति की शालीन लयबद्धता धीरे-धीरे उनकी पूरी देह में पसर जाती है। उनकी बाँहों की गति ऐसी है मानो उनके कंधे, कोहनी, कलाई और उँगलियों के जोड़ मक्खन से चिपकाए गए हों। उनका नाच मंत्रमुग्ध कर लेने वाला है। मैं कनखियों से देखता हूँ सबीने समेत वहाँ मौजूद

सारी महिलाएँ सम्मोहित हैं। बहुत बाद में डाकबंगले लौटते हुए सबीने मुझसे कहती है- “मोरों का बादशाह भी ऐसा नहीं नाच सकता होगा।”

***

अगली सुबह सात बजे सनम काकू दरवाज़ा खटखटाते हैं। उन्हें अपने भतीजे के लिए बुख़ार की दवा चाहिए। मैं उन्हें गोली का पत्ता थमाता हूँ। वे कहते हैं- “सुबह से उल्टी भी कर रहा है।”

बदक़िस्मती से हमारे बैग में उल्टी की दवा नहीं बची है।

बूदी में एक फ़ार्मासिस्ट की दया पर चलने वाला सरकारी स्वास्थ्य केंद्र है तो सही लेकिन इतनी सुबह वहाँ जाने का कोई फ़ायदा शायद ही हो। ऐसी सुदूर जगहों पर नियुक्त किए जाने को तक़रीबन सभी सरकारी कर्मचारी किसी सज़ा की तरह देखते हैं जिसे जैसे-तैसे भुगता जाना होता है। इसे पनिशमेंट पोस्टिंग कहा जाता है। फ़ार्मासिस्ट महोदय अपनी सज़ा को सस्ती मिल जाने वाली स्थानीय च्यक्ती के सहारे काटने में यक़ीन रखते हैं और अक्सर धुत्त रहते हैं। यह जानते हुए भी मैं सनम काकू को लेकर फ़ार्मासिस्ट के कमरे में पहुँचता हूँ। जब वह हमारे द्वारा बार-बार हिलाए जाने के बावजूद नहीं उठता मैं ख़ुद ही उसकी मेज़ पर बिखरी दवाओं के ढेर में से किसी तरह पेरीनॉर्म का एक पत्ता हासिल कर लेता हूँ। सनम काकू का काम चल जाता है।

वापस डाकबंगले पहुँचता हूँ तो जवाहरसिंह जी इंतज़ार करते मिलते हैं। वे किसी भी तरह आज शाम तक नाबी पहुँच जाना चाहते हैं जहाँ कल सुबह उन्हें अपने परिवार की पूजा में हिस्सा लेना है। वे हमसे हमारा आगे का कार्यक्रम पूछते हैं। मैं उन्हें बताता हूँ अभी हम लोगों ने क़रीब सप्ताह भर बूदी में रहकर उसके बाद रास्ते में पड़ने वाली चौंदास घाटी के कुछ गाँवों से होते हुए वापस धारचूला पहुँचने की योजना बनाई है। सब कुछ ठीक रहा तो उसके बाद हम आगे उत्तर-पश्चिम की तरफ़ जोहार घाटी के प्रवेशद्वार मुनस्यारी भी जाना चाहेंगे।

मुनस्यारी का नाम सुनते ही वे वहाँ रहने वाले अपने अंतरंग मित्र जनाब गोविंद सिंह पांगती का ज़िक्र छेड़ देते हैं। गोविंद सिंह पांगती जी से हमारा पिछला परिचय है और नेताजी की तरह वे भी वर्षों तक मुनस्यारी इलाक़े के ब्लॉक प्रमुख रहे हैं। जवाहरसिंह जी उनके बहाने 1971 में हुई दिल्ली की

गणतंत्र परेड को याद करने लगते हैं जिसमें उन्हें कुमाऊँ की सीमांत जनजातियों का प्रतिनिधित्व करने का मौक़ा हासिल हुआ था। मेरे पास उनकी दी हुई एक पुरानी स्मारिका है जिसमें छपी एक तस्वीर में तत्कालीन प्रधानमंत्री इंदिरा गाँधी के साथ खड़े अपनी युवावस्था में वे अकीरा कुरोसावा की किसी फ़िल्म के योद्धा जैसे दिखाई दे रहे हैं।

***

नाश्ते के बाद हम गाँव पहुँचते हैं जहाँ जीवनसिंह बुदियाल जी के घर एक बड़ी पूजा है। पूजा में बलि देने के लिए एक विशेष बकरे को तिब्बत से लाया गया है।

रं सभ्यता में विभिन्न अवसरों पर पशुबलि दिए जाने का पुराना रिवाज़ है। बलि अमूमन स्थानीय बकरों की ही दी जाती है। बलि दिए गए पशु का मांस भोजन के रूप में काम आता है जिसके वितरण को लेकर अलग-अलग नियम बने हुए हैं। मांस का बड़ा हिस्सा प्रसाद के तौर पर बाँटा जाता है। इन घाटियों में खाद्यान्नों की हमेशा बड़ी कमी रही है। इस पृष्ठभूमि में मांस-भक्षण आहार-परंपरा का एक मुख्य हिस्सा बनना ही था।

बलि देने का जो तरीक़ा इन घाटियों में काम लाया जाता है, वह अपने आप में अद्वितीय है। संसार भर में जहाँ अन्य जगहों पर बकरे की गर्दन काट ली जाती है, यहाँ बकरे को उल्टा लिटाकर उसकी सबसे निचली पसली के नीचे एक छोटा चीरा लगाया जाता है। इस काम में विशेषज्ञ माना जाने वाला कोई आदमी उस चीरे से भीतर हाथ घुसकर बकरे का कलेजा बाहर खींच लेता है। यह पूरी प्रक्रिया चंद सेकेंडों में पूरी हो जाती है। इस प्रक्रिया की सबसे ख़ास बात यह होती है कि इस तरह मारे जाने से बकरे की देह का कोई भी हिस्सा बर्बाद नहीं जाता। ख़ून की एक-एक बूँद तक को थाली में इकट्ठा कर लिया जाता है जिसे जमाए जाने के बाद एक व्यंजन बनाया जाता है।

इस पूरी प्रक्रिया का सबसे दिलचस्प हिस्सा बकरे का कलेजा होता है, जिसे रं-ल्वू में छिन्छ्या कहते हैं। पूजा में बलि चढ़ाई गई बकरे का यह हिस्सा बेहद पवित्र माना जाता है। जिस तरह अनेक सभ्यताओं में जन्मकुंडली पढ़ी जाती है, बकरे के छिन्छ्या को भी पढ़ा जाता है। जन्मकुंडली की ही तरह छिन्छ्या को

पढ़ने के बाद भविष्यवाणियाँ की जाती हैं और उनसे संबंधित हिदायतें मिलती हैं। कलेजा पढ़ने की इस कला को छिन्छ्या औंग्मो कहते हैं और इसमें पारंगत लोग धामी कहे जाते हैं। जैसा मैंने पहले लिखा है, धामी अमूमन हर गाँव के धार्मिक, चिकित्सकीय व आनुष्ठानिक विशेषज्ञ होते हैं।

बलि हो जाने के बाद छिन्छ्या को एक पवित्र थाली में रख दिया जाता है। उचित मुहूर्त के हिसाब से धामी उसे हाथ में लेकर पहले पीछे की तरफ़ से देखकर बताता है कि बलि को देवता ने स्वीकार किया अथवा नहीं। अगर छिन्छ्या के पृष्ठभाग पर लाल रंग की लकीरें होती है तो धामी बताते हैं कि बलि को श्यिना यानी दैत्य उठा ले गया। वह देवता तक पहुँची ही नहीं। यानी बलि का पूरा अनुष्ठान दोबारा से करना होगा।

यदि बलि को देवताओं द्वारा स्वीकार कर लिया गया हो तो धामी छिन्छ्या का एक-एक हिस्सा देखकर अलग-अलग तरह की भविष्यवाणियाँ करता है। मिसाल के तौर पर छिन्छ्या के ऊपरी हिस्से में तीन सतहें होती हैं जिन्हें सामूहिक रूप से 'मीये' कहा जाता है। मीये तीन सतहों से बना होता है– शा-छ्यर, मी-छ्यर और डा-छ्यर। शा-छ्यर देवताओं से संबंधित होती है और अगर उसके ऊपरी भाग में किसी तरह की कोई काट-छाँट हो तो माना जाता है देवता इस बात से अप्रसन्न हैं कि कोई पूर्वनियत पूजा समय पर नहीं कराई गई। यदि ऐसी काट-छाँट निचले हिस्से में हो तो उसका अर्थ हुआ अगले दो या चार महीनों में परिवार पर कोई बड़ी आपत्ति आने वाली है। दोनों ही स्थितियों के लिए धामी उचित समाधान सुझाता है।

मी-छ्यर पूजा करवाने वाले परिवार के व्यक्तिगत मामलों से संबंधित होता है जबकि डा-छ्यर शत्रुओं से।

छिन्छ्या को मोटा-मोटी चौदह हिस्सों में बाँटकर देखा जाता है। बीमारी, दुर्घटना जैसे बड़े विषयों से लेकर छोटे-छोटे मामलों में भविष्यवाणी की जाती है और समाधान बताए जाते हैं। उदाहरण के लिए यह भी बताया जाता है कि इस वर्ष गाँव के फलाँ ढाल पर बर्फ़ पहले गिरने वाली है इसलिए अपनी बकरियों को पहले वहाँ की घास चराने भेज दिया जाए या सप्ताह के किस दिन घर की महिलाओं के बीच खटपट हो सकती है ताकि उस दिन वे आपसी व्यवहार में सावधानी बरतें।

छिन्छ्या को पढ़ना एक जटिल कला है जिसे जानने वाले विशेषज्ञों की संख्या लगातार घटती जा रही है। इसके बावजूद रं समाज में छिन्छ्या को देखकर धामी द्वारा की गई भविष्यवाणी देवता का आदेश मानी जाती है और हर कोई उस से सहमत होने को बाध्य रहता है। उल्लेखनीय है कि सामूहिक पूजाओं में बलि दिए जाने वाले बकरों का छिन्छ्या नहीं पढ़ा जाता।

इस सिलसिले में मुझे पिछले साल चौंदास घाटी के सिरखा गाँव में हुई एक पूजा याद आ रही है। वह भी ख़ास पूजा थी और उसके लिए भी तिब्बत से बकरा लाया गया था। बलि चढ़ाने वाले गृहस्वामी का बेटा अपने बच्चों को लेकर कई वर्षों के बाद गाँव आया था। उसी मौके पर वह पूजा की जा रही थी। बेटा सीमित छुट्टियाँ लेकर गाँव आया था। बलि दिए जाने के कोई एक घंटे बाद पड़ोस के किसी गाँव से आमंत्रित एक बूढ़ा धामी मौके पर पहुँचा और उसने छिन्छ्या को हाथ में लेते ही बता दिया कि बकरे को दैत्य ले गया। तिब्बत से नया बकरा लाना होगा। परिवार सन्नाटे में आ गया। धामी के जाने के बाद बाहर से आए उक्त बेटे ने धामी की बड़ी आयु का हवाला देते हुए कहा कि हो सकता है उसे ठीक से दिखाई न देता हो इसलिए किसी और धामी को बुलाने में कोई हर्ज़ न होगा।

घर के लोगों ने असहमति जताई पर मामला सिर्फ़ तिब्बत से नया बकरा लाने का नहीं था। उतनी दूर से बकरा लाने में बहुत समय लगना था। छुट्टियों का भी सवाल था। काफ़ी वाद-विवाद के बाद तय हुआ कि एक-दूसरे धामी को बुलाया जाए जो एक और किसी गाँव से तीन-चार घंटे बाद वहाँ पहुँचा। छिन्छ्या जस का तस थाली में रखा हुआ था। धामी ने कमरे में प्रवेश करते ही छिन्छ्या को केवल एक निगाह भर देखा और घरवालों को उल्टा-सीधा कहना शुरू कर दिया। "जिस छिन्छ्या को किसी ने एक बार पढ़ लिया है उसे पढ़ने को मुझे बुलाया आप लोगों ने। श्यंग-सै देवता का ज़रा भी भय नहीं रहा आपको!"

धामी को किसी तरह समझा-बुझा कर चुप कराया गया और निश्चय हुआ कि पूजा अगले वर्ष की गर्मियों की छुट्टियों तक के लिए मुल्तवी कर दी जाए।

दुनिया भर के समाजों का अध्ययन कर चुकी सबीने ने बाद में मुझे एक दफ़ा बताया कि बलि दिए गए पशु के कलेजे से संबंधित कुछ विवरण प्राचीन बेबीलोन की सभ्यता से प्राप्त हुए हैं। वहाँ घोड़ों की बलि दिए जाने का रिवाज

था जिसके बाद उसके कलेजे को सोने की परत से मढ़कर मंदिर में प्रदर्शित किया जाता था। अश्वबलि के साक्ष्य अनेक दूसरी पुरानी सभ्यताओं में भी मिलते हैं अलबत्ता यह स्पष्ट नहीं है कि छिन्छ्या जैसी अद्वितीय परंपरा वहाँ अस्तित्वमान थी या नहीं।

बूदी में अगले तीन-चार दिनों तक हम पिछले साल इकट्ठा की गई जानकारियों को पुख़्ता करने और उनमें आवश्यक सुधार करने का काम करते रहते हैं। इस दौरान हम टुकड़ों-टुकड़ों में बुज़ुर्ग रायबहादुर सिंह लामा जी की मदद से महान त्यिंद लामा की गाथा का आधिकारिक संस्करण भी दर्ज करते हैं।

त्यिंद लामा का मिथक

माना जाता है कि त्यिंद लामा का जन्म बूदी के समीप लामारी नामक छोटी-सी बसासत में एक अंडे से हुआ था जिसे एक गरुड़ ने सेया था। उन्हें एक शेरनी ने अपना दूध पिलाकर बड़ा किया था। ज़ाहिर है त्यिंद लामा के मानवीय माता-पिता भी थे।

एक बार जब त्यिंद लामा छोटे बच्चे थे, वे अपने नन्हें से पालने से ग़ायब हो गए। चिंतित होकर उनके माता-पिता और सम्बन्धियों ने उनकी खोज शुरू कर दी। त्यिंद लामा को छिलो नाम का पासे का खेल खेलना अच्छा लगता था। उनके पास यह शक्ति थी कि वे अपनी देह को कहीं भी पहुँचा सकते थे और छिलो खेलने के लिए अक्सर छिन्दू या गब्यांग गाँव पहुँच जाते थे। गब्यांग गाँव की एक महिला उनकी देहयष्टि देखकर आकर्षित हो गई।

एक दिन उसने देखा कि बालक त्यिंद लामा अकेले छिन्दू गाँव के घराट के नज़दीक छिलो खेल रहे थे। बालक की देह पर कोई भी वस्त्र नहीं था। सत्य यह था कि त्यिंद लामा देवताओं और आत्माओं के साथ छिलो खेला करते थे जिन्हें साधारण मनुष्यों द्वारा नहीं देखा जा सकता था। अगली सुबह उस महिला ने अपने घर पर पिछली शाम देखे गए दृश्य के बारे में बतलाया। कुछ ग्रामीण महिला द्वारा बताए गए स्थान पर गए। ग्रामीणों ने बालक को वहाँ खड़ा देखा. जब बालक ने ग्रामीणों को अपनी तरफ़ आता देखा वह दोस्ताना तरीक़े से मुस्कुराता हुआ उड़ा और बादलों में अलोप हो गया। तब से त्यिंद लामा को फंग्त लामा (उड़ने वाला लामा) भी कहा जाता है। जिस जगह से त्यिंद लामा

ने उड़ान भरी थी वह आज भी एक स्तम्भ की शक्ल में मौजूद है जबकि उसके आस-पास की धरती काफ़ी गहरे धँस चुकी है।

जब उस महिला ने बालक के जादुई रूप से अदृश्य हो जाने के बारे में सुना तो उसे विश्वास हो गया कि यह वही बालक है जो उसके स्वप्नों में आता रहता था। ग्रामीणों ने उस स्त्री को अनेक तरह के लालच दिए कि यदि वह बालक त्यिंद लामा के बारे में कुछ बता देगी तो उसे बहुत सारे इनाम दिए जाएँगे लेकिन महिला ने मना कर दिया। महिला ने माँग की कि गाँव की जल और समृद्धि की देवी न्युंगटांग को उसके हवाले कर दिया जाए। महिला की बात मान ली गई। ऐसा होते ही ग्रामीणों ने देखा कि बालक त्यिंद लामा महिला द्वारा बताए गए स्थान पर ही खड़े थे।

अपने जीवन में त्यिंद लामा ने पूरे इलाक़े और ख़ास तौर पर बूदी गाँव में परोपकार के अनेक कार्य किए जिससे उन्हें अपार ख्याति और सम्मान की प्राप्ति हुई। वे शारीरिक रूप से भी बलशाली थे। इसके अलावा वे बहुत बुद्धिमान और चतुर भी थे और उन्होंने अपना जीवन रं लोगों के उत्थान में लगाया।

उनकी शक्ति का पहला प्रमाण सिमखोला में देखा जा सकता है जहाँ उन्होंने गाला बगेल नाम के एक दुष्ट राक्षस का वध किया था। व्याँस घाटी के लखनपुर नाम का स्थान के ठीक सामने काली नदी के पार नेपाल में तम्पा झरने के पीछे एक गुफा में रहने वाले तम्पा खुची श्यिना नामक एक अन्य दैत्य का ज़िक्र एक-दूसरे मिथक में आता है। हमेशा भूखा रहने वाला तम्पा खुची श्यिना क्षेत्र के चरवाहों और ग्रामीणों के लिए आतंक का पर्याय बन चुका था। बूदी के बुजुर्गों से दिलचस्प विवरणों के साथ वह कथा सुनी जा सकती है जिसमें त्यिंद लामा ने अपनी चालाकी से तम्पा खुची श्यिना को एक गर्म लाल पत्थर निगलने को विवश किया जिसके बाद वह रं-देश छोड़कर चला गया।

त्यिंद लामा के बारे में एक और कथा उनके छिलो खेलने के शौक़ को लेकर है। बूदी गाँव के निकट एक स्थान पर थाकोंग नाम का एक श्यिना अक्सर त्यिंद लामा के साथ छिलो खेलने आया करता था। दोनों महारथी खिलाड़ी थे और उनकी बाज़ियाँ लंबी चला करती थीं। उनके बैठने के निशान क्षेत्र की अनेक चट्टानों पर आज भी देखे जा सकते हैं। उसी स्थान पर एक सुंदर पत्थर

भी दिखाई देता है। मानते हैं कि दोनों इसी पत्थर पर बैठकर खेला करते थे। चूँकि त्यिंद लामा श्यिना से अधिक बलशाली थे, यह पत्थर उनके भार के कारण एक तरफ़ को अधिक धँसा हुआ है।

एक और कथा के अनुसार थाकोंग और त्यिंद लामा के बेटे के बीच हुई कुश्ती में थाकोंग की करारी हार हुई जिसके बाद उसे अपनी गलती का अहसास हुआ और उसने सार्वजनिक रूप से माफ़ी माँगी।

एक बार त्यिंद लामा को दारमा घाटी से न्यौता आया। वहाँ के विख्यात दारमा लामा ने उन्हें बुलाया था। जब त्यिंद लामा वहाँ खाना खाने को आसन ग्रहण कर ही रहे थे दारमा लामा ने उनसे आग्रह किया कि वे भोजन से पहले नज़दीक में स्थित जलस्रोत पर जाकर हाथ धो लें। जब त्यिंद लामा जलस्रोत पर पहुँचे तो उसका जल ठोस बर्फ़ में तब्दील हो गया। दरअसल दारमा लामा ने अपने मेहमान को अपनी शक्ति दिखने के उद्देश्य से न सिर्फ़ उस जलस्रोत के बल्कि आस-पास के इलाक़े के सभी जलस्रोतों और नदियों-धारों के पानी को बर्फ़ में बदल दिया था। त्यिंद लामा अपने हाथ न धो सके और इस तरह उनकी एक छोटी-सी पराजय हुई। लेकिन जब वे वापस आ आ रहे थे उन्होंने समूची दारमा घाटी का पानी अपने साथ लिया उसे ले जाकर बूदी गाँव के पास एक स्थान पर छोड़ दिया। उस स्थान पर पानी का एक सोता फूट पड़ा जिसे आज भी बूदी गाँव के लोग दारमा ची नासो के नाम से संबोधित करते हैं।

इन्हीं दो ख़लीफ़ा लामाओं के बारे में एक और क़िस्सा चलता है जिसके मुताबिक़ दारमा लामा ने अपने शक्ति प्रदर्शन के तौर पर त्यिंद लामा के पास अपनी एक नौकरानी को संदेश-वाहिका बनाकर भेजा। महिला त्यिंद लामा को उस पुल पर मिली जो छिन्दू और छांगरू गाँवों को जोड़ता था। यह विशिष्ट संदेश-वाहिका अपने साथ बांस की बनी टोकरी में काली नदी का पानी लेकर आयी थी। बदले में दारमा लामा को वैसा ही शक्तिशाली संदेश भेजने के उद्देश्य से त्यिंद लामा ने एक सूखे अखरोट के छिलके को लेकर नज़दीक की ठोस चट्टान पर एक चोट की। इस चट्टान से भी पानी का सोता बह निकला। इस जलस्रोत को कुरे-ती कहा जाता है और लोग मानते हैं कि इसके जल में अनेक औषधीय गुण पाए जाते हैं।

बूदी गाँव के लोगों की स्मृतियाँ त्यिंद लामा की अनेक ऐसी कथाओं से भरी हुई हैं। त्यिंद लामा को ईश्वरीय शक्तियाँ मिली हुई थीं और कुटी गाँव के एक और महान लामा शौक्पो लामा के साथ उनकी मित्रता के अनेक क़िस्से पूरी घाटी में सुने-सुनाए जाते हैं।

त्यिंद लामा के वर्तमान वंशज खुशाल लामा आज भी अपनी आध्यात्मिक शक्तियों से बूदी गाँव के लोगों के कल्याण में रत हैं।

बूदी से मालपा और तिब्बती भिक्षु से मुलाक़ात

बूदी में हमारा काम निबट गया है। हमें दो दिन पहले आगे की यात्रा पर निकल चुकना चाहिए था लेकिन लगातार हो रही बारिश ने सारी योजना गड़बड़ा दी है।

पिछले तीन दिनों की तरह फिर सुबह से बारिश है। लगता है आज का दिन भी यहीं बिताना पड़ेगा। अपने पिठ्ठू पर निगाह डालता हूँ जिसे पिछली रात पैक करता-करता मैं ठहर गया था। उसका खुला हुआ मुँह ख़ासा मनहूस दिखाई दे रहा है।

चाय-नाश्ता निबटते-निबटते अचानक बारिश थम जाती है और आसमान साफ़ होने लगता है। सबीने और मैं एक बार एक-दूसरे की तरफ़ देखते हैं और सामान बाँधना शुरू कर देते हैं। सनम काकू और चौकीदार जी से विदा लेकर ग्यारह बजे हम बूदी छोड़ देते हैं। जयसिंह को ख़बर है कि मालपा तक का मुख्य रास्ता कई जगहों पर ख़राब है इसलिए वह एक पुराने रास्ते से चलने का प्रस्ताव देता है। हम मान जाते हैं। और कोई चारा भी नहीं।

हल्की-फीकी धूप निकल आई है और हवा में चिड़ियों की चहचहाहट है। परवीन शाकिर के शब्दों में 'सूरज की शह पे तिनके भी बेबाक हो गए' जैसा माहौल है। रास्ता बेहद ख़राब है और हमें बहुत सँभलकर चलना पड़ रहा है। अचानक सबीने ठिठककर रास्ते से लगे एक बड़े चट्टाननुमा पत्थर को देखने लगती है। धूप का आनंद लेने की नीयत से अलसाए से दो नन्हे से भूरे साँप उस पर पसरे हुए हैं। देखकर ज़रा भी भय नहीं लगता। आगे चल रहा जयसिंह हमें रुका हुआ देखकर पलटता है और आदतन घास के तिनके से दाँत कुरेदता हुआ दिलचस्पी के साथ साँप को देखने लगता है। मुझे लगता है वह स्थानीय

जीवविज्ञान का कोई रहस्य उद्घाटित करने जा रहा है। हल्की-सी मुस्कान के साथ वह कहता है- "बारिश से परेशान हो गए रहे ये साँप भी बिचारे!"

लामारी से दो या तीन ढलान पहले एक मोड़ पर अचानक एक वर्दीधारी पुलिस का सिपाही नज़र आता है। उसकी मंथर गति बता रही है वह थक गया है। फिर एक-एक कर उसके पीछे परंपरागत पोशाक पहने एक युवा तिब्बती भिक्षु और एक और सिपाही नमूदार होते हैं।

सबीने थके हुए सिपाही को पानी की बोतल प्रस्तुत करती है। बातचीत चल निकलती है। तिब्बती भिक्षु को पिथौरागढ़ में गिरफ़्तार किया गया था। उस पर अवैध रूप से भारत में प्रवेश करने का अपराध साबित हुआ और क़ानून के मुताबिक़ उसे वापस उसके देश भेजा जा रहा है। उसे लिपूलेख में स्थित तिब्बती सीमा पर चीनी पुलिस की चौकी के हवाले किया जाना है।

पिछले चार दशकों से तिब्बत और उसके बाशिंदों पर हो रहे चीनी अत्याचार के बारे में मैंने ख़ूब पढ़ा-सुना है। संसार जानता है कि किसी भी क़िस्म के विरोध या प्रतिवाद का चीनी सत्ता किस बेरहमी और क्रूरता से दमन करती है। तिब्बत को अपनी शांतिप्रियता की बड़ी क़ीमत चुकानी पड़ी है। नैनीताल के तिब्बती शरणार्थियों की रहने की जगहें मैंने देखी हैं। उन्हें देखकर गहरी करुणा और असहायता उपजती है।

तिब्बती भिक्षु के युवा चेहरे का दमकता ओज मेरे भीतर किसी चीज़ को गलाना शुरू करता है। उसे न हिंदी आती है न अँग्रेज़ी। उसकी भाषा में न उससे मैं बात कर सकता हूँ न पुलिस वाले। उसे सीमा पर छोड़ने की मुश्किल ड्यूटी पर लगाए गए दोनों सिपाही कुमाऊनी हैं और पहली बार इस तरह के रास्तों पर आए हैं। वे अभी से इस क़दर थके हुए दिखाई दे रहे हैं। उन्हें छियालेख की चढ़ाई का ज़रा-सा भी गुमान नहीं है। न उस ठंड का जो उनकी प्रतीक्षा कर रही है।

मैं उनसे कुमाऊनी में बात करता हूँ तो वे खुल जाते हैं और अपने जीवन की सारी दिक़्क़तें गिनाना शुरू करते हैं। फ़िलहाल उन्हें आदेश यह है कि भिक्षु को चौबीस घंटे हथकड़ी में रखा जाए। लेकिन यहाँ कौन-कहाँ जा सकता है? सो उन्होंने तवाघाट छोड़ते ही हथकड़ी उतार दी थी।

मुझे अपने बैग में धरे अनन्नास के मुरब्बे के उस टिन की याद है जो सूबेदार रामलायक सिंह ने हमें छियालेख में दिया था। मैं उसे बाहर निकालता हूँ और भिक्षु को थमाता हूँ। वह असमंजस में पहले मुझे देखता है फिर सिपाहियों को। सिपाहियों के सिर हिलाने पर वह उसे ले लेता है। मैं उससे बहुत सारी बातें करना चाहता हूँ। बस हाथ भर मिला पाता हूँ।

दस मिनट बाद हम अपने-अपने रास्ते पकड़ते हैं। जहाँ तक संभव होता है, मैं पलट-पलटकर देखता हूँ और भिक्षु की धीरे-धीरे ओझल होती जाती आकृति को स्मृति में जमा करता जाता हूँ। मुझे मालूम है कुछ ही दिनों में उसे चीन की जेलों में सड़ाया जाएगा। हो सकता है वह बच जाए। हो सकता है न बचे।

एक बूढ़े दंपति लामारी में आटे की चक्की चलाते हैं। पिछली दफ़ा सबीने ने उनकी कुछ तस्वीरें खींची थीं। वह उनके लिए प्रिंट बनवाकर लाई है। वे ख़ुश हो जाते हैं। मुख्य रास्ते से लगे उनके छोटे से घर के अहाते में बैठे हम बातचीत कर रहे हैं। भीतर से एक बेहद सुंदर लड़की चाय लेकर निकलती है। उनकी पोती है। कुछ दिन नाना-नानी के साथ रहने आई है।

स्टील के गिलास से गर्म चाय का आनंद लेता मैं आस-पास का मुआयना करता हूँ। चक्की से लगती ज़मीन पर पत्थर, घासफूस, टीन की चादर और प्लास्टिक की पन्नियों जैसी अंगड़-खंगड़ चीज़ों की मदद से एक तंबूनुमा घर बनाया गया है जिसके बाहर चीथड़ों में ढके दो-तीन छोटे बच्चे पत्थरों की मदद से अखरोट तोड़ कर खा रहे हैं। एक मरियल-सा पिल्ला भी है जिसकी गर्दन पर दुबली-सी सुतली बाँधी गई है। बच्चे हँसते हैं तो वह ज़ोर-ज़ोर से पूँछ हिलाने लगता है। बच्चों की खिलखिलाहट समूचे दृश्य के पार्श्व पर लगातार फैली हुई है। ये सस्ती दिहाड़ी पर मिल जाने वाले उन नेपाली मज़दूरों के बच्चे हैं जो सड़क बनाने के किसी ठेके के काम पर लगाए गए हैं। लगातार एक जगह से दूसरी जगह बदलते, दिन भर काम करते रहने वाले इन नेपाली श्रमिकों के तंबू हर सुदूर कच्ची पहाड़ी सड़क के किनारे देखे जा सकते हैं।

मैं पिछले दिनों हुई बारिश के बारे में सोचता हूँ, एक निगाह तंबू पर डालता हूँ और सिहर उठता हूँ।

लामारी से मालपा तक का रास्ता कीचड़ और पत्थरों से भरा पड़ा है। हाल के दिनों की बरसातों के दौरान असंख्य जगहों पर भूस्खलन हुआ है। कभी-

कभी निगाह ऊँची कर ऊपर पहाड़ों की तरफ़ देखता हूँ तो बहुत भय लगता है। कालीगंगा नदी अब रास्ते के तक़रीबन समानांतर चल रही है। थोड़ी देर में छंखन-री का मैदान आता है और उसके बाद पेलशिती का झरना। झरने में ख़ूब पानी है और उसकी बहुत सारी छोटी-बड़ी धाराएँ रास्ते के ऊपर गिर रही हैं। आगे जाने के लिए हमें भीगना ही होगा। उसका कोई भय नहीं लगता क्योंकि हम पहले से ही भीग रहे हैं। बूँदाबाँदी शुरू हो चुकी है।

जयसिंह हमसे काफ़ी पहले मालपा पहुँच चुका है और चाय की दुकान में हमारा इंतज़ार कर रहा है। पिछली बार हम यहाँ आए थे तो कुमाऊँ मंडल विकास निगम की एक बैरक में ठहरे थे। टीन की चादरों से बनी ये बैरकें काली नदी के हिंसक बहाव के इतना नज़दीक थीं कि रात भर भय लगता रहा था। इस बार हम मालपा के पीडब्लूडी डाकबंगले में जगह हासिल करने की कोशिश करेंगे जहाँ जयसिंह के चाचा चौकीदार हैं।

आधे घंटे की लगातार बूँदाबाँदी और झरने के पानी ने हमें पर्याप्त भिगो दिया है। ऐसे में चाय की दुकान की सुलगती भट्टी की बग़ल में बैठना अच्छा लगता है। चाय और बिस्कुट वग़ैरह के बाद हम मुख्य मार्ग से थोड़ी ऊँचाई पर मौजूद पीडब्लूडी डाकबंगले पहुँचते हैं। संभवतः इलाक़े में सेना की कोई ड्रिल चल रही है जिसके चलते बहुत सारे फ़ौजियों ने अपने तंबू डाकबंगले के आस-पास गाड़ रखे हैं।

कुल दो छोटे-छोटे कमरे हैं जिनमें से एक पर सेना के वायरलेस ऑपरेटर ने क़ब्ज़ा कर रखा है जबकि दूसरा अधिकारियों के लिए आरक्षित है। जयसिंह के दयालु चाचा अपने जोखिम पर हमें उस दूसरे कमरे की चाभी दे देते हैं। मूसलधार बारिश से रात भर टीन की छत बजती रहती है। डाकबंगले के प्राचीन गद्दों में निवास कर रहे खटमल पूरी कोशिश करते हैं कि हमारी रात तबाह हो जाए पर हमारी थकी हुई देहें उन्हें ऐसा नहीं करने देतीं और किसी पहर हम गहरी नींद में प्रविष्ट हो जाते हैं।

बिंदाकोटी के रास्ते चौंदास घाटी में प्रवेश

नाश्ते के लिए गर्म-गर्म रोटियाँ निकालते जयसिंह के चाचा बताते हैं कि बारिश सुबह साढ़े चार बजे तक होती रही। मालपा से आगे कुछ जगहों पर चट्टानें गिरने के समाचार हैं। मैं उनकी रसोई के छोटे से दरवाज़े के बाहर निगाह डालकर देखता हूँ। आकाश सलेटी बादलों से घिरा हुआ है और बारिश कभी भी शुरू सकती है।

कुछ भी हो जाए, हमने हर हाल में आज की रात बिंदाकोटी पहुँचने का मन बना रखा है। कल की यात्रा के बाद अब बारिश में भीगने का भय भी कम हो गया है। और वैसे भी मालपा से बिंदाकोटी बहुत दूर नहीं है।

बैग पैक करते-करते ही हल्की बरसात शुरू हो गई है। जूते के तस्मे बाँधती सबीने कहती है- "बहुत मज़ा आने वाला है चोको! तैयार हो?"

मालपा की सीमा से बाहर निकलने में ही हमें डेढ़ घंटा लग जाता है।

कीचड़ में चलते हुए कुमाऊँ मंडल विकास निगम की बैरकों तक पहुँचे ही थे कि सामने का नज़ारा देखकर एक बार को जी दहल जाता है। आगे क़रीब बीस-पच्चीस मीटर तक रास्ते का नाम-ओ-निशान नहीं है। ऊपर पहाड़ से लगातार मलबा बहकर आ रहा है और नीचे काली का बहरा कर देने वाला उफान भरा शोर है। पिछले कई दिनों की बारिश के कारण मलबा लसलसे कीचड़ में तब्दील हो गया है जिस पर चलना आसान तो नहीं होगा।

हम वहीं एक चट्टान की छाँह में बैठ जाते हैं। कुमाऊँ मंडल विकास निगम का एक पूर्व परिचित कर्मचारी हमसे बात करने चला आता है।

"सुबह तक तो दो-चार लोग यहाँ से आना-जाना कर पा रहे थे पर अभी आधे घंटे से मलबा फिर से आने लगा है।" वह सूचित करता है।

वह हमें बैरक में आने का न्यौता देता है। काली का शोर इस क़दर है कि हम केवल चीख़कर ही बातचीत कर पाते हैं जिसका मुख्य विषय घूम-फिरकर

बार-बार बारिश और मलबे पर आकर थम जाता है। अगले आधे-पौन घंटे में हम तीन कप चाय पीते हैं और लगातार सामने ढलते आ रहे भूस्खलन पर निगाहें लगाए रखते हैं।

बारिश थम गई है। हम बाहर निकल आते हैं।

हमें रास्ते का अगला छोर दिख रहा है जिसके आगे सब साफ़ है। बस किसी तरह ये बीस-पच्चीस मीटर पार हो जाएँ। जयसिंह कहता है हो जाएगा। मैं संशय के साथ सबीने को देखता हूँ। वह वैसी ही निगाहों से मुझे देख रही है।

जयसिंह के पास एक योजना है। कहता है हम एक बार में एक-एक कर उस मलबे को पार करने की कोशिश करें। यानी एक आदमी बग़ैर ऊपर देखे सावधानी से कीचड़ में पाँव धँसाते हुए आगे बढ़े और बाक़ी के लोग मलबे के छोर पर खड़े रहकर उसे चेताने का काम करते रहें। यानी ऊपर से पत्थर आ रहे हों तो चिल्ला कर उसे आगाह करें। यह बेहद दुस्साहस से भरी योजना है लेकिन इस समय और कोई चारा नज़र नहीं आता।

हम विचार कर ही रहे हैं कि सामने की तरफ़ के छोर पर कहीं से आ रही एक बूढ़ी स्थानीय महिला मलबे पर हमारी दिशा में चलना शुरू करती दिखाई देती है। उसके पैरों में रबड़ की चप्पलें हैं और पीठ पर बोझा। वह किसी तरह पाँव टिकाती एक-एक क़दम बढ़ा रही है जो कभी एड़ियों तो कभी पिंडलियों तक मलबे में धँस जा रहे हैं। हम थमी हुई साँसों से उसे देख रहे हैं। जयसिंह चीख़कर आवाज़ लगाता है- "आराम से काकी, डरना मत। धीरे-धीरे आओ।"

तीन-चार मिनट की मशक़्क़त के बाद वह हमारे ठीक सामने है। वह बोझा नीचे रखती है, चप्पल उतारती है और पास में बह रहे साफ़ पानी के एक धारे पर पहले उन्हें फिर अपने पैरों को साफ़ करती है। जयसिंह उससे कुछ पूछता है लेकिन वह जवाब नहीं देती। अपना काम पूरा करके वह चप्पल पहनती है, बोझा पीठ पर लादती है और धीमी रफ़्तार से ऊपर लामारी की तरफ़ जाने वाले रास्ते पर चल देती है। जैसे कुछ हुआ ही न हो। उसके लिए यह रोज़मर्रा का काम है।

उसके चले जाने के एक मिनट बाद तक हम सन्नाटे में रहते हैं। सबीने अचानक निर्णायक ढंग से खड़ी होती है और हिंदी में कहती है- "जैसिंग जी, एक बार में एक। ओके! ठीक है?"

पंद्रह मिनट के दुस्साहस के बाद हम मलबे के उस तरफ़ से कुमाऊँ मंडल विकास निगम के अपने परिचित को हाथ हिलाकर विदा कह रहे हैं। हम तीनों के जूते और पतलूनें कीचड़ से मटियामेट हो चुके हैं।

संयत होकर हम चलना शुरू करते हैं तो सबीने कहती है- "आई वोंट लाइक टू डू दिस अगेन।"

"मी टू।" मैं कहता हूँ।

हम दोनों एक साथ इत्मीनान की हँसी हँसते हैं। हँसता हुआ जयसिंह कहता है- "मैंने कहा था आपसे। हो जाएगा।"

मालपा से आगे निकलते ही फिर से हल्की बारिश पड़ने लगती है। अगले छह किलोमीटर नदी के किनारे-किनारे चलते लखनपुर पहुँचने तक वह लगातार एक ही रफ़्तार से पड़ती रहती है। हमने अपने बैग वग़ैरह को कहीं से हासिल की गईं प्लास्टिक की पुरानी चादरों से भरसक सुरक्षित करने की कोशिश की तो है लेकिन हमें मालूम है उनके भीतर सब कुछ गीला हो गया होगा।

लखनपुर में सीधी चट्टानों को काटकर एक गुफा जैसी बनाई गई है जिसके भीतर एक बहादुर आदमी ने एक ढाबा खोल रखा है।

हम वहाँ भरपेट भोजन करते हैं। भोजन मतलब मोटे चावल का भात, बग़ैर छौंक की स्थानीय दाल और मौसमी हरे पत्तों की सूखी सब्ज़ी। सफ़र के दौरान रास्ते में मिलने वाले ढाबे-होटलों में हमें अमूमन यही खाने को मिलता रहा है। कहीं-कहीं मैगी भी मिल जाती है। इससे ज़्यादा की न हमें उम्मीद होती है, न ज़रूरत।

लखनपुर से बिंदाकोटी तक एक ऊँची चढ़ाई है जिस पर एक के बाद एक चार-साढ़े चार हज़ार ऊबड़-खाबड़ सीढ़ियाँ बनी हुई हैं। स्थानीय लोग बताते हैं कि इन सीढ़ियों की संख्या 4,444 है। काली नदी से लगे एक बेहद पथरीले पहाड़ के हिस्सों को काट कर बनाई गई ये सीढ़ियाँ न जाने कितने वर्षों पहले बनाई गई होंगी!

दो दिन लगातार कीचड़ और मिट्टी में चलने के बाद पत्थर से बनी साफ़-सुथरी सीढ़ियाँ चढ़ना शुरू में अच्छा लगता है। थोड़ी ही देर में ऊब होना शुरू हो गई है। ऊँचाई बढ़ने के साथ कालीगंगा का शोर धीमा पड़ता जाता है। नदी के उस तरफ़ नेपाल के पहाड़ दिखाई दे रहे हैं। कभी-कभी वहाँ किसी रास्ते पर

चल रहा कोई इक्का-दुक्का आदमी भी निगाह में आ जाता है।

डेढ़ घंटे लगातार चढ़ने के बाद हम बिंदाकोटी में हैं। यहाँ की इकलौती दुकान में बैठा जयसिंह चाय पी रहा है। वह हमसे काफ़ी पहले पहुँचकर यहाँ के पीडब्लूडी डाकबंगले के चौकीदार से मुलाक़ात कर हमारे सोने की व्यवस्था भी कर चुका है। हमें देखते ही वह हमारे लिए चाय बनवाने लगता है।

मेज़ पर सप्ताह भर पुराना अख़बार रखा हुआ है। जयसिंह उसे उठाकर तन्मय होकर पढ़ने लगता है। ख़याल आता है कि हमने दो-ढाई महीने से न अख़बार देखा है, न टीवी। दरअसल हमने इस पूरे समय न बिजली देखी है न गाड़ी।

हमारे साथ घूमते हुए जयसिंह को भी पूरे दो-ढाई महीने बीत चुके हैं। ज़ाहिर है उसे अपने परिवार की याद आती होगी। घर पर उसके माता-पिता हैं, पत्नी है, चार बच्चे हैं। चाय सुड़कते हुए मैं जयसिंह को ग़ौर से देखने लगता हूँ। उसके चेहरे पर अपने घर के नज़दीक पहुँच जाने की ख़ुशी ज़ाहिर हो रही है। मैं उससे इस बारे में मज़ाक़ करता हूँ तो वह शर्मा जाता है और दियासलाई की तीली निकालकर उसे अपने दाँतों के बीच फँसा लेता है और ज़मीन को देखने लगता है। सब कुछ ठीक रहा तो कल शाम हम उसके गाँव में होंगे।

डाकबंगले पहुँचकर हम सामान खोलते हैं। कपड़े और बाक़ी खुली हुई चीज़ें तर हो चुकी हैं। हमारे स्लीपिंग बैग इस क़दर भीग गए हैं कि हमें उन्हें बाहर ले जाकर निचोड़ना पड़ता है। दोनों से मग-मग भर पानी निकलता है। जयसिंह उन्हें लेकर दुकान पर चला जाता है जहाँ लगातार जल रही भट्टी की गर्मी में उनके थोड़ा बहुत सूख जाने की उम्मीद है।

पुराने, बदबूदार कंबलों और च्यक्ती की एक बोतल के सहारे हम किसी तरह रात काट लेते हैं। तड़के ज़ोर की एक कड़कदार आवाज़ से आँख अचानक खुल जाती है। मैं इस आवाज़ को अच्छी तरह पहचानता हूँ।

एक झटके में हम दोनों बिस्तर से निकलकर बाहर बरामदे में आ जाते हैं। जयसिंह और चौकीदार वहाँ पहले से मौजूद हैं। हमसे बिलकुल बग़ल की पहाड़ी की चोटी से एक बहुत बड़ा हिस्सा टूटकर नीचे आया है। नतीजतन वह रास्ता बंद हो गया है जिससे होकर हम कल यहाँ पहुँचे थे। शुक्र है हमें आगे जाना है। वह रास्ता फ़िलहाल खुला हुआ है।

जल्दी-जल्दी तैयार होकर हम जयसिंह के गाँव की राह लगते हैं। हमारे चलना शुरू करते ही बारिश होने लगती है। हम पूरे दिन चलते रहते हैं। बारिश भी पूरे दिन चलती है। कभी चढ़ाई आती है, कभी ढलान। कहीं-कहीं समतल रास्ता भी मिलता है लेकिन वह हमेशा कीचड़ और गाद से भरा हुआ होता है।

बिंदाकोटी से माँगती और पांगला होते हुए कोई सोलह किलोमीटर भीगते हुए हमें अहसास होता है कि यह इस पूरे सफ़र का सबसे मुश्किल दिन रहा है। इतनी बारिश हमें किसी और दिन नहीं मिली। शाम के चार बजे हम जयसिंह के गाँव दंदौला पहुँच गए हैं।

जयसिंह के परिवार में हमारे आने से ख़ुशी का माहौल हो गया है। अड़ोस-पड़ोस के तमाम लोग सबीने को देखने उसके घर आकर इकट्ठा होते रहते हैं। उनमें से अधिकतर लोगों ने अपने जीवन में किसी अँग्रेज़ औरत को अपने सामने नहीं देखा है। जयसिंह पांगला की बड़ी दुकान से बच्चों के लिए ख़ूब ख़रीदारी कर लाया है। सबीने के जादुई बैग के भीतर सभी के लिए कुछ न कुछ निकल आता है।

जयसिंह रं समुदाय का सदस्य नहीं है। कुछ शताब्दी पहले उसके पुरखे रं व्यापारियों द्वारा अपने इलाक़े में बसाए गए थे। ये लोग उनके घरों और खेतों पर काम करते रहे हैं। ज़ाहिर है इन गाँवों में वैसी संपन्नता की छाया भी नहीं दिखती।

जयसिंह की पत्नी ने डेढ़-दो कमरे के अपने घर का सबसे बड़ा कमरा हमारे लिए ख़ाली कर दिया है।

लोगों के आने-जाने, बच्चों की चीख़-पुकार, खाने-पीने की व्यस्तता और गपबाज़ी वग़ैरह में समय तेज़ी से निकल जाता है।

अगली सुबह चटख धूप खिली हुई है। जयसिंह ने हमारे सारे गीले कपड़े-जूते खुले में सुखाने डाले हुए हैं। पूरा दिन ऐसा ही रहे तो हो सकता है हमारे पास रात को सोने के लिए अपना स्लीपिंग बैग होगा– एक़दम सूखा हुआ!

आज हमें चौंदास घाटी के गाँव सिरखा पहुँचना है जहाँ हमारे एक क़रीबी मित्र रहते हैं। इसके अलावा सिरखा की सरहद पर एक छोटा-सा ख़ूबसूरत डाकबंगला भी है जहाँ कोई सप्ताह भर रहकर हम इस तीसरी रं घाटी के कुछ गाँवों में घूम सकते हैं।

क़रीब बारह बजे जयसिंह के परिवार से भावपूर्ण विदाई लेकर हम चढ़ना शुरू करते हैं और एक घंटे में दंदौला से रुंग पहुँच जाते हैं।

स्लेट की ढलवाँ छतों और लकड़ी की नक़्क़ाशी वाले वाले सुरुचिपूर्ण मकान, एक बड़ा-सा मैदान, उस पर चर रहे तंदुरुस्त घोड़े, मैदान की बग़ल में बहती साफ़ पानी की धारा और दूर तक फैले खेत बताते हैं कि हम चौंदास घाटी पहुँच गए हैं।

चौदह गाँवों वाली घाटी से वापस धारचूला

रुंग गाँव मेरे एक प्रिय मित्र बीरेंद्र सिंह ह्यांकी का गाँव है। बीरेंद्र ख़ुद नैनीताल में रहते हैं लेकिन उनका छोटा भाई लालू गाँव में ही रहता है। उसके घर का रास्ता मालूम है सो हम सीधा वहीं धावा बोलते हैं। लालू बेहद सहृदय व्यक्ति है। वह हमारे आगे च्यक्ती की एक बोतल और चाँदी के प्याले छोड़कर बिना कुछ पूछे-कहे हमारे लिए खाना बनाने में जुट जाता है।

आज लालू के हाथ की बनी घी के छौंक वाली मसूर की दाल और खिली हुई बासमती के स्वाद की टक्कर संसार के सबसे महँगे रेस्तराँ का भोजन भी नहीं ले सकता।

हमारे आने की ख़बर सुनकर पड़ोस के घरों से भी लोग आने लगते हैं और बातें करते-करते महफ़िल जुटती जाती है। लोग हमसे दारमा और व्याँस के हमारे अनुभवों के बारे में ढेर सारे प्रश्न करते हैं। उनके चेहरों पर इस बात की ख़ुशी ज़ाहिर दिखाई दे रही है कि हमने दोबारा रुंग आने का पिछले साल किया अपना वादा निभाया है।

बहुत सारे लोकप्रिय मिथकों में रुंग गाँव का नाम बार-बार आता है। हर पूर्णिमा की रात चंद्रमा इस गाँव का फेरा लगाने आता था ताकि यहाँ की जलधारा से मीठा पानी पी सके। गाँव की कुछ युवतियाँ उसके रूप पर आसक्त हो गईं। युवतियों के मन में इच्छा जागी कि चंद्रमा हमेशा के लिए उन्हीं के गाँव में बस जाए ताकि वे जब चाहें उसे देख सकें। इसके लिए उन्होंने एक तरकीब निकाली। पूर्णिमा की एक रात जब वह पानी पीने उतरा तो झाड़ी के पीछे छिपी युवतियों ने उसके ऊपर गोबर फेंक दिया। युवतियाँ सोचती थीं कि गोबर पड़ने से वह अशुद्ध हो जाएगा और देवता उसे वापस स्वर्ग में लेने से मना कर देंगे।

लेकिन ऐसा नहीं हुआ। चंद्रमा किसी तरह वापस स्वर्ग में पहुँचने में कामयाब हो गया। इस तरह रुंग की युवतियों की युक्ति असफल हुई अलबत्ता चंद्रमा पर गोबर के स्थाई दाग़ पड़ गए जिन्हें आज भी देखा जा सकता है।

चंद्रमा के साथ रुंग के एक लोहार की कहानी भी जुड़ी हुई है। चंद्रमा जब भी रुंग आया करता था उसे लोहार से कुछ न कुछ काम अवश्य करवाना होता था। लोहार काम के एवज में पैसे माँगता जो चंद्रमा के पास होते नहीं थे। हर बार वह अगली बार देने का वायदा कर बच जाता। जब लोहार का उधार बहुत ज़्यादा हो गया तो उसने बार-बार तकाज़ा करना शुरू कर दिया। उसके पास पैसे कहाँ से आते? उसके बहानों से आजिज़ आकर एक दिन क्रुद्ध होकर लोहार ने तय किया कि चंद्रमा को सबक सिखाना ज़रूरी है। उसने चंद्रमा को लोहे के अपने गर्म चिमटे से थाम लिया। चंद्रमा के शरीर पर उस चिमटे का निशान पड़ गया चंद्रग्रहण की रात जिसे साफ़ देखा जा सकता है।

बातों-बातों में शाम गहरा गई है। अभी हमें थोड़ी चढ़ाई और चढ़नी है। सिरखा के डाकबंगले तक पहुँचना है। हल्का नशा भी हो गया है। लालू बार-बार आग्रह करता है कि रात उसी के घर में ठहर जाएँ। हमें जाना ही है।

सिरखा रुंग से क़रीब एक-सवा किलोमीटर ऊपर है। रास्ते में तीज्या और बाबला जैसे छोटे गाँव पड़ते हैं। सिरखा में हमारे अंतरंग कुलोसिंह तत्वाल का घर है। पिछले वर्ष उनके साथ हमने लगभग पूरी चौंदास घाटी का भ्रमण किया था।

कुलोसिंह पुरानी आत्मीयता से मिलते हैं। बचपन में हुई किसी बीमारी के चलते कुलोसिंह जी की गर्दन एक तरफ़ को थोड़ी-सी झुकी रहती है। वे बहुत शांत और धीमे स्वर में बोलने वाले व्यक्ति हैं। डाकबंगले के चौकीदार से चाभी हासिल करने के बाद वे हमारे लिए भोजन बनवाते हैं। उनकी एक बेटी और एक बेटा सिरखा में रहते हैं जबकि एक बेटी अल्मोड़ा में पढ़ती है।

इलाक़े में रहने वाले ज़्यादातर लोगों की तरह उन्हें भी अपने गाँव से संबंधित हर जगह, हर परंपरा के बारे में अनेक क़िस्से-कहानियाँ याद हैं। अगले पूरे सप्ताह का ज़्यादातर हिस्सा हम उन्हीं के साथ बिताने वाले हैं।

***

सुबह उठते ही मैं पिछले साल के नोट्स वाली कॉपी निकाल लेता हूँ।

पवित्र 'मानस खंड' में चौंदास घाटी को चतुर्दश के नाम से संदर्भित किया

बताया जाता है। चतुर्दश अर्थात चौदह और स्थानीय बोली में भी इसके नाम– च्येपी बंग्बा– का यही अर्थ है। इस घाटी में मूलतः चौदह गाँव थे। फ़िलहाल यह संख्या बढ़ चुकी है। घाटी के प्रमुख गाँवों में पांगू, रिमझिम, बैकुंग, रौतों, हिमखोला, सोसा, छ्लमा-छिलासों, सिरखा, सिरदंग, बंग्बा, जयकोट, कुरीला, सिमखोला, तीज्या, बाबला, रुंग, बुंगबुंग, गाला, जिप्ती और पांगला गिने जा सकते हैं।

तवाघाट से चलना शुरू करें तो पांगू को चौंदास घाटी का प्रवेशद्वार कहा जा सकता है। ह्यांकियों और पतियालों का यह गाँव घाटी में शिक्षा के प्रसार का सबसे महत्त्वपूर्ण स्थान रहा है। इलाक़े का पहला विद्यालय यहाँ 1930 के दशक में खुल गया था। रिमझिम, बैकुंग और रौतों को एक ही ग्रामसभा का हिस्सा माना जाता है। नज़दीकी गाँव हिमखोला में गर्ब्याल लोग रहते हैं जबकि सोसा में ह्यांकी।

भौगोलिक समानता की दृष्टि से रुंग, तीज्या, बाबला, सिरखा और सिरदंग को एक समूह के रूप में देखा जा सकता है। एक-दूसरे से तक़रीबन सटे हुए रुंग, तीज्या और बाबला गाँवों में ह्यांकी, पतियाल, पायर, नयाल और डंगरियाल जातियों के लोग रहते हैं। सिरदंग में खुन्नू, भौंत और यरसोंग लोग रहते हैं जबकि ख़ूबसूरत सिरखा खैर, तत्वाल और ह्यांकियों का गाँव है। बुंगबुंग, गाला, जिप्ती और पांगला में मिश्रित जातियों के लोग रहते हैं जबकि समूची घाटी में छ्लमा-छिलासों अनुसूचित जातियों का इकलौता गाँव है।

कालीगंगा और धौलीगंगा नदियों के बीच के इलाक़े में स्थित यह घाटी अपनी संपन्नता की वजह से रं सभ्यता में अपना विशेष स्थान रखती है। जहाँ भीषण ठंड के चलते व्याँस और दारमा के लोगों को जाड़ों में धारचूला और उसके आस-पास की गर्म जगहों में पलायन करने की विवशता है, समुद्र सतह से कम ऊँचाई पर स्थित होने के कारण चौंदास घाटी के लोग पूरे साल अपने गाँव में रह पाते हैं। इसी तथ्य में उनकी तुलनात्मक संपन्नता का रहस्य छिपा है। इस घाटी से एक और बेहद महत्त्वपूर्ण तथ्य जुड़ा हुआ है। रं सभ्यता के आदिपुरुष माने जाने वाले मीयर मिश्रू नाम के महापुरुष चौंदास के एक महत्त्वपूर्ण गाँव सोसा के समीप तिल्थिन-गुंगतिल्थिन नामक स्थान में रहा करते थे।

मीयर मिश्रू का मिथक

मीयर मिश्रू बेहद संपन्न व्यक्ति थे– इतने संपन्न कि मनुष्य होते हुए भी उनकी गिनती देवताओं में होती थी। सोना-चाँदी और हीरे-जवाहरात की कोई कमी न थी।

उनका एक ही पुत्र था जो असमय काल कवलित हो गया। भयंकर दुख की स्थिति में मीयर मिश्रू इधर-उधर भटकते हुए अपने बेटे को जिलाने में उपाय ढूँढने लगे। अंतत: किसी ने सुझाव दिया कि वे अपने मृत बेटे के लिए सोने-चाँदी की चिता बनाएँ जिसमें शंख की मदद से मुखाग्नि दी जाए।

मीयर मिश्रू ने वैसा ही किया लेकिन न शंख से आग जली न बेटे के प्राण लौटे। इससे मीयर मिश्रू और भी दुखी हुए। ऐसे में कहीं से उड़ता हुआ एक कौआ आया और मीयर मिश्रू को संबोधित कर कहने लगा- "अरे देवता, तुम्हारा पुत्र दोबारा जीवित नहीं हो सकता। उसके अंतिम संस्कार भी सोने-चाँदी की चिता से नहीं किए जा सकते। यह कल्पना करना कि किसी भी मृतक को पुनर्जीवित किया जा सकता है, दैवीय सत्य का अपमान होगा। इसलिए अभी तुम्हारा कर्तव्य है कि अपने बिछड़ गए पुत्र को उपयुक्त ढंग से विदा करो। इसके लिए तुम्हें लकड़ी की चिता बनानी होगी। उसी में भस्म होकर पंच तत्वों से बनी उसकी देह पुन: पंच तत्वों से एकाकार हो सकेगी। उसकी आत्मा तभी इस लौकिक संसार से मुक्त हो सकेगी।"

इन वचनों को सुनकर मीयर मिश्रू को जन्म-मृत्यु के चक्र का बोध होता है और वे बुद्धिमान कौए के द्वारा बताई गई रीति के अनुसार अपने पुत्र का संस्कार करते हैं।

जब मीयर मिश्रू इन संस्कारों को कर रहे थे उसी क्षेत्र में रहने वाली एक अकेली स्त्री छिपकर उन्हें देख रही थी।

क्येन ह्रिस्या नाम की इस स्त्री के दो भाई थे जिन्हें एक अक्षम्य पाप के कारण मृत्यु मिली थी। जिस समय उसने संयोगवश मीयर मिश्रू को देखा, उस समय वह अग्नि की खोज में भटक रही थी। जब उसने मीयर मिश्रू को एक नई विधि से अपने पुत्र का अंतिम संस्कार करते हुए देखा, उसके मन में आया कि वह भी अपने भाइयों का उसी विधि से संस्कार करे।

तिल्थिन-गुंगतिल्थिन से अपने घर लौट कर उसने वैसा ही किया भी। इस

अंतिम संस्कार को रं सभ्यता में ग्वन कहा जाता है। क्येन ह्रिंस्या के वैसा करने के बाद से ही सारी रं घाटियों में अंतिम संस्कार का यह तरीक़ा अस्तित्व में आया।

मीयर मिश्रू को संसार की वास्तविकता का बोध कराने वाले बुद्धिमान कौए को सम्मान के साथ 'का तिते' अर्थात काक पूर्वज कहा जाता है। उसके बताए अंतिम संस्कार के विस्तृत अनुष्ठान को 'सैह्यामो' अर्थात 'काक पुराण' में दर्ज किया गया है जो कि रं संस्कृति की मौखिक परंपरा का एक बहुमूल्य दस्तावेज़ है। जिस तरह किसी मृत्यु के बाद हिंदू पद्धति में 'गरुड़ पुराण' का पाठ करने का रिवाज़ है, रं समाज में 'काक पुराण' का पाठ होता है। इस पुराण का कोई लिखित पाठ कहीं भी उपलब्ध नहीं है। यह अलग बात है कि उसमें बताई गई सारी कथाएँ और बातें लोगों को कंठस्थ रहती हैं।

रं सभ्यता में मीयर मिश्रू को महानतम पुरखे के रूप में याद रखा जाता है।

***

सिरखा का डाकबंगला गाँव से क़रीब दो सौ मीटर दूर एक पहाड़ी के ऊपर थोड़ी-सी समतल भूमि पर बनाया गया है। डिज़ायन और आकार के हिसाब से देखें तो यह दुग्तू के डाकबंगले की नक़ल लगता है। गाँव से नून-तेल-लकड़ी का जुगाड़ करके जयसिंह ने यहाँ भी बढ़िया रसोई जमा दी है।

भाग्यवश बारिश नहीं हो रही है और आसमान नीला है। इसका फ़ायदा उठाकर हमने आज का पूरा दिन कपड़े धोने, जूतों की सफ़ाई करने और तमाम चीज़ों को धूप दिखाने जैसे ज़रूरी कामों के लिए आरक्षित कर लिया है। दिन की दावत के लिए जयसिंह को कहीं से देसी मुर्ग़े की व्यवस्था कर लाने को भी कह दिया गया है।

सारे काम निबटाकर हम बारह बजे बाहर कुर्सी लगाकर धूप में बैठ गए हैं। अच्छा लग रहा है।

सामने सिरखा गाँव की स्लेट की छतें धूप में चमक रही हैं। कुल चालीस-पचास घरों वाले सिरखा की बनावट बाक़ी के रं गाँवों जैसी ही है। एक-दूसरे से सटे हुए मकानों की कतारें होती हैं जिन्हें हारू कहा जाता है। कुमाऊँ के अधिकतर गाँव में ऐसी कतारों को बाखली कहते हैं। अधिकतर मकान दोमंज़िले होते हैं। ऊपर की मंज़िल के पिछले कमरे में रसोई होती है जिसके बिलकुल

केंद्र में चूल्हा बनता है रं-ल्वू में जिसका नाम मुलिन है। रसोई के बीचोबीच चूल्हा बनाने की रिवायत मैंने यहीं देखी। मिट्टी की लिपाई वाली रसोई ही घर का सबसे गर्म और आरामदेह हिस्सा होती है और घर के ज़्यादातर सदस्य इसी के भीतर सोना पसंद करते हैं।

पूरी यात्रा के दौरान अनेक बड़े-बूढ़ों ने हमें चार-पाँच दशक पहले विलुप्त हो चुकी एक अनूठी रं परंपरा के बारे में बताया है। युवा पीढ़ी को जीवन जीने का सलीक़ा सिखाने की यह प्राचीन परंपरा तीनों घाटियों में 1940 के दशक तक अस्तित्वमान रही बताई जाती है। इसे रम्बंग कहा जाता था हालाँकि समय के साथ-साथ यह शब्द बिगड़कर रंगबंग कहा जाने लगा। हर गाँव में बनाया गया रम्बंग युवाओं के मिलने-जुलने का स्थान हुआ करता था। इसके लिए जो मकान नियत था उसे रम्बंगच्यिम कहते थे।

रम्बंगच्यिम का संपूर्ण प्रबंधन गाँव की युवतियों द्वारा किया जाता था। पंद्रह साल से अधिक की अविवाहित युवतियाँ इसकी सदस्य हुआ करती थीं। उनकी देखरेख के लिए उन्हीं में से एक को मुखिया चुन लिया जाता था। इसी मुखिया की अनुमति मिलने के बाद ही गाँव के युवक और पुरुष रम्बंगच्यिम में प्रवेश के अधिकारी हो पाते थे। दूसरे गाँवों के युवक भी यहाँ मेहमान बनकर आते थे। कोई भी ग़ैर-रं रम्बंगच्यिम में नहीं घुस सकता था।

अपनी मूल संरचना और प्रकृति में रम्बंगच्यिम बस्तर के घोटुल जैसा रहा होगा जिसका उद्देश्य युवा पीढ़ी को एक साथ मनोरंजन और शिक्षा हासिल करने का अवसर देता था। ख़ूब नाच-गाना होता था और शालीनता की सीमाओं में रहकर युवक-युवतियाँ एक-दूसरे के नज़दीक आते थे। प्रेम जैसी कोमल भावनाओं का नैसर्गिक प्रस्फुटन होता ही था लेकिन उन्हें व्यक्त करने के लिए रम्बंगच्यिम के नियत नियम हुआ करते थे।

उदाहरण के लिए यदि किसी युवक का दिल किसी युवती पर आ जाए तो उसे अपना प्रेम प्रस्ताव गीत या कविता की सूरत में लिख कर सुनाना होता था। दूसरी शर्त यह होती थी कि उक्त गीत या कविता में युवती का नाम सीधे नहीं लिया जा सकता था। यह दिलचस्प नियम युवाओं को भाषा की ताक़त का अहसास कराता था। बढ़िया नाचना और गाना अच्छे नैतिक मूल्य माने जाते थे।

नियम तोड़ने वालों को कठोर सज़ा मिलती थी और कभी-कभी उन्हें जीवन

भर के लिए रम्बंगच्यिम से बहिष्कृत कर दिया जाता था। ऐसे बहुत से उदाहरण मिलते थे जब ऐसे बहिष्कृत लोगों को जीवन भर कुँवारा रहना पड़ा।

इसलिए ऐसी जगह पर आचरण संबंधी विवेक बनाए रखने को लेकर एक कहावत प्रचलित है कि साधु का तीर्थ कैलाश-मानसरोवर में होता है और युवाओं का रम्बंगच्यिम में।

चार्ल्स शेरिंग और रतन सिंह रायपा की किताबों में इस बारे में विस्तार से पढ़ने को मिलता है।

तथाकथित रूप से सभ्य कहे जाने वाले बाहरी समाज से मेल-जोल बढ़ने के क्रम में धीरे-धीरे यह महान प्रथा रं समाज से पूरी तरह लुप्त हो गई। हमारे दोस्त नेताजी यानी जवाहरसिंह नबियाल जी, जिन्होंने अपनी जवानी के पहले सबक़ नाबी गाँव के रम्बंगच्यिम में सीखे थे, के पास अपने समय के युवक-युवतियों द्वारा लिखे गए पत्रों, कविताओं और गीतों का बड़ा संग्रह है जिसे हर हाल में छपना चाहिए।

***

सिरखा के इस डाकबंगले में हमारे सात दिन बहुत जल्दी बीत गए। इस दौरान हमने आस-पास के गाँवों के कई चक्कर लगाए और पिछले साल इकट्ठा की गई जानकारियों को दोबारा पुष्ट करने जैसे कई ज़रूरी काम किए।

पिछला पूरा सप्ताह हमने कुलोसिंह जी के साथ इस गाँव से उस गाँव, घर-घर जाकर लोगों से सवाल पूछने में बिताया है। ऊपर से देखने पर व्याँस, दारमा और चौंदास तीनों घाटियाँ और उनमें रहनेवालों की जीवनशैली एक-सी लग सकती है लेकिन ऐसा नहीं है। तीनों की अपनी-अपनी अद्वितीयताएँ हैं। मिसाल के तौर पर घर के बड़े बेटे के एक निश्चित वय में पहुँच जाने के उपरांत किए जाने वाले जिस अनुष्ठान को व्याँस घाटी में बड़ानी का नाम दिया जाता है, वह चौंदास में सभा कहलाता है। दारमा में उसे व्रत कहते हैं। ऐसी कितनी ही चीज़ों की लंबी लिस्ट बनाई जा सकती है।

सबीने के इस अकादमिक शोध के लिए हमें लोगों से बार-बार एक जैसे सवाल पूछने होते हैं। किसी भी व्यक्ति के एक उत्तर को आधिकारिक तथ्य नहीं कहा जा सकता। उसकी बात की पुष्टि कई दूसरे व्यक्तियों से की जानी होती

है। जैसे पिछले साल जब हम पहली बार गर्ब्यांग पहुँचे थे तो वहाँ मिले पहले ही सज्जन ने हमें पूरे आत्मविश्वास से बताया था कि उनके पुरखे चित्तौड़गढ़ से आए थे और उनके परिवार का सीधा संबंध राणा प्रताप के ख़ानदान से था। बात बचकानी थी और उसके भीतर ऊँची हाँक के सारे तत्व मौजूद थे लेकिन इसका अहसास होने के बावजूद हमने उनकी कही बात को अपनी नोटबुक में दर्ज किया और गर्ब्यांग के कम से कम दस लोगों से उसकी तस्दीक की। सभी ने चित्तौड़गढ़ वाली बात को गप्प बताया।

दारमा के गबला के समकक्ष चौंदास का देवता बंग्बा-श्यंगसै है जिसके सम्मान में हर साल कार्तिक पूर्णिमा को श्यंगठंग नाम की एक बड़ी पूजा आयोजित की जाती है। बंग्बा-श्यंगसै का निवासस्थान भी तिल्थिन में माना जाता है। उनके तीन बेटे थे– लम्ह्यर काक, स्यंगतंग काक और करतारू। ज्यूंतीगाड़ भापों में रहने वाले एक राक्षस की बेटी उनकी दूसरी पत्नी थी। करतारू का जन्म उसी से हुआ था।

इतने सारे देवी-देवताओं के होते हुए भी रं समाज की हर पूजा में सबसे पहले 'च्येपी सै सुम्सा म्हा' यानी चौदह देवताओं और तीस देवियों का आह्वान किया जाता है।

***

कल हम लोग यहाँ से डेढ़-दो किलोमीटर दूर सिरदंग गाँव गए थे जहाँ हमारे अतिप्रिय कांशीराम सिंह खुन्नू जी का घर है। सत्तर के आस-पास के कांशीराम जी को देखकर लगता है वे अपने समय में बहुत बलशाली व्यक्ति रहे होंगे। उनके आलीशान व्यक्तित्व में एक ख़ास क़िस्म की गरिमा है जिसने हमें पिछले साल अपनी तरफ़ आकृष्ट किया था। ज़ाहिर है वे हमें देखकर प्रसन्न हुए और उन्होंने धैर्य के साथ हमारे तमाम सवालों के उत्तर दिए। बेहतरीन भोजन मिला वह अलग।

भोजन के बाद सबीने के कहने पर कांशीराम जी और उनकी पत्नी फ़ोटोशूट के लिए पारंपरिक रं पोशाक पहनने को तैयार हो जाते हैं। घर के बच्चों के इसरार पर सबीने को भी च्युंग-बाला पहनाया जाता है। अपनी फ़ोटो खींचने का ज़िम्मा सबीने मुझे देती है।

सिरदांग से विदाई हो और च्यक्ती की बोतल तोहफ़े में न मिले, हो नहीं सकता। चूँकि रं सभ्यता के सभी गाँव बहुत ऊँचाई पर बसे हुए हैं, शरीर को गर्म रखने के लिए अल्कोहल की आवश्यकता पड़ती है। संभवतः इसी वजह से उनके हर धार्मिक-सामाजिक अनुष्ठान में शराब एक महत्त्वपूर्ण और आवश्यक वस्तु होती है। यही कारण है कि सरकार ने इस समुदाय को अपने घर पर अपने इस्तेमाल के लिए शराब बनाने की अनुमति दी हुई है।

स्थानीय अनाज से बनाई जाने वाली च्यक्ती की तुलना सरकारी ठेकों पर मिलने वाली कच्ची शराब से नहीं की जा सकती। च्यक्ती बनाने की प्रक्रिया में अनाज के किण्वन अर्थात फर्मेंटेशन के लिए बलमा नाम की घास का प्रयोग किया जाता है। खमीर उठे हुए अनाज के मिश्रण से च्यक्ती खींचने के लिए आसवन की सदियों पुरानी जिस विधि का उपयोग किया जाता है, स्कॉटलैंड की सबसे उम्दा शराबें भी वैसे ही बनती हैं। बढ़िया बनी हुई च्यक्ती के सीमित इस्तेमाल का स्वास्थ्य पर अच्छा प्रभाव पड़ना बताया जाता है।

इन घाटियों के दरिद्र से दरिद्र घरों में भी मेहमानों को चाँदी या चायना के प्यालों में हल्की हरी रंगत वाली बेहतरीन च्यक्ती परोसी जाती है। सिरदांग की च्यक्ती तीनों घाटियों में मिलने वाली सबसे बेहतरीन शराब मानी जाती है।

समुद्र तल से सिरदांग की ऊँचाई ऐसी है कि यहाँ बढ़िया सेब उगता है। इसी सेब का इस्तेमाल यहाँ च्यक्ती बनाने में होता है नतीजतन यह च्यक्ती देखने में व्हिस्की जैसी लगती है। दरअसल सिरदांग की सेब च्यक्ती दुनिया की सबसे अच्छी शराबों के समकक्ष रखी जाने लायक है। कांशीराम जी हमें दो बोतलें उपहार में देते हैं। हम उन्हें सहेजकर रखने वाले हैं ताकि घर लौटने के बाद अपने दोस्तों को चखा सकें।

***

दारमा घाटी के बौन गाँव की तरह पिछली शताब्दी में सिरखा भी ईसाई मिशनरियों की निगाह में आया था और यहाँ भी उन्होंने अपनी जड़ें जमाने की कोशिश की थी। कुलोसिंह जी बताते हैं कि लाखों रुपये ख़र्च करने के बाद वे आख़िरकार फ़क़त एक परिवार का धर्मांतरण कर सकने में सफल हो सके। उन्होंने यहाँ एक बड़ा-सा मकान भी बनवाया था जिसे स्थानीय जन बंगिला

कहकर संदर्भित किया करते थे। बंगिला खंडहर बन चुका है और बिरादरी से बाहर कर गिये गए उक्त परिवार का कोई नामलेवा नहीं बचा है।

आज सिरखा में हमारा आख़िरी दिन है। कल हम धारचूला के लिए रवाना होंगे। अगले महीने की शुरुआत में सबीने की फ़्लाइट है। उसे वापस विएना जाना है। उससे पहले हम मुनस्यारी और वहाँ से जोहार घाटी जाना चाहते हैं।

आज हम कुछ खंडहर देखने जाने वाले हैं जिन्हें पीपीह्या नाम के एक मिथकीय राजा के नाम के साथ जोड़कर देखा जाता है। उसकी कहानी हमारी नोटबुक में पहले से दर्ज है।

पीपीह्या की कथा

पाँच देवता भाई थे जिनकी पाँच मनुष्य बहनें थीं और बंग्बा के रुंग गाँव में रहती थीं। भाई अपनी बहनों से मिलने आते रहते थे। वे जब भी आते, बहनें उनके लिए कुछ न कुछ पकातीं लेकिन वे कुछ भी खाने से इनकार कर दिया करते थे क्योंकि वे देवता थे और मनुष्यों का भोजन उन्हें निषिद्ध था।

इस बात से बहनें उदास रहा करतीं।

एक बार बहनों ने महीनों तक अपने नाख़ूनों की मदद से पाँच मन धान के छिलके उतारे और भाइयों के आने के दिन उनकी खीर पकाई। बहनों की नाज़ुक उँगलियाँ इतना काम करने से घायल हो चुकी थीं। उनसे ख़ून निकल आया था। इतनी मोहब्बत से पकाई खीर खाने से वे कैसे मना करते! उन्हें खीर परोसी गई तो वे उसे खाने का अभिनय करने लगे। वे हाथ से कौर बनाते और मुँह के सामने ले जाकर चालाकी से उसे अपने पीछे की तरफ़ फेंक देते। बहनों को लगा आख़िरकार उनके भाई उनका बनाया भोजन खा रहे हैं। वे बहुत ख़ुश हो गईं।

इस अभिनय के दौरान ग़लती से सबसे छोटे भाई के मुँह में चावल का एक दाना चला गया। अगली सुबह उसको छोड़कर बाक़ी भाई आराम से उड़कर अपनी राह निकल गए। छोटे भाई का मुँह जूठा हो गया था सो वह धरती में रहने को अभिशप्त हो चुका था। बड़े भाइयों ने जाते-जाते उससे कहा कि वे उसके लिए धरती पर ही स्वर्ग जैसी हर सुविधा उपलब्ध करा देंगे।

छोटे भाई ने सिरखा में अपना महल बनाया और लोग उसे राजा मानने लगे। उसे पीपीह्या के नाम से ख्याति मिली।

सिरखा से कुछ मील नीचे जयकोट नाम के गाँव में दल्ली के एक विशाल पुराने पेड़ ने पीपीह्या की धन-दौलत के बारे में सुना तो वह अपनी जड़ों को छोड़ उसे देखने सिरखा के लिए रवाना हो गया। जब वह महल में पहुँचा, चतुर पीपीह्या ने उसे अपनी ताकत से सीढ़ी में बदल दिया और उसका इस्तेमाल अपने महल के ज़ीने के रूप में करने लगा।

यह पीपीह्या के एक दुष्ट व्यक्ति में बदलने की शुरुआत थी। बाद के वर्षों में वह बहुत क्रूर और सनकी हो गया। उसे देवताओं से चिढ़ हो गई और वह अपनी सारी संपत्ति नष्ट कर देने पर आमादा हो गया। इसके लिए उसने एक उल्टी पूजा की जिसके लिए सत्तू की जगह राख का धलंग बनाया गया और काले कुत्ते की बलि दी गई। इससे देवता क्रोधित हुए और पीपीह्या की ज़िद पूरी हुई और वह तबाह हो गया।

कथा का एक दूसरा संस्करण भी है जिसके मुताबिक़ दुष्ट पीपीह्या को अपनी आसन्न मृत्यु का भान हो गया था। वह नहीं चाहता था कि उसके मरने के बाद उसकी दौलत का एक भी अंश गाँव वालों को मिले। इस नीयत से उसने अपने सारे धन और बहुमूल्य वस्तुओं को सिरखा के सामने के पहाड़ में ले जा कर गाड़ दिया। सिरखा के लोग कहते हैं कि पूर्णिमा और अमावस्या की रात को उस जगह एक जलते हुए दिए की रोशनी दिखाई देती है जहाँ उसने अपनी दौलत गाड़ी थी।

रात को सोने से पहले हम ठंड के बावजूद डाकबंगले के बाहर खड़े होकर दूर नज़र आ रही सिरखा की मद्धिम रोशनियाँ देखते रहते हैं। आठ या दस घरों में सोलर बैटरी वाले बल्ब हैं जबकि बाक़ी को मिट्टीतेल वाले दीयों का सहारा है।

"देखो, तुम्हारी दौलत चमक रही है!" मैं सबीने को छेड़ने की नीयत से कहता हूँ।

"हाँ, बहुत बड़ी दौलत है।" वह एकटक उसी दिशा में देखती रहती रही है।

***

कुलोसिंह जी के घर से नाश्ते का बुलावा पहले ही आ चुका है। उनका छोटा बेटा कहीं से एक छोटा-सा पिल्ला ले आया है। खाने-पीने की सुध-बुध भूल वह हर समय उसी के साथ खेलता रहता है।

"आजकल तो सोता भी इसी के साथ है।" खिड़की से उस पर निगाह डालती उसकी बड़ी बहन नर्मदा हमें सूचित करती है।

मैं पहले उन दोनों को देखता हूँ फिर आसमान को। आठ चमकीले दिनों के बाद बादल लगे हैं।

"इंद्र देवता को भी पता लग गया होगा कि आज हमें चलना है। तभी तो सुबह से धूप नहीं आई।" जयसिंह मज़ाक़ के स्वर में कहता है।

ग्यारह बजे हम सिरखा से रवाना होते हैं। रास्ते में कांशीराम जी से दुआ-सलाम होती है उसके बाद लगातार उतरते हुए हम पांगू पहुँचते हैं। रास्ते में छ्लमा-छिलासौं गाँव दिखाई देता है।

पांगू से तवाघाट के बीच में ठाणीधार, जिसे गलती से थानेदार कहा जाता है, की मुश्किल ढलान है।

तवाघाट तक का पूरा रास्ता क़रीब दस किलोमीटर का है जिसमें से छह से सात किलोमीटर उतरना होता है। इस रास्ते की ढलान किस क़दर तीखी है उसे इस बात से समझा जा सकता है कि जहाँ तवाघाट 914 मीटर की ऊँचाई पर है, पांगू की ऊँचाई 2225 मीटर है। दरअसल इस रास्ते की मुश्किल को समझने के लिए एक बार आपको तवाघाट से पांगू तक चढ़ने की कोशिश करनी चाहिए।

मैं हैरान हूँ पूरे रास्ते ज़रा भी बारिश नहीं हुई।

पाँच बजे के आस-पास हमें तवाघाट की सड़क दिखाई देने लगती है। इतने लंबे समय बाद कोलतार से बनी सड़क को देखना अटपटा लग रहा है।

थोड़ी ही देर में हम धारचूला में होंगे। कल हम अपने प्रिय मित्रों जवाहरसिंह नबियाल और हरीश रौतेला से मिलेंगे। अपनी इस यात्रा के बारे में उन्हें ढेर सारी बातें बताएँगे। उम्मीद है वहाँ के इकलौते होटल में हमें अपनी पसंद का कमरा मिल जाएगा। निकलने से पहले हमने कुछ लोगों को उसके मैनेजर का पता भेज रखा था। हो सकता है वहाँ हमारे लिए एकाध चिट्ठियाँ आई हों। कमरे में लाइट होगी जो एक स्विच के जलाने से जल जाएगी। टीवी होगा जिसमें कोई न कोई क्रिकेट मैच चल रहा होगा।

रोज़मर्रा का संसार कितनी जल्दी अपना शिकंजा कसना शुरू कर देता है!

तवाघाट में चाय की दुकान वाला हमें बताता है कि धारचूला से आने वाली आख़िरी जीप पहुँचने ही वाली है। वही वापस भी जाती है।

बूँदाबाँदी शुरू हो गई है। मैं बाहर आकर भूगोल का मुआयना करने लगता हूँ। कोई तीन माह पहले इसी तवाघाट से हमने धौलीगंगा की दिशा में अपना सफ़र शुरू किया था। उसके उद्गम से बहुत ऊपर चढ़कर हम दूसरी तरफ़ उतरे और कालीगंगा के साथ होते हुए वापस यहीं पहुँचे हैं। दुनिया के नक़्शे के एक बहुत छोटे कोने के बहुत छोटे कोने के उससे भी छोटे कोने के भीतर कहीं न दिखाई देने वाले एक कण से हज़ार गुना छोटी भूमि का एक फेरा भर।

मेरे मन में ऐसे बेवकूफ़ाना दार्शनिक विचार आने लगते हैं और मैं कविता जैसी कुछ बातें सोचना शुरू कर ही रहा होता हूँ सामने जीप आ लगी है।

सात बजे हम धारचूला में हैं और सात बजकर दस मिनट पर होटल के अपने मनपसंद कमरे में। मैनेजर साहब हमें चिट्ठियों का पुलिंदा थमाते हैं।

टीवी खोलता हूँ। एक चैनल पर ब्रायन लारा की किसी पारी की रेकॉर्डिंग चल रही है। वह छियासी पर नॉट आउट है।

***

तीन दिनों से जवाहर सिंह नबियाल जी और हरीश रौतेला जी हमें अपने नोट्स को तरतीब से लगाने में मदद कर रहे हैं। हमें अहसास होता है शोध का पूरा काम करने के लिए अभी हमें कई दफ़ा और आना होगा।

आज रात हमने दोनों को अपने कमरे में डिनर के लिए न्यौता हुआ है।

हम लोगों का वार्तालाप रं समाज की बोली रं-ल्वू के इर्द-गिर्द घूमता रहा। नबियाल जी पिछले बीस-पच्चीस सालों से इस विषय पर अपने सरोकारों को लेकर बहुत मुखर रहे हैं और भाषणों-लेखों के जरिये अपने समुदाय में जागृति लाने की कोशिशें कर रहे हैं।

शताब्दियों से बोली जाने के बावजूद रं-ल्वू की अपनी कोई लिपि नहीं विकसित हो पाई है। नबियाल जी बताते हैं कि आम बोलचाल में वे लोग चालीस से ऊपर सर्वनामों का प्रयोग करते हैं जो एक उल्लेखनीय बात है। वे चाहते हैं भाषाई तकनीक और उसके विज्ञान को समझने वाला कोई व्यक्ति या व्यक्तियों का समूह रं-ल्वू की लिपि और व्याकरण के निर्माण में जुटे। उन्हें भय है ऐसा न हो पाने की दशा में उनकी बोली के लुप्त तक हो जाने का ख़तरा है।

इस सिलसिले में हरीश रौतेला जी ने एक नई बात बताई। नबियाल जी और उन्हीं की जैसी सोच रखने वाले कुछ वरिष्ठ रं नागरिकों ने कुछ साल पहले एक ट्रस्ट की स्थापना की है जिसमें भविष्य में रं-ल्वू की लिपि निर्मित करने वाले के लिए एक लाख रुपये की रकम बैंक में जमा कर दी गई है। पुरस्कार की यह राशि हर साल बढ़ती जा रही है।

इस संबंध में जल्द ही कोई शुभ समाचार मिलना चाहिए।

"आमीन!" उनकी उम्मीद में हम अपनी उम्मीद जोड़ते हैं।

अपने समाज में बहुत सम्मानित और प्रभावशाली माने जाने वाले ये दोनों सज्जन न शराब पीते हैं न मांस खाते हैं। दाल-भात, रोटी-सब्ज़ी का सादा डिनर पूरा होने के बाद हम उनसे विदा ले रहे हैं। हमें कल सुबह मुनस्यारी के लिए निकलना है। वहाँ भी इनर लाइन परमिट और बहुत सारे काग़ज़ात चाहिए होंगे।

नबियाल जी ने वहाँ रहने वाले अपने मित्र के नाम हमारे वास्ते एक सिफ़ारिशी चिट्ठी लिख दी है। ऐसी ही दो अलग-अलग चिट्ठियाँ हरीश रौतेला जी भी लिखकर लाए हैं।

"हमें नहीं मालूम था आप लोगों के इस कदर ख़ूबसूरत इलाक़े में घूमते हुए हमें इतनी सारी नई चीज़ें पता चलेंगी। आप लोगों ने सहायता न की होती तो पता नहीं हम क्या-कैसे करते!" सबीने भरसक औपचारिक होने की कोशिश कर रही है।

"अरे अभी तो आपको पता ही क्या चला है पाण्डे जी! अभी तो आपने कितनी ही बार और आना है। हम आपको ऐसे ही थोड़े छोड़ देंगे।" नबियाल जी अपना चिरपरिचित ठहाका लगाते हैं।

सीढ़ियाँ उतरते हुए वे मेरे कंधे पर हाथ रखकर कहते हैं- "हमारे यहाँ शिकारियों के बीच एक कहावत चलती है– ख़रगोश का पीछा करोगे तो बारहसिंघा निकलेगा!"

तब और अब

इस एक यात्रा को पच्चीस साल होने को आए। इसके बाद के सात-आठ सालों में हमने इन घाटियों में काफ़ी भ्रमण किया।

इस अंतराल में सबसे महत्त्वपूर्ण बदलाव यह आया है कि तीनों घाटियों को सड़कों से जोड़ दिया गया है। जीप में बैठकर धारचूला से दारमा घाटी के दुग्तू तक चार-पाँच घंटे में पहुँचा जा सकता है। कुछ गाँव ही सड़क से जुड़ने से रह गए हैं। व्याँस घाटी का भी यही हाल है। जिस जौलिंगकौंग तक पहुँचने में कभी दो ढाई हफ़्ते लग जाते थे वहाँ आप एक दिन में पहुँच जाते हैं। छियालेख और ठाणीधार की चढ़ाइयाँ अब क़िस्सों-कथाओं में रह गई हैं। चौंदास घाटी के पांगू गाँव तक तो सड़क उन्हीं दिनों पहुँच गई थी, अब इस घाटी के हर गाँव तक गाड़ी जाती है।

इस विकास का एक नकारात्मक पहलू भी है। सरकारी फ़ाइलों में पक्की कही जाने वाली इन सड़कों का बहुत बड़ा हिस्सा दरअसल अभी कच्चा ही कहा जाएगा। हिमालय के इस हिस्से की भूगर्भीय संरचना बेहद नाज़ुक है। इस महत्त्वाकांक्षी निर्माण योजना को पूरा करने के लिए बड़ी मात्रा में विस्फोटकों का प्रयोग किया गया है जिसके कारण पहाड़ अभूतपूर्व रूप से कमज़ोर हुए हैं जिसका परिणाम अक्सर होने वाले बहुत विशाल और ख़तरनाक भूस्खलनों के रूप में दिखाई देता है।

इससे भी ख़राब बात यह हुई है कि बहुत सारे पुराने पैदल रास्ते या तो नष्ट हो गए हैं या उन्हें जानबूझकर नष्ट कर दिया गया है। मैंने अपनी आँखों से देखा है।

हमारी यात्राओं में हमें हर तरह से मदद करने वाले हमारे सबसे प्रिय श्री जवाहरसिंह नबियाल और श्री हरीश रौतेला सहित अधिकतर वरिष्ठ लोग अब इस संसार में नहीं हैं। उनकी स्मृतियाँ हमेशा चेहरे पर मुस्कान लेकर आती हैं।

रं-ल्वू की लिपि अब तक नहीं बन सकी है अलबत्ता धारचूला में रं संस्कृति की ख़ूबसूरत झाँकी पेश करने वाला एक सुंदर संग्रहालय बनाया जा चुका है।

घाटियों के कुछ गाँवों में बिजली पहुँच गई है। मोबाइल और कंप्यूटर भी पहुँच गए हैं। जहाँ मोबाइल नहीं चलते वहाँ सरकार ने सेटेलाइट फ़ोन की सुविधा पहुँचा दी है। कुछ गाँवों में पर्यटकों के लिए होमस्टे जैसी सुविधाएँ भी बन गई हैं।

इस यात्रावृत्त को लिखने का मक़सद आँखों देखी कुछ ऐसी बातों को दर्ज करना था जो मुझे बहुत प्रिय रही हैं और जिन्होंने मेरे जीवन को आकार देने में बड़ी भूमिका निभाई है।

N
चीन
धारचूला
उत्तराखंड
पिथौरागढ़
धारचूला
भारत
नेपाल

* ये नक़्शे पिथौरागढ़ में रहने वाले यायावर, फ़ोटोग्राफ़र और शिक्षक विनोद उप्रेती ने ख़ास तौर पर इस यात्रावृत्त के लिए तैयार किए हैं।